模块一　斑点狗的故事

模块二　宣传海报

模块二　记录卡片

模块三　矢量花纹

模块三　涂鸦插画

模块三　超市POP广告

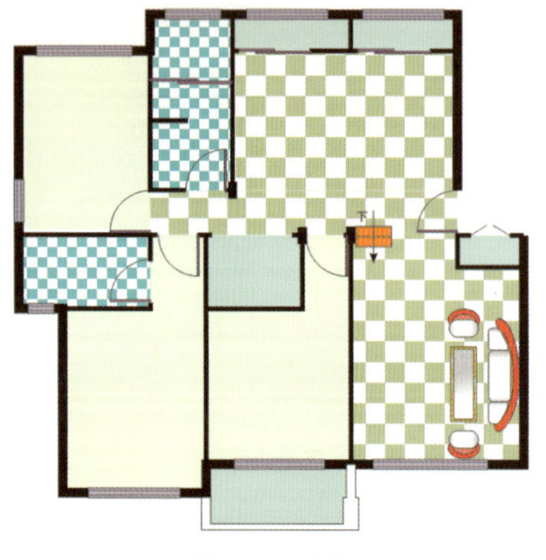

模块四　户型图

模块四　装饰图案

模块四　口红

模块五　儿童书籍封面

模块五　汽车招贴广告

模块六　入场券

模块八　门票

模块六　宣传单

模块六　水果店宣传单的操作思路

模块七　招贴海报

模块七　宣传单1

模块七　卷页效果

模块七　DM单

模块七　影楼婚纱广告

模块八　立体字

模块八　水晶按钮

模块八　风景插画

模块十　VI

模块十　KTV DM单

中等职业教育计算机课程改革规划教材

CorelDRAW X4 图形制作任务实训教程

主　编：何典耕
副主编：黄　程　余智容

外语教学与研究出版社
北京

内容提要

本书介绍了使用 CorelDRAW X4 进行图形设计的相关知识和行业技能。全书共十个学习模块,主要内容包括 CorelDRAW X4 快速入门、绘制与编辑图形、绘制与编辑曲线、编辑轮廓线和填充颜色、排列和组合对象、编辑文本、处理位图、添加特殊效果、打印与输出图形以及综合应用等知识。

本书从任务入手,精心挑选广告制作、企业 VI 设计、画册设计、文字特效和包装设计等众多行业应用中的工作案例,使读者逐渐掌握 CorelDRAW X4 的应用。每个任务按"工作任务场景+行业背景知识+工作任务分析+制作思路分析+操作步骤+知识回顾拓展"的结构进行讲解,再进行上机实训,最后安排大量课后练习题,便于学生课后实践与提高。

本书可供中等职业学校计算机及应用专业及其他相关专业使用,也可作为 CorelDRAW 图形制作的上机辅导用书和 CorelDRAW 培训班的教材用书。

图书在版编目(CIP)数据

CorelDRAW X4 图形制作任务实训教程 / 何典耕主编. — 北京 : 外语教学与研究出版社, 2013.11

ISBN 978-7-5135-3820-6

Ⅰ. ①C… Ⅱ. ①何… Ⅲ. ①图形软件-教材 Ⅳ. ①TP391.41

中国版本图书馆 CIP 数据核字(2013)第 286549 号

出 版 人: 蔡剑峰
责任编辑: 朱元刚 陈 庆
封面设计: 高 蕾
出版发行: 外语教学与研究出版社
社 址: 北京市西三环北路 19 号(100089)
网 址: http://www.fltrp.com
印 刷: 三河市北燕印装有限公司
开 本: 787×1092 1/16
印 张: 16.5 彩插: 0.25
版 次: 2014 年 1 月第 1 版 2014 年 1 月第 1 次印刷
书 号: ISBN 978-7-5135-3820-6
定 价: 30.80 元

* * *

职业教育出版分社:
地 址: 北京市西三环北路 19 号 外研社大厦 职业教育出版分社(100089)
咨询电话: 010-88819164(编辑部)/88819777(市场部)
传 真: 010-88819475
网 址: http://vep.fltrp.com
电子信箱: vep@fltrp.com
购书电话: 010-88819928/9929/9930(邮购部)
购书传真: 010-88819428(邮购部)

* * *

购书咨询: (010)88819929 电子邮箱: club@fltrp.com
外研书店: http://www.fltrpstore.com
凡印刷、装订质量问题,请联系印制部
联系电话: (010)61207896 电子邮箱: zhijian@fltrp.com
凡侵权、盗版书籍线索,请联系我社法律事务部
举报电话: (010)88817519 电子邮箱: banquan@fltrp.com
法律顾问: 立方律师事务所 刘旭东律师
中咨律师事务所 殷 斌律师
物料号: 238200001

前　言

写作背景

中等职业教育是我国职业教育的重要组成部分，中等职业学校的培养目标是培养具有综合职业能力的高素质技能型人才。随着我国中等职业教育改革的不断发展与创新，以就业为导向、满足职业发展需求并提倡学生全面发展的职业教育理念迅速应用到教学过程中，从而很好地完成了从重知识到重能力的转化过程。

为适应中等职业教育课程改革的发展，我们组织编写了本套教材。在编写过程中，认真总结已出版的中职教材，取其精华，去其糟粕，并更新了计算机软硬件技术，结合大量实际工作中的案例进行编写，让学生易学、易就业，让老师易教、易拓展。

本书内容

CorelDRAW X4 是加拿大 Corel 公司推出的一款矢量图形制作软件，具有强大的绘图、文字编辑和图形设计功能，在平面广告、画册、VI 设计和包装设计等领域都有广泛的应用。

本书将软件功能与行业实际应用相结合，从最基础的知识起步，用大量的案例讲解了 CorelDRAW X4 的图形设计功能与应用，全面培养读者的动手能力和解决问题的能力。

本书共分为十个模块，各模块的主要内容如下。

- **模块一：**主要讲解 CorelDRAW X4 的基本操作，包括 CorelDRAW X4 工作界面的介绍、CorelDRAW X4 的基本操作和制作标准信签纸等知识。
- **模块二：**主要讲解绘制与编辑图形的相关知识，包括绘制矩形和圆、绘制多边形、绘制基本形状、绘制星形、绘制螺旋形、绘制其他形状图形、绘制图纸和图形的编辑等。
- **模块三：**主要讲解绘制与编辑曲线的相关知识，包括钢笔工具的使用、手绘工具的使用、贝塞尔工具的使用、编辑节点、图形的相交和简化、焊接和修剪，以及添加交互式透明效果等。
- **模块四：**主要讲解编辑轮廓线和填充颜色的相关知识，包括轮廓线工具、调色板、颜色泊坞窗和滴管工具的使用，以及添加交互式调和与阴影效果等。
- **模块五：**主要讲解排列和组合对象的相关知识，包括排列对象、网格的使用、对齐和合分布对象、群组对象、结合对象及辅助线的使用等。
- **模块六：**主要讲解编辑文本的相关知识，包括美术字和段落文本的创建与编辑，以及文本的导入操作。
- **模块七：**主要讲解处理位图的相关知识，包括位图的导入与编辑，转换位图和添加滤镜效果等。

- **模块八**：主要讲解添加特殊效果的相关知识，包括精确剪裁图框、添加透视效果、添加立体化效果、添加轮廓图效果、添加封套效果和添加变形效果等。
- **模块九**：主要讲解打印与输出图形的相关知识，包括图形的打印输出设置和图形的印刷输出及格式转换等。
- **模块十**：以画册和企业 VI 系统设计两个设计案例介绍 CorelDRAW X4 图形设计的综合应用。

学习方法

本书的内容安排力求做到详略得当、注重学以致用，叙述通俗易懂、简明扼要。读者学习使用本书时，为了更加轻松地学好 CorelDRAW X4 的相关知识，希望能做到以下几点：

（1）培养对 CorelDRAW 图形设计的兴趣。

CorelDRAW 图形设计在实际工作中应用较为广泛，在广告设计与制作领域的应用中最为突出，而且可以结合创意与客户需求，制作出各种设计作品。因此，这门课不仅能提高读者的动手能力，还能培养读者寻找设计灵感与创意的能力。

（2）仔细观察日常生活中的各种作品，学会举一反三。

通过观察日常生活中的各种海报、招贴、灯箱广告和宣传单等，思考该作品使用 CorelDRAW 设计该如何实现，该作品的主题与创意是什么。总之，要学会多看、多想，尝试自己动手操作，这样才能熟练使用软件。

（3）要边学边实践，自我提高。

书中各模块讲解了许多案例和实训，并提供有大量练习题，读者应尽可能地在看完书中的讲解操作后自己再动手操作一遍，并尝试用不同的方法来实现效果，这样才能加深对软件的熟练程度。同时，课后可访问一些设计网站来获得设计经验与方法，达到自我提高的目的。

本书作者

本书由重庆市忠县职业教育中心何典耕老师统稿。具体编写分工如下：模块一至模块四由何典耕老师编写；模块五至模块七由四川省崇州市职业中学黄程老师编写；模块八至模块十由重庆市涪陵区职业教育中心余智容老师编写。

由于编者水平有限，书中难免存在疏漏和不足之处，恳请广大读者及专家不吝赐教。为了方便教学，可以在外研社职业教育网 (http：//vep.fltrp.com) 下载相关教学资源。

编　者

2013 年 9 月

目　录

模块一　CorelDRAW X4 快速入门

模块简介

CorelDRAW X4 是目前应用最广泛的矢量图形设计软件之一。该软件集图形绘制、文本编辑和图形效果制作等功能为一体，支持矢量与位图的转换以及对位图进行编辑处理等功能，被应用于广告设计、印刷、企业形象设计、工业造型设计和建筑装潢设计等众多领域。本模块将以 3 个任务来介绍 CorelDRAW X4 的基础知识和相关基本操作等，并以制作一张标准信签纸为例，方便读者了解使用 CorelDRAW X4 进行平面设计的工作流程。

学习目标

本模块的知识学习目标如下：

- 熟悉 CorelDRAW X4 工作界面的组成部分。
- 了解矢量图、位图、色彩模式、分辨率和文件格式等基本概念。
- 熟练掌握图形文件的基本操作。
- 熟练掌握 CorelDRAW X4 中各种绘图显示方式。
- 熟练掌握 CorelDRAW X4 工作界面的基本操作。

本模块的技能学习目标如下：

- 能正确识别 CorelDRAW X4 工作界面的组成部分。
- 能根据图片识别矢量图和位图。
- 熟悉使用 CorelDRAW X4 进行平面设计的工作流程。

任务一　认识 CorelDRAW X4

工作任务场景

晓雪刚到公司担任设计助理一职，为了让晓雪尽快适应工作环境，公司决定安排设计师老张带领晓雪一段时间。上班第一天，老张决定先了解一下晓雪的基本情况，他告诉晓雪：“设计中经常用到的软件包括 CorelDRAW 和 Photoshop 等，由于公司最近缺乏人手，所以希望你能尽快对工作上手。”但晓雪对 CorelDRAW 并不熟悉，老张知道此事后告诉晓雪：“不用担心，可以在后面的设计中慢慢学习对软件的运用。”晓雪听后表示一定会尽快学会软件，投入到工作中。

工作任务分析

本任务的目标是认识 CorelDRAW X4，包括熟悉其工作界面的组成部分及作用，掌握自定义工作界面的方法，以及掌握涉及 CorelDRAW X4 的相关基本概念。

要学好这些知识，需掌握以下技术要点：

（1）熟悉 CorelDRAW X4 的工作界面。

（2）掌握自定义工作界面的方法。

（3）了解矢量图、位图、色彩模式、分辨率和文件格式等基本概念。

操作一　认识 CorelDRAW X4 的工作界面

单击 按钮，在打开的菜单中选择【所有程序】→【CorelDRAW Graphics Suite X4】→【CorelDRAW X4】菜单命令，或双击桌面上的 CorelDRAW X4 快捷方式图标，启动 CorelDRAW X4，在图 1-1 所示界面中的右侧单击“新建空白文档”超链接，进入图 1-2 所示的 CorelDRAW X4 的工作界面，下面分别进行讲解。

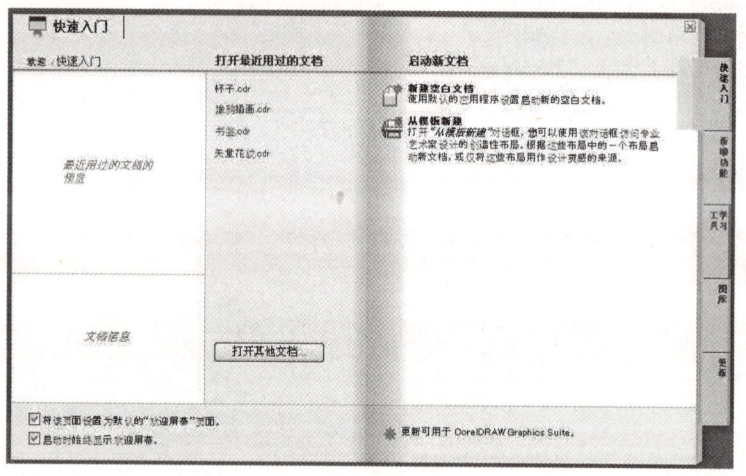

图 1-1　欢迎界面

小提示：欢迎界面的相关介绍

CorelDRAW X4 中的欢迎界面以书籍翻开的形式显示，其中，最右侧以书签的方式显示“快速入门”、“新增功能”、“工作学习”、“图库”和“更新”等选项卡，单击不同的选项卡，出现的内容也各不相同。

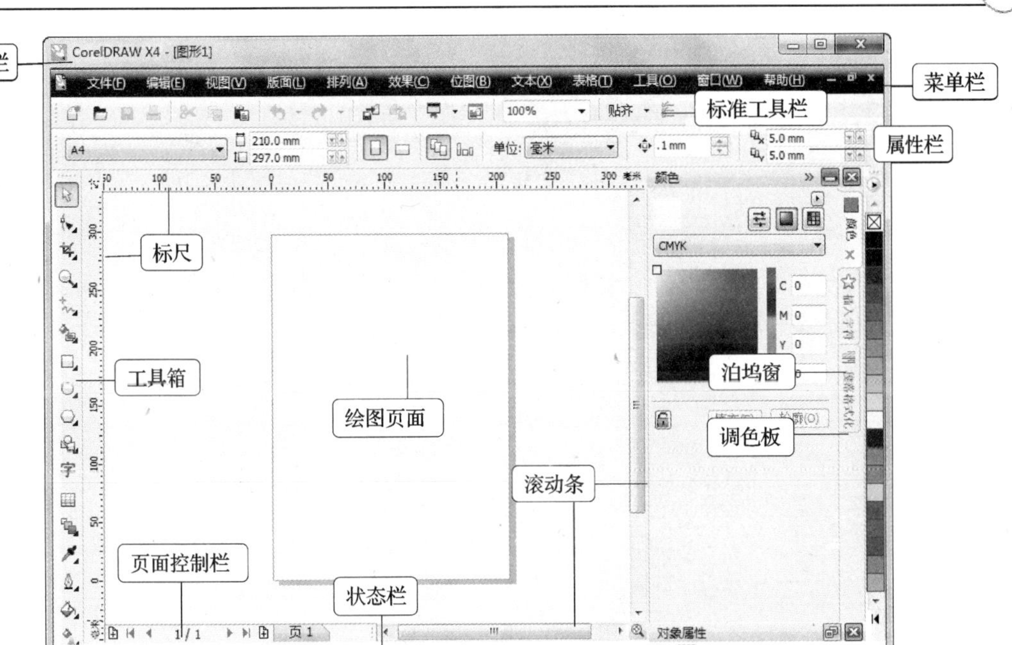

图 1-2 CorelDRAW X4 的工作界面

1. 标题栏与菜单栏

标题栏用于显示 CorelDRAW X4 程序的名称和当前打开文件的名称及所在路径。菜单栏包含 CorelDRAW X4 的所有菜单命令，单击某一菜单将打开其下拉菜单，下拉菜单中部分菜单命令左侧图标与工作界面中标准工具栏中的相同图标具有相同功能。

2. 标准工具栏

标准工具栏提供用户经常使用的操作按钮，包括“新建”按钮 、“打开”按钮 、“保存”按钮 和“打印”按钮 等基本操作按钮，单击相应按钮即可执行相关的操作。当鼠标指针移动到相应按钮位置时，系统会自动显示该按钮相关的注释文字。

3. 属性栏

属性栏用于显示所编辑图形的属性信息和按钮选项，单击该栏中的按钮可对图形进行编辑。属性栏中的内容会根据所选对象或当前选择工具的不同而不同。

4. 工具箱

工具箱位于 CorelDRAW X4 工作界面的最左侧，用于放置各种绘图或编辑工具，每一个按钮表示一种工具，单击工具栏中的按钮可选择相应工具，按钮右下角带“◢”符号的表示该按钮包含子工具栏，利用鼠标左键单击“◢”符号或按住按钮不放，即可展开子工具栏。将鼠标指针移动到工具按钮中，系统将显示该工具的名称，方便用户认识各个工具，工具箱与所有子工具栏如图 1-3 所示。

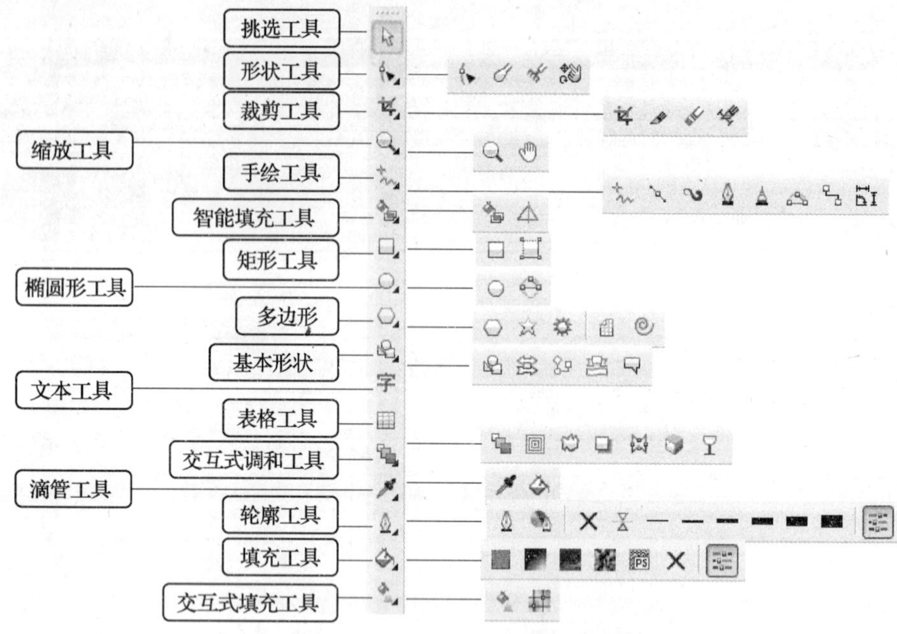

图 1-3　工具箱与所有子工具栏

5. 调色板

- 调色板在默认状态下位于 CorelDRAW X4 工作界面的右侧，用于选定图形对象的内部或轮廓进行颜色填充。在调色板中可以进行以下操作。
- 在调色板中的任意一种颜色块上按住鼠标左键不放，将弹出一个由该颜色延伸的其他颜色选择框，如图 1-4 所示。
- 选择图形对象，利用鼠标左键单击调色板中所需的颜色块可为图形内部填充相应的颜色，如图 1-5 所示。
- 选择图形对象，利用鼠标右键单击调色板中所需的颜色块可填充图形的轮廓颜色，如图 1-6 所示。
- 选择图形对象，利用鼠标左键单击调色板顶端的 ⊠ 按钮，可取消对图形对象内部的填充，利用鼠标右键单击 ⊠ 按钮可取消对图形对象轮廓的填充。

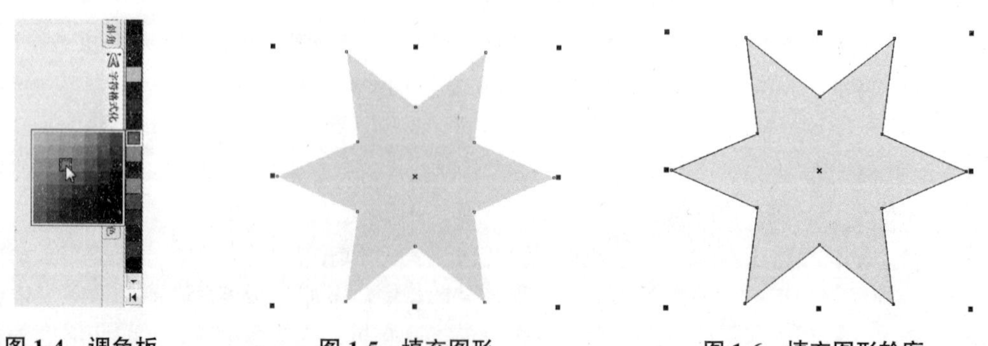

图 1-4　调色板　　图 1-5　填充图形　　图 1-6　填充图形轮廓

小提示：展开调色板

单击调色板下方的 ▼ 按钮，可以将调色板向下滚动，显示更多的颜色块；单击调色板下方的 ⏮ 按钮，可显示调色板中的所有颜色块。

6. 绘图页面

绘图页面是指 CorelDRAW X4 工作界面中带有矩形边缘的区域，根据需要可以在属性栏中设置绘图页面的大小和方向，只有该区域内的图形才能被打印输出。绘图页面以外的其他白色区域称为工作区，在工作区中同样也可以绘制图形，其图形不受页面的限制。翻动页面时，工作区中的图形不会随之翻动，因此，绘制图形时可以在工作区中操作，方便调用。

7. 泊坞窗

泊坞窗位于绘图页码和调色板之间，其作用是将常用的符号、功能和管理器以交互式对话框的形式提供给用户。利用鼠标单击泊坞窗左上角的“折叠泊坞窗”按钮 » 可以将泊坞窗折叠，单击“展开泊坞窗”按钮 « 可将其展开，单击右上角的“向上滚动泊坞窗”按钮 ▭ 可将泊坞窗最小化，单击“关闭泊坞窗组”按钮 ☒ 可关闭所有泊坞窗。

多学一招：打开泊坞窗

选择【窗口】→【泊坞窗】菜单命令下的子菜单命令，可打开任意一种泊坞窗。当打开多个泊坞窗后，除当前泊坞窗外，其他泊坞窗将以标签的形式显示在泊坞窗右侧边缘，单击相应的选项卡可切换至其他泊坞窗。

8. 标尺

标尺是一个非常重要的精确制作图形的辅助工具，由水平标尺和垂直标尺组成。在标尺中按住鼠标左键不放，向绘图页面拖动即可绘出一条辅助线。

9. 页面控制栏

在 CorelDRAW X4 中，一个图形文件可存在多个页面。用户可通过页面控制栏新建页面、删除页面、选择页面和调整页面的前后位置等。在页面控制栏中单击各个页面标签名称即可查看每个页面的内容，如图 1-7 所示。

2/2 页1 页2

图 1-7 页面控制栏

10. 滚动条

滚动条用于滚动显示绘图区域，分为水平滚动条和垂直滚动条。放大显示绘图页面后，有时页面会无法显示所有的对象，拖动滚动条即可显示被隐藏的图形部分。

11. 状态栏

状态栏位于 CorelDRAW X4 工作界面的最下方，随操作的变化而变化，主要用于显示当前操作或操作提示信息，包括鼠标指针的位置、所选择对象的大小、填充色、轮廓色和显示提示等，如图 1-8 所示。

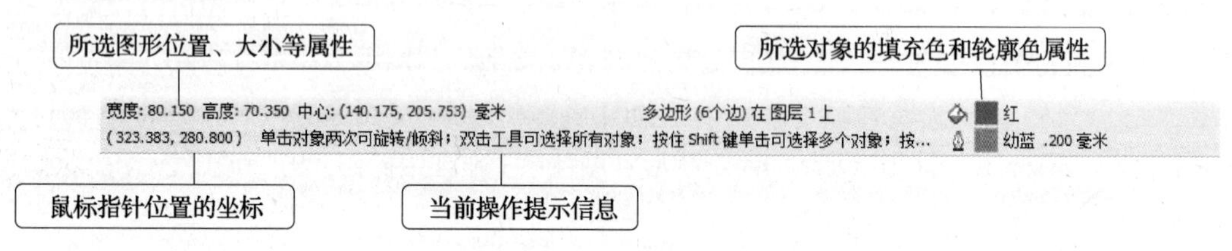

图 1-8 状态栏

操作二 自定义工作界面

启动 CorelDRAW X4 后显示的工作界面为系统默认，为满足用户的不同需求，可根据不同的使用习惯自定义工作界面，包括设置各工具栏的位置、大小、显示或隐藏等，下面具体介绍其方法。

1. 通过快捷菜单设置

将鼠标指针移到菜单栏、工具箱或标准工具栏中，单击鼠标右键，在弹出的图 1-9 所示的快捷菜单中可以选择相应的命令来显示或隐藏菜单栏、工具箱或标准工具栏，这是自定义工作界面最简便的方法。

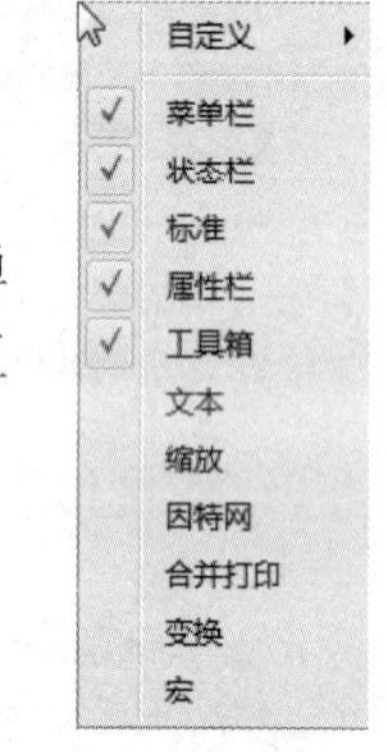

图 1-9 快捷菜单

2. 通过拖动改变位置

在 CorelDRAW X4 中，凡是在各栏前端出现 控制柄（单条虚线）时，都可对其进行拖动操作，将各栏放置在工作界面中需要的位置。

3. 通过“选项”对话框设置

利用“选项”对话框中可详细设置 CorelDRAW X4 的工作界面，其具体操作如下。

（1）启动 CorelDRAW X4 程序，选择【工具】→【自定义】菜单命令，或按“Ctrl+J”键打开“选项”对话框。

（2）在对话框左侧列表框中选择“自定义”中的“命令”选项，在其右侧可设置显示或隐藏菜单栏和属性栏等，以及设置工具栏中按钮显示的大小和位置等参数，如图 1-10 所示。

（3）在左侧选择“命令”选项，可在右侧设置各菜单命令的提示帮助、快捷键和外观等。

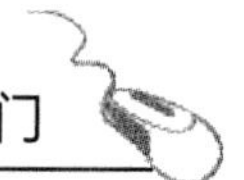

（4）在左侧选择“调色板”选项，可在其右侧设置调色板的行数和色块大小等参数，如图 1-11 所示。

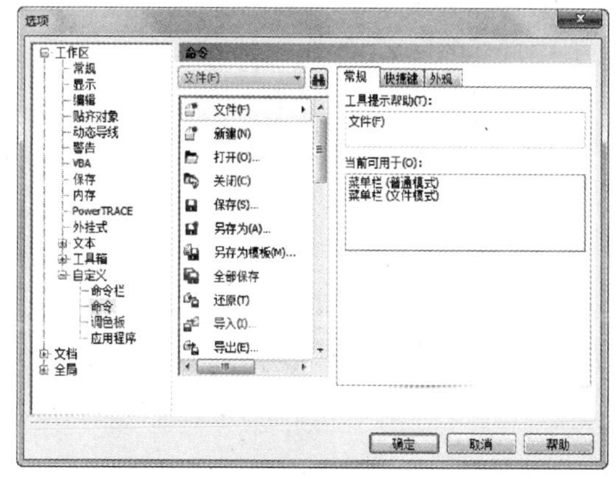

图 1-10　自定义命令栏

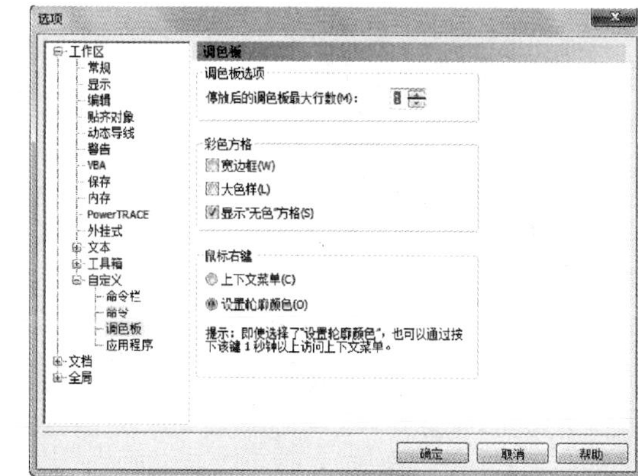

图 1-11　自定义调色板

（5）在左侧选择“应用程序”选项，并在其右侧选中“使用户界面透明”复选框，可设置命令栏和泊坞窗等的透明属性。

（6）单击 确定 按钮，设置即可生效。

小提示：在“选项”对话框中展开下一级选项

在“选项”对话框左侧列表区单击 + 按钮可展开下一级选项，即可在对话框右侧设置该选项相应的参数。在该对话框中还可对工作区的常规选项和保存选项等进行设置。

操作三　CorelDRAW X4 的相关概念

使用 CorelDRAW X4 进行平面作品制作之前，必须先了解相关的基本概念，包括矢量图与位图、分辨率、色彩模式和文件格式等，下面将分别进行介绍。

1. 矢量图

在平面图像中，图像大致可分为矢量图和位图两种。矢量图又称向量图，是以数学计算的矢量方式来记录图像内容，无法通过扫描或数码相机拍照获得，而是依靠设计软件生成，如 CorelDRAW 和 Illustrator 等矢量软件。

矢量图中的图形组成元素称为对象，这些对象都是独立的，且各自具有不同的颜色和形状等属性，还可自由地重新组合，无论将矢量图放大或缩小多少倍都不会产生失真现象。图 1-12 所示为一张矢量图及对其局部进行放大后的效果。

2. 位图

位图又称点阵图，可通过扫描和数码相机获得，也可通过 Photoshop 等图像处理软件生成。

图 1-12　矢量图放大前后的对比效果

位图由多个像素点组成，每个像素点都能记录一种色彩信息，因此，位图能表现出色彩绚丽的图像效果。将位图放大到一定倍数时即可看到这些像素点，因此，位图放大一定倍数后会产生失真现象。图 1-13 所示为一张位图和将其局部进行放大后的效果。

图 1-13　位图放大前后的对比效果

小提示：矢量图和位图的各自优势

矢量图可任意放大且不减画质的效果，其占用的空间小，主要用于图案设计、文字设计和版式设计等。位图可以刻画更为细腻丰富的画质效果。

3. 分辨率

分辨率是指图像单位长度上像素的多少。分辨率既可以指图像或文件中的细节和信息量，也可指输入、输出或显示设备能够产生的清晰度等级。分辨率的度量单位为像素 / 英寸，也是一幅图像工作的度量单位。位图的色彩越丰富，图像的像素越多，分辨率就越高，文件也就越大。因此，在处理位图时，分辨率的大小会影响最终输出文件的质量和大小。

小提示：印刷品中的分辨率

要使印刷出的成品中图像较为清晰的（指一般 A4 大小），分辨率一般设置为 300dpi 即可（分辨率会视成品尺寸的不同而不同）。

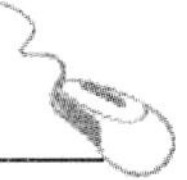

4. 色彩模式

色彩模式是设计领域中一个重要的概念，正确的色彩模式可以使图形图像在屏幕或印刷品上正确地显现出来，在 CorelDRAW 中设置调色板和进行颜色填充时都将涉及色彩模式。在 CorelDRAW 中支持的色彩模式有 RGB、CMY、CMYK、HSB、Lab 和灰度模式等，其具体介绍分别如下。

- **RGB 模式：** RGB 分别代表 Red（红）、Green（绿）和 Blue（蓝）3 种颜色，在计算机的显示器中产生的颜色即是 RGB 色。用户可按不同的比例混合这 3 种色光，3 种颜色各自有 256 个亮度水平级，按照计算，256 级的 RGB 色彩总共能组合约 1 678 万种色彩，即 256×256×256=16 777 216 种颜色，完全可以表现出绚丽多彩的世界，因此，RGB 模式也称真彩色模式。
- **CMY 模式：** CMY 分别代表 Cyan（青）、Magenta（品红）和 Yellow（黄）3 种颜色，·属于减色模式，是较常用的印刷色彩模式之一。
- **CMYK 模式：** CMYK 模式由 CMY 模式发展而来，CMYK 分别表示 Cyan（青）、Magenta（品红）、Yellow（黄）和 Black（黑）4 种颜色，使用该色彩模式的图像由这 4 种颜色叠加而成，是目前标准的印刷色彩模式。在默认设置下，CorelDRAW 的填充方式为 CMYK 模式，相对于 RGB 模式的加色混合模式。CMYK 的混合模式是一种减色叠加模式，该模式通过反射某些颜色的光并吸取另外一些颜色的光来产生不同的颜色。
- **HSB 模式：** HSB 模式是根据颜色的色相（H）、饱和度（S）和亮度（B）来定义颜色的。其中，色相是物体的本身颜色，指从物体反射进入人眼的波长光度，不同波长的光，显示为不同的颜色；饱和度又称纯度，指颜色的鲜艳程度；亮度指颜色的明暗程度。
- **Lab 模式：** Lab 模式是一种国际色彩标准模式，该模式将图像的亮度与色彩分开，由 3 个通道组成，L 通道是透明度，其他两个通道是色彩通道，即色相（a）和饱和度（b）。在 Lab 模式下，L 通道的范围为 0 ~ 100%；a 通道为从绿到灰，再到红色；b 通道为从蓝到灰，再到黄的色彩范围。
- **灰度模式：** 灰度模式可表现丰富的色调，形成最多 256 级的灰阶。灰度模式没有色彩。将一个彩色文件转换为灰度模式后，所有的色彩信息将从文件中消失。

5. 文件格式

文件格式代表一个文件的类型。不同的文件有不同的文件格式，通常可通过其扩展名来进行区别，如扩展名为 .cdr 的文件表示 CorelDRAW 格式文件。在 CorelDRAW 中保存或导出文件时，可以生成多种不同格式的文件，主要包括以下几种。

- **CDR 格式：** CDR 文件格式是标准的 CorelDRAW 文件格式，CDR 文件可以存储对象的形状、颜色和大小等信息，是常见的矢量图像文件格式之一。
- **AI 格式：** AI 文件格式是 Illustrator 软件的标准文件格式。该文件格式与 CDR 文件格式类似，是矢量图像文件格式之一，可以在 CorelDRAW 中导入并编辑。
- **WMF 格式：** WMF 格式同时支持矢量图像和位图图像，是较常用的图元文件格式。其缺点是 WMF 最大只支持 16 位，而 CDR 支持 32 位。因此在 CorelDRAW 中，当存储为 WMF 格式后，对象的细节会有丢失的现象。
- **TIFF（TIF）格式：** TIFF（Tagged Image File Format）格式即标志图像文件格式，是在

Macintosh 机中开发的一种图形文件格式，该格式支持 RGB、CMYK 和 Lab 等绝大多数色彩模式，同时支持 Alpha 通道。

- **JPG（JPEG）格式：** JPEG 通常简称 JPG，是目前最流行的 24 位图像文件格式。该格式实际上是以 BMP 格式为基准，在图像失真较小的情况下，对图像进行较大的压缩，在压缩过程中丢失的信息并不会严重影响图像质量，但会丢失部分肉眼不易察觉的数据，因此，此格式不宜进行印刷。
- **GIF 格式：** GIF 图像文件格式可进行 LZW 压缩，使图像文件占用较少的磁盘空间。该格式可以支持 RGB 格式、灰度和索引色等色彩模式。
- **BMP 格式：** BMP 格式是一种标准的点阵式图像文件格式，支持 RGB、索引色、灰度和位图色彩模式，但不支持 Alpha 通道。
- **PSD 文件格式：** PSD 格式主要由 Photoshop 图像软件生成，其最大的特点是支持层和通道的操作，且支持背景透明，即 Alpha 通道，可存储为 RGB 模式或 CMYK 等模式。
- **CMX 文件格式：** CMX 文件格式属于 CorelDRAW 文件格式，是一种图元文件格式，支持位图和矢量信息以及 PANTONE、RGB 和 CMYK 全色范围。
- **EPS 文件格式：** EPS 文件是目前桌面印刷系统普遍使用的通用交换格式中的一种综合格式，对目前的印刷行业来说，使用这种格式生成的文件，不会轻易出现问题，且大部分专业软件都能对其进行处理。

多学一招：CMX 文件格式的实际用途

CMX 格式主要应用于 CorelDRAW 文档中元素的交换，如一组公用的设计素材，需要在多个文档中使用，此时就可将其导出为 CMX 格式，导出后的文档便可很方便地拖入其他需要此公用部分的文档中；CMX 格式的导入速度是其他任何格式所不能比的，这在将旧版本的 CorelDRAW 文件转换为新版本文件时尤为常用。

在 CorelDRAW 中，可以直接打开或存储的文件格式有 CDR、AI、WMF 和 CMX 等，其他部分文件格式可以通过导入或导出的方式，实现资源的交换和共享。

知识回顾拓展

本任务熟悉了 CorelDRAW X4 工作界面的组成，以及 CorelDRAW 的相关基础知识。CorelDRAW 目前的版本主要有 CorelDRAW 9、CorelDRAW 10、CorelDRAW 11、CorelDRAW 12、CorelDRAW X3、CorelDRAW X4 和 CorelDRAW X5 等。部分设计公司仍在使用 CorelDRAW 9 和 CorelDRAW 12 等旧版本软件，无论是旧版本还是新版本的 CorelDRAW，其界面与使用方法都是类似的，只是新版本的软件提供了更强大的功能。建议读者可自行了解 CorelDRAW 其他常用版本的工作界面。图 1-14 所示为 CorelDRAW 12 的工作界面。

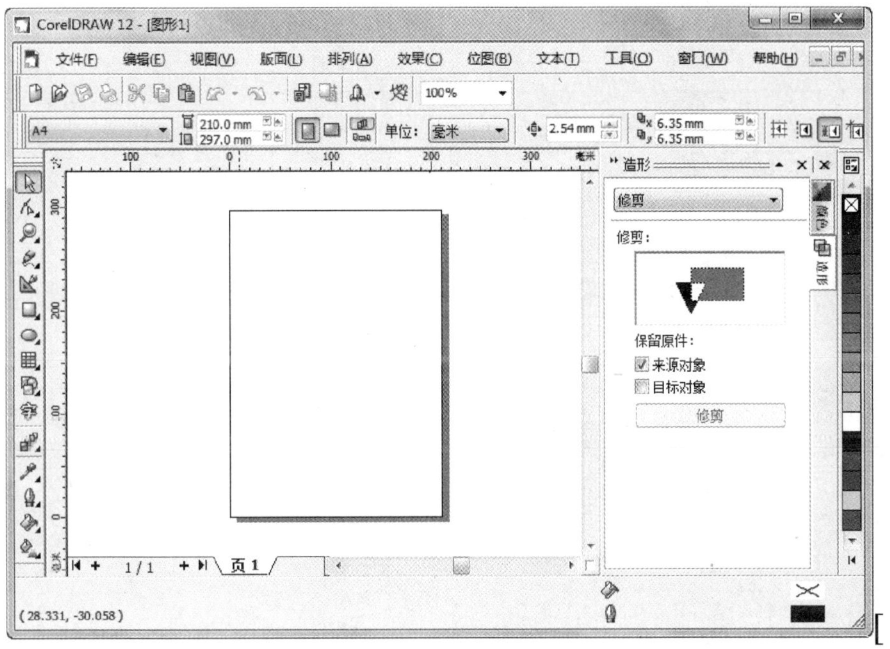

图 1-14　CorelDRAW 12 的工作界面

另外，在 CorelDRAW 的"均匀填充"对话框中的"模型"下拉列表框中即可显示 CorelDRAW X4 支持的色彩模式，导入文件时在打开的"导入"对话框中的"文件类型"下拉列表框中即可显示 CorelDRAW X4 支持导入的文件类型。对于其他色彩模式或文件格式，有兴趣的读者可以自行查询相关资料。

小提示：退出 CorelDRAW X4

在 CorelDRAW X4 工作界面中单击右上角的"关闭"按钮 X 或选择【文件】→【退出】菜单命令，即可退出 CorelDRAW X4。

任务二　CorelDRAW X4 的基本操作

工作任务场景

通过老张的指导，晓雪对 CorelDRAW 的使用有了初步的认识。晓雪想：是否可以学习 CorelDRAW 的相关操作了呢？她找到老张，并将自己的想法告诉他，老张听后告诉晓雪："不错，今天主要学习 CorelDRAW 的基本操作，为了使以后的设计工作得心应手，这些基础知识非常重要，你可要好好记住啊。”晓雪听后说：“为了能够提前胜任工作，我一定会认真学习这些知识的。”

工作任务分析

本任务的目标是掌握 CorelDRAW X4 的基本操作，为后面的图形设计做好准备工作。

要掌握这些知识，需要熟练以下技术要点。

（1）掌握文件的基本操作。

（2）掌握设置绘图显示方式。

（3）熟悉设置版面样式和背景。

（4）掌握多页面文档的设置与管理操作。

（5）掌握标尺、网格和辅助线的应用。

（6）掌握 CorelDRAW 中图形的缩放、平移和视图控制操作。

操作一　文件的基本操作

CorelDRAW X4 中常见的文件基本操作包括新建、打开、导入、切换、保存和关闭文件等。掌握文件的基本操作对学习和使用 CorelDRAW X4 非常重要，下面将分别讲解这些操作。

1. 新建文件

绘制图形前，首先需要新建图形文件，然后才能在新建的文件中绘制和编辑图形。下面对新建文件的方法进行讲解。

- **新建空白文件：** 启动 CorelDRAW X4，在其欢迎界面中单击“新建空白文档”超链接，或选择【文件】→【新建】菜单命令，或单击标准工具栏上的“新建”按钮。
- **从模板中新建文件：** 启动 CorelDRAW X4，在其欢迎界面中单击“从模板新建”超链接，或选择【文件】→【从模板新建】菜单命令，打开“从模板新建”对话框，在该对话框中选择所需模板后，单击 确定 按钮即可。

2. 打开文件

如需编辑已有的 CorelDRAW X4 文件，首先应打开该图形文件。在 CorelDRAW X4 中打开文件的方法主要包括以下几种。

- 启动 CorelDRAW X4，在欢迎界面中的“打开最近用过的文档”栏中单击显示的名称即可打开最近编辑过的图形文件，此时，在最左侧会显示选择文件的缩略图，如图 1-15 所示。

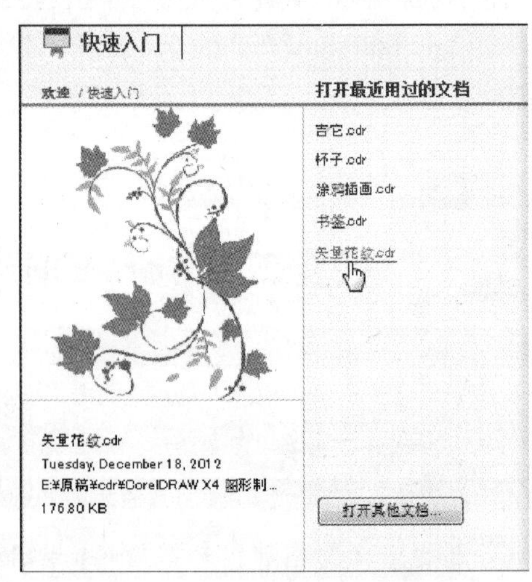

图 1-15　在欢迎界面中打开文件

- 启动 CorelDRAW X4，在打开的欢迎界面中单击 打开其他文档... 按钮，然后在打开的对话框中选择需要打开的文件后单击 打开 按钮或双击该文件即可。
- 启动 CorelDRAW X4 后，按“Ctrl+O”键。
- 单击标准工具栏上的“打开”按钮 。
- 启动 CorelDRAW X4 后，选择【文件】→【打开】菜单命令。

3. 导入文件

CorelDRAW X4 默认的文件格式为 CDR 格式，为了使不同软件之间可以相互转换图形图像文件，CorelDRAW X4 提供了导入与导出文件功能。这样，CorelDRAW X4 就可以和其他应用程序交换文件，也可以让 CorelDRAW X4 中的文件在其他应用程序中使用。

导入文件是指把不同格式的图形文件输入到 CorelDRAW X4 中进行编辑，导入的文件可以是矢量文件，也可以是位图文件，如 JPG、BMP 和 TIFF 格式的文件等。其方法为：选择【文件】→【导入】菜单命令，或在绘图区的任意位置单击鼠标右键，在弹出的快捷菜单中选择“导入”命令，或直接按“Ctrl+I”快捷键，即可在打开的“导入”对话框中指定所需文件的路径和文件名。

4. 切换文件

如需同时编辑多个文件，则可以在多个文件窗口之间进行切换，切换文件的方法主要有以下几种。

- 单击要切换文件的标题栏，即可将该文件切换到当前编辑状态。
- 单击“窗口”菜单项，选择某个文件的名称，即可将所选文件切换为当前编辑状态。
- 按“Ctrl+F6”键，可以循环切换所打开的文件窗口。

5. 保存文件

用 CorelDRAW X4 绘制图形时，注意要随时保存文件。因为保存后，遇到断电或错误操作等不可预期的情况，已有数据才不会丢失，从而避免不必要的损失。保存文件的方式主要有以下几种。

- **保存图形文件：**选择【文件】→【保存】菜单命令，或按“Ctrl+S”键，或直接单击标准工具栏中的“保存”按钮 。
- **另存为图形文件：**如需将已保存的文件以其他文件名保存或将其保存在其他位置，可选择【文件】→【另存为】菜单命令，或按“Ctrl+Shift+S”键，在打开的图 1-16 所示的“保存绘图”对话框中根据保存图形文件的方法指定新的文件名或新的保存路径，最后单击 保存 按钮即可另存该图形文件。
- **保存选定图形文件：**如只需保存图形文件中选定的图形，可在选择图形对象后，在打开的“保存绘图”对话框中选中“只是选定的”复选框。
- **将文件保存为不同的版本：**在“保存绘图”对话框中保存图形文件时，可在“版本”下拉列表框中选择相应版本，例如选择“8.0 版”选项，这样，该图形文件就可以在 CorelDRAW 8.0 及以上任意的版本中打开。

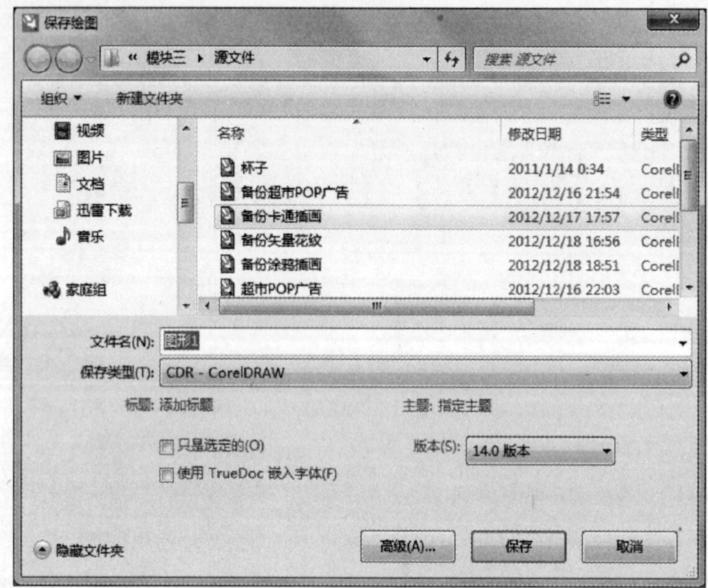

图 1-16 “保存绘图”对话框

6. 关闭文件

关闭文件是指在不退出 CorelDRAW X4 的前提下关闭当前打开的文件，其方法有以下几种。

- 选择【文件】→【关闭】菜单命令，或按“Ctrl+F4”键。
- 若打开了多个文件，可选择【文件】→【全部关闭】菜单命令关闭所有打开的文件。
- 单击菜单栏右侧的“关闭”按钮 ![]。

操作二 设置绘图显示方式

在 CorelDRAW X4 中绘制图形时，往往需要放大、缩小和平移页面视图，以及用不同的视图模式显示视图等。

1. 用缩放工具管理视图

使用缩放工具 ![] 可以对视图进行缩放、平移和全屏幕显示等，方便查看图形。选择工具箱中的缩放工具 ![]，将打开图 1-17 所示的属性栏，各按钮的作用如下。

图 1-17 缩放工具的属性栏

- **“缩放级别”下拉列表框** ![100%]：在该下拉列表框中可以选择视图缩放的比例或大小选项，也可以直接在其下拉列表框中输入需要显示的比例，然后按“Enter”键确定。

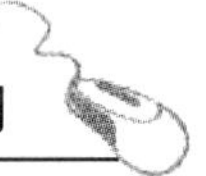

- **“放大”按钮**：单击该按钮，将以两倍的比例放大显示视图，其快捷键为“F2”，选择缩放工具后，绘图区中的光标将变为形状，此时，单击鼠标左键也可以放大。
- **“缩小”按钮**：单击该按钮，将以两倍的比例缩小显示视图，其快捷键为“F3”。另外，在放大状态下按住“Shift”键不放单击也可缩小图形显示。
- **“缩放选定范围”按钮**：单击该按钮，可将选定的图形对象最大限度地显示在当前绘图页面中，其快捷键为“Shift+F2”。
- **“缩放全部对象”按钮**：单击该按钮，可将页面中的所有图形对象最大限度地显示在当前页面窗口中，其快捷键为“F4”。
- **“显示页面”按钮**：单击该按钮，将以100%的比例显示绘图页面中的对象，其快捷键为“Shift+F4”。
- **“按页宽显示”按钮**：单击该按钮，将最大限度地显示页面宽度。
- **“按页高显示”按钮**：单击该按钮，将最大限度地显示页面高度。

2. 使用视图管理器管理视图

选择【窗口】→【泊坞窗】→【视图管理器】菜单命令，将打开图1-18所示的“视图管理器”泊坞窗，其中提供了完整的视图调整工具，可将常用的视图比例进行保存供以后使用。单击相应的按钮可进行相应的控制操作。

图1-18 “视图管理器”泊坞窗

3. 移动显示区域

放大视图后可能导致部分区域在显示窗口以外，这时可以拖动绘图窗口右侧或底部的滚动条，或按下工具箱中的缩放工具不放，在展开的子工具栏中选择手形工具，或按“H”键，在绘图窗口中拖动鼠标即可移动显示区域。

另外，在水平滚动条和垂直滚动条相交处有一个按钮，将鼠标指针移至该按钮上时，指针变为十形状，按住鼠标左键不放，会出现一个小窗口，用于显示绘图页面中的所有对象。该窗口中的矩形方框即表示当前显示的页面大小，按住鼠标左键不放并拖动，矩形方框会随鼠标指针移动，页面中的显示区域也会随之移动。

4. 切换视图显示模式

CorelDRAW X4的“视图”菜单为用户提供了6种视图显示模式，这些显示模式主要用于绘制复杂图形时方便用户查看各个图形的重叠情况。切换视图显示模式只改变图形的显示方式，不会对图形产生任何影响。

各个模式的显示效果介绍如下。

- **简单线框**：只显示对象的轮廓，不显示图形中的填充和立体等效果，便于查看图1-19所示的图形轮廓的显示效果。
- **线框**：其显示效果与简单线框模式类似，只显示单色位图图像、立体透视图、轮廓图效果和形状对象。
- **草稿**：可显示标准填充和低分辨率位图，将透视和渐变填充显示为纯色。渐变填充以起始颜色和终止颜色的调和显示，当需要快速刷新复杂图像时，可使用该模式，其效果如图 1-20 所示。

- **正常**：显示 PostScript 填充外的所有填充图形及高分辨率的位图，既可保证图形的显示质量，也不会影响刷新速度。
- **增强**：使用两倍超取样达到最好效果的显示，该模式对计算机的性能要求较高，效果如图 1-21 所示。
- **使用叠印增强**：可以预览叠印颜色混合方式的模拟，此功能对项目校样非常有用。

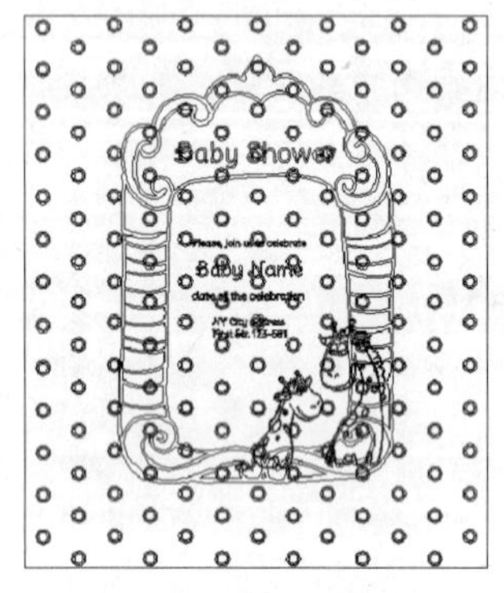

图 1-19　简单线框模式

图 1-20　草稿模式

图 1-21　增强模式

操作三　页面的基本操作

绘制图形之前应熟悉掌握页面的基本操作，如设置页面大小和方向、设置版面样式和背景，以及设置多页面文档等。

1. 设置页面大小和方向

根据所需图形的实际尺寸设置页面大小和方向，主要通过属性栏来进行设置。启动 CorelDRAW X4 并新建一个图形文件后，其默认状态下的属性栏如图 1-22 所示。

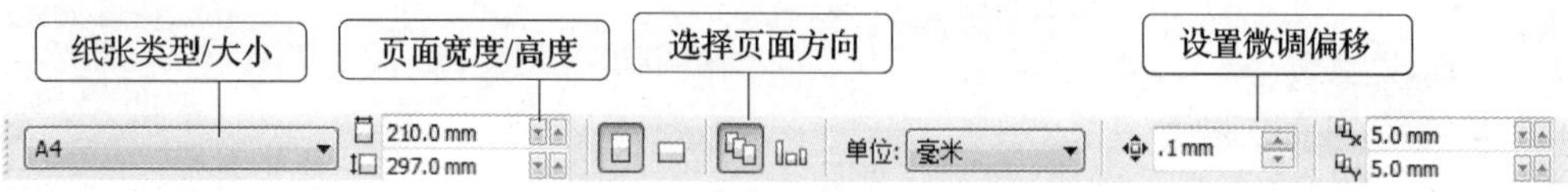

图 1-22　默认状态的属性栏

- 在属性栏的"纸张类型 / 大小"下拉列表框中选择所需的纸张尺寸后，在"页面高度 / 宽度"数值框中将自动显示所选页面的尺寸大小。
- 若在"纸张类型 / 大小"下拉列表框中找不到所要的页面尺寸，可直接在属性栏的"页面宽度"和"页面高度"数值框中输入所需的页面尺寸，输入后按"Enter"键确认。
- 设置好页面的尺寸后，单击属性栏中的"纵向"按钮可以使页面以纵向显示，单击"横向"按钮可以使页面以横向显示，按"Enter"键应用所设置的页面大小和方向。

通过“选项”对话框也可设置页面的大小和方向，其具体操作如下。

（1）选择【版面】→【页面设置】菜单命令，打开图 1-23 所示的“选项”对话框。

（2）在“大小”栏的“纸张”下拉列表框中选择预设的纸张类型，也可以直接在其下方的“宽度”和“高度”数值框中输入所需的数值。

（3）在“宽度”和“高度”数值框后的下拉列表框中选择所需的单位，其默认单位为“毫米”。

（4）选择“纵向”或“横向”单选项设置页面的方向，完成后单击 确定 按钮。

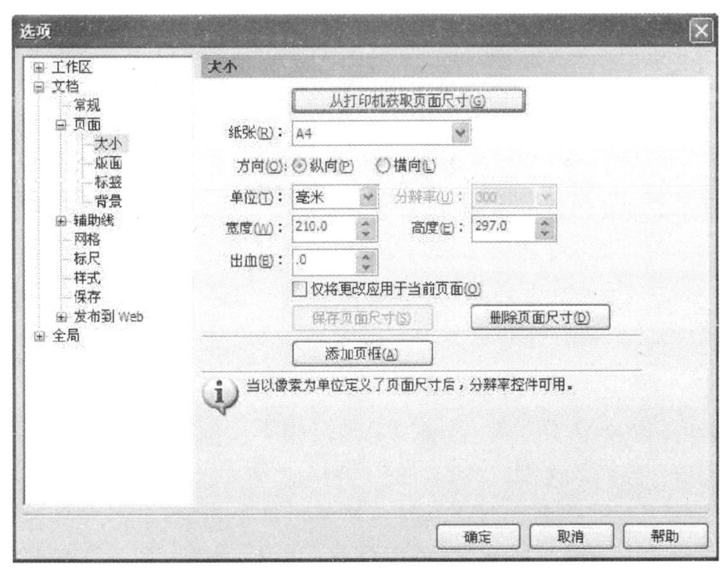

图 1-23　“选项”对话框

2. 设置版面样式和背景

CorelDRAW X4 提供了许多预设的版面样式，可用于书籍、折卡和小册子等标准出版物的版面。在设置版面样式时还可以设置对开页，同时 CorelDRAW X4 还提供了添加背景的功能，这些操作都可在打开的“选项”对话框中完成。

- 选择“选项”对话框中左侧列表框中的“版面”选项，在右侧的“版面”下拉列表框中选择所需的版面样式，其中提供了全页面、活页、屏风卡、帐篷卡、侧折卡和顶折卡等版面样式。
- 选择“选项”对话框中左侧列表框中的“背景”选项，可在右侧“背景”栏中“纯色”单选项中选择一种颜色作为纯色背景。

小提示：设置对开页

在“选项”对话框中的“版面”选项中选中“对开页”复选框后，可在“起始于”下拉列表框中选择对开页的方向。如选择“右边”选项，则可以由右边开始设置多页文档的第一页。

小提示：设置图案背景

在“选项”对话框中的“背景”选项中选中“位图”单选项，单击旁边的 浏览(W)... 按钮，将打开“导入”对话框，从中选择一个位图文件后单击 导入 按钮，可设置图案背景。

3. 设置多页面文档

制作多页的作品时，可在同一个 CorelDRAW 文件中设置多个不同的页面，通过切换页面便可查看并编辑其中任何一个页面中的内容。在 CorelDRAW 工作界面中，新图形文件默认只有一个页面，即“页 1”，在页面控制栏中可进行添加、删除、切换和重命名页面。

- **添加页面：**单击页面控制栏中的 按钮，可在当前页的前面或后面添加一个页面；在页面控制栏中的页面标签中单击鼠标右键，在弹出的快捷菜单中选择“在后面插入页”或“在前面插入页”命令，也可添加一个页面，如图 1-24 所示。
- **删除页面：**在页面控制栏中选中需要删除的页面，单击鼠标右键，在弹出的快捷菜单中选择“删除页面”命令即可删除该页面。
- **切换页面：**单击页面控制栏中的 按钮，可显示当前页的前一页。若当前页面为文档首页，将不显示该按钮；单击 按钮显示文档的第一页；单击 按钮，显示当前页的后一页，若当前页面为文档末页，将不显示该按钮；单击 按钮显示文档的最后一页；如图 1-25 所示。单击该页面的标签，如单击标签“页 2”即可切换到页面 2 中。
- **重命名页面：**在页面控制栏中利用鼠标右键单击需要重命名的页面，在弹出的快捷菜单中选择“重命名页面”命令，将打开“重命名页面”对话框，在“页名”文本框中输入新的名称即可。

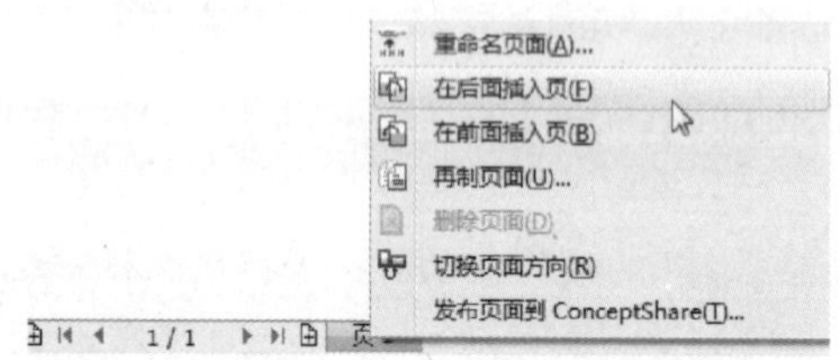

图 1-24 添加页面

图 1-25 切换页面

多学一招：设置多页面文档的其他方法

通过菜单命令来添加、删除和重命名页面。其方法是：选择【版面】→【插入页】菜单命令、【版面】→【删除页面】菜单命令和【版面】→【重命名页面】菜单命令，在打开的对话框中根据提示操作即可。选择【版面】→【转到某页】菜单命令，可快速切换至需要的页面。

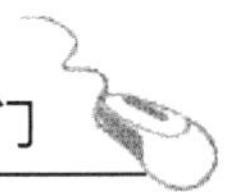

操作四　设置标尺、网格和辅助线

绘制图形时可以使用一些辅助工具，如标尺、网格和辅助线帮助定位图形的位置，以及确定图形的大小，从而提高绘图的精确度和工作效率，下面将分别进行讲解。

1. 设置标尺

标尺是一个测量工具，分为水平标尺和垂直标尺两种，其作用是帮助用户精确定位图形对象在水平方向和垂直方向上的位置和尺寸大小。选择【视图】→【标尺】菜单命令，即可显示或隐藏标尺。

选择【工具】→【选项】菜单命令，或在标尺上单击鼠标右键，在弹出的快捷菜单中选择“标尺设置”命令，打开“选项”对话框，在该对话框左侧选择“辅助线”下的“标尺”选项，在其中即可对标尺的相关选项进行设置（设置方法大同小异，这里不再赘述）。

2. 设置网格

使用 CorelDRAW X4 绘制图形时，可以使图形与网格对齐，方便用户查看图形四周的距离，使绘图更加精确。选择【查看】→【网格】菜单命令，即可使网格显示在绘图工作区域上，再次选择该命令可以隐藏网格。默认状态下网格是不可见的。

多学一招：移动标尺

标尺可以被移动到工作界面的任意位置，其方法为：按住“Shift”键不放的同时用鼠标左键单击标尺左上角的图标 不放并拖至到绘图区，此时将出现标尺十字定位双虚线，松开鼠标左键即可将标尺移动到新的位置。按住“Shift”键的同时单独拖动水平或垂直标尺，只移动水平或垂直标尺。

选择【工具】→【选项】菜单命令，或在标尺上单击鼠标右键，在弹出的快捷菜单中选择“网格设置”命令，打开“选项”对话框，在该对话框的左侧选择“辅助线”下的“网格”选项，在其中即可对标尺的相关选项进行设置。

多学一招：移动标尺

对齐网格的方法包括以下几种：选择【查看】→【对齐网格】菜单命令，或按“Ctrl+Y”键；单击属性栏中的“对齐网格”按钮 ，在“选项”对话框中选择“网格”选项，选中“对齐网格”复选框即可。

3. 设置辅助线

辅助线可帮助用户定位图形位置，辅助线经常与标尺配合使用，还可以对其进行旋转、微调、复制和删除等操作，下面将具体讲解辅助线的使用方法。

- **创建水平辅助线**：在水平标尺中按住鼠标左键不放并拖动鼠标到绘图区中，在相应的位置释放鼠标即可创建一条水平辅助线。
- **创建垂直辅助线**：在垂直标尺上按住鼠标左键不放并拖动鼠标到绘图区中，在相应的位置释放鼠标即可创建一条垂直辅助线。
- **移动或复制辅助线必须先选中辅助线**：将鼠标光标放置在辅助线上单击即可选中该辅助线，按住“Shift”键不放可选取多条辅助线，选中的辅助线将显示为红色，没有被选中的辅助线为浅蓝色，如图 1-26 所示。

图 1-26　选择多条辅助线

- **移动辅助线**：选中辅助线后，当鼠标光标变为 ↕ 形状时，拖动鼠标即可移动辅助线。
- **旋转辅助线**：选中辅助线后再次单击辅助线，辅助线上将出现旋转符号 ↕ 和旋转中心 ⊙，将鼠标光标移到两端的任意一个旋转手柄上并拖动，即可旋转辅助线，如图 1-27 所示。

图 1-27　旋转辅助线

- **复制辅助线**：使用鼠标拖动辅助线到目标位置后单击鼠标右键，释放鼠标即可复制一条辅助线。
- **删除辅助线**：选中不需要的辅助线，按“Delete”键即可删除辅助线。
- **锁定辅助线**：创建多条辅助线后，在不需要操作的辅助线上单击鼠标右键，在弹出的快捷菜单中选择“锁定对象”命令，即可将该辅助线锁定。锁定的辅助线不能被移动。在已锁定的辅助线上单击鼠标右键，在弹出的快捷菜单中选择“解除对象锁定”命令，即可将其解锁。

- **设置辅助线的颜色：**双击工作界面中的某个辅助线，在打开的“选项”对话框左侧选择“辅助线”选项，单击“默认辅助线颜色”右侧的 按钮，在弹出的颜色列表框中选择一种颜色作为辅助线的颜色。
- 选择【视图】→【辅助线】菜单命令，可以隐藏或再次显示辅助线。

多学一招：贴齐辅助线

创建辅助线后，选择【视图】→【贴齐辅助线】菜单命令，或单击标准工具栏上的贴齐按钮，在弹出的菜单中选择“贴齐辅助线”命令，可在移动图形的过程中自动对齐相邻的辅助线。

知识回顾拓展

本任务讲解了 CorelDRAW X4 的基本设置，在实际工作中设计名片和宣传单等印刷作品时一般都需要先设置好页面大小和方向，在排版书籍和手册等多页面文档时要善于使用多页面文档，因此应着重掌握。

下面对其他基本知识进行补充讲解。

- **页面排序器视图：**选择【视图】→【页面排序器视图】菜单命令，可以将 CorelDRAW X4 中编辑的多个页面非常直观地显示出来，如图 1-28 所示。

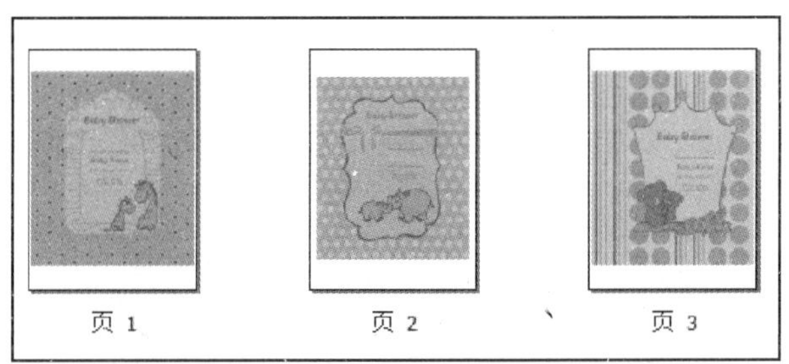

图 1-28　页面排序器视图

- **全屏预览：**标尺、网格和辅助线在需要将多个对象进行对齐和绘制复杂图形时非常有用，这样可以极大地提高用户的工作效率。另外，控制视图时选择【视图】→【全屏预览】菜单命令，或按“F9”键可进行全屏预览。
- **只预览选定的对象：**选择该种方式，可全屏预览当前所选择的对象。

任务三 制作标准信签纸

工作任务场景

学习了 CorelDRAW 的基本操作后，晓雪还是不能将其应用到制作图形中去，于是请教老张。老张正在做一套公司的 VI，晓雪站在老张旁边，看着老张操作，晓雪问老张："是不是只要会 CorelDRAW 的基本操作，就能像你一样应用自如了？" 老张回答道："当然了，这是绘制图形的前提条件，只有熟悉了软件的基本操作，才能将软件的功能发挥得淋漓尽致，绘制出所需的图形。不过在绘制图形的过程中还需要不断学习，只学会操作软件是不够的。我现在正在制作一套 VI，要不你帮忙制作一张标准信签纸，熟悉一下在 CorelDRAW 中图形文件的设计流程。" 晓雪一听，心中高兴不已，那今天就练习制作标准信签纸吧。

行业背景知识

现在的信签纸一般是打字纸，质地脆，适合钢笔书写。信签纸种类多，价格差异大，功能也不同。若是公司使用，其功用类似于公司便签，称为公司抬头纸，主要用于公司的对外宣传。

公司抬头纸信息内容主要包括：公司名称（中英文）、公司地址（包括邮编等内容）、联系方式（电话、E-mail 和传真等）以及公司标志（LOGO），有的还包括公司简介和公司网址等。公司抬头纸的尺寸多变，并不拘泥为一种形式，但多数情况下的尺寸为 16 开，即 210 mm × 285 mm，四周各加 3 mm 的出血。

多学一招：成品尺寸

CorelDRAW 中的 16 开即 A4 大小，其长宽分别为 210 mm 和 297 mm，但是实际上印刷出来后的成品尺寸只有 210 mm × 285 mm。还需注意的是在进行设计时，需加 3 mm 的出血，便于后期切割。综上所述，若制作 16 开的纸张尺寸，建立页面后需设置绘制矩形的长和宽分别为 216 mm 和 291 mm。

工作任务分析

本任务的目标是运用 CorelDRAW 的图形文件操作以及绘图功能制作一张标准信签纸，通过练习掌握 CorelDRAW X4 的基本操作。完成后的最终效果如图 1-29 所示。

要实现该效果，需要掌握以下技术要点：

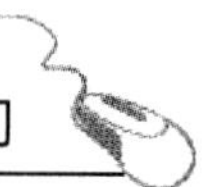

（1）掌握图形文件的新建、导入和保存等操作。

（2）初步了解 CorelDRAW 中图形文件的设计流程。

素材　素材文件\模块一\公司标志 .ai
对应　效果文件\模块一\信签纸 .cdr

图 1-29　信签纸效果

完成本任务涉及的知识点包括文本工具、“导入”命令、“保存”命令和“导出”命令等。通过这些操作熟悉在 CorelDRAW 中设计图形文件的基本流程。其具体思路（图 1-30）及要求如下。

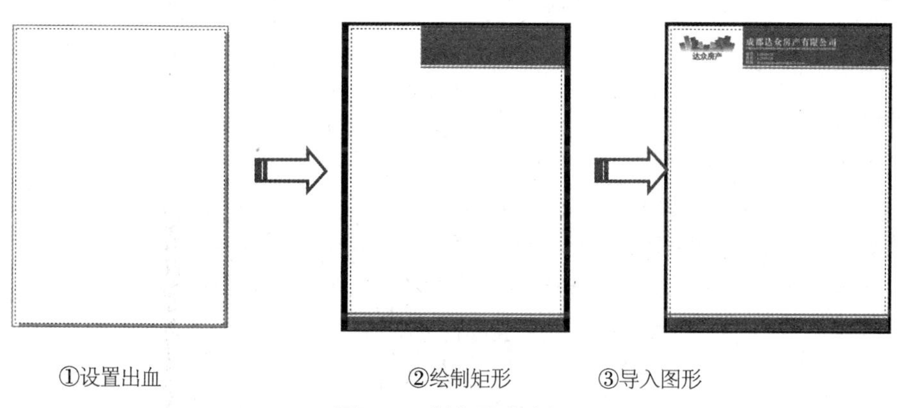

图 1-30　制作思路分析

（1）设置页面大小，利用矩形工具绘制信封。

（2）利用“导入”命令导入公司标志。

（3）输入文本，然后存储图形文件并导出 JPG 格式文件。

操作一　新建图形文件并设置页面

下面先新建一个图像文件，将其页面设置为需要的尺寸。

【详细步骤】

（1）启动 CorelDRAW X4，在打开的欢迎界面中单击“新建空白文档”超链接，新建一个图形文件。

（2）在属性栏的“页面宽度”和“页面高度”数值框中设置尺寸为 210 mm×285 mm，同时选中按钮，页面以纵向显示，效果如图 1-31 所示。

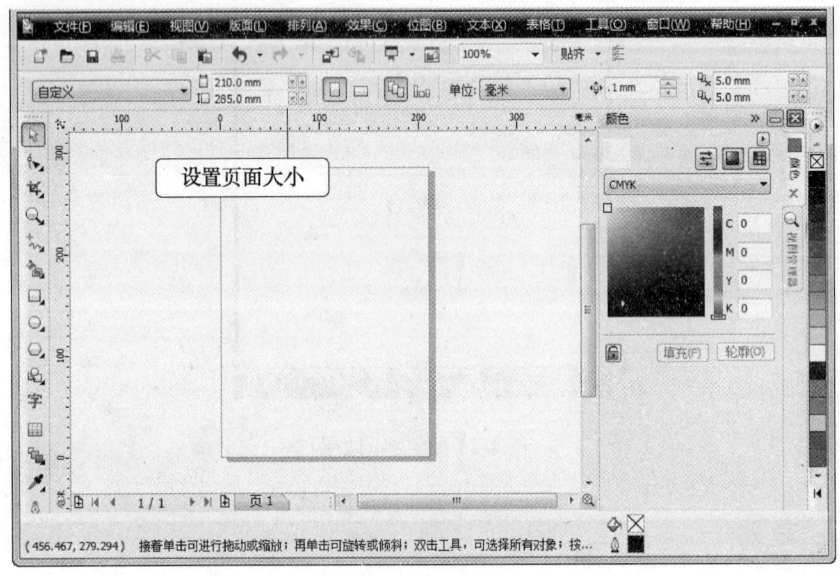

图 1-31　设置页面大小

操作二　绘制信签纸基本图形

下面使用矩形工具在页面上绘制信签纸的基本图形。

【详细步骤】

（1）双击工具箱中的矩形工具，在页面中拖动创建一个矩形，在属性栏中将矩形宽度设置为 216 mm，高度设置为 291 mm，按“Enter”键确认，然后选择【视图】→【显示】→【出血】菜单命令，设置出血区域，出血线会以虚线的形式显示，如图 1-32 所示。

（2）在调色板中单击“白”颜色块，将矩形填充为白色，并取消轮廓线，然后使用矩形工具绘制一个更大的矩形，填充为黑色，按“Shift+Page Down”键将其置于最下层，如图 1-33 所示。

小提示：绘制黑色矩形的作用

设计完成后，需要交给客户审查，若设计的作品本身底纹并不明显，为了使客户便于查看，可在其作品下方放置一个矩形，突出显示设计的作品。

（3）使用矩形工具 绘制图 1-34 所示的矩形，并填充为红色，无轮廓。

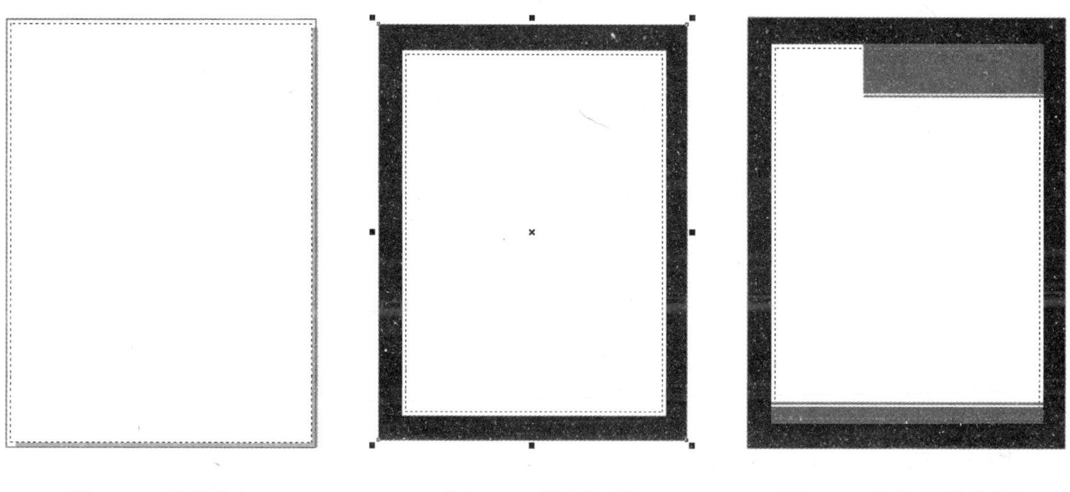

图 1-32　设置出血　　图 1-33　绘制矩形　　图 1-34　为矩形填充颜色

操作三　添加文本

下面使用文本工具在页面中输入公司信息文本，并设置相应的属性。

【详细步骤】

（1）选择工具箱中的文本工具 字，在属性栏中选择字体为“方正大标宋简体”，字号为 24 pt，在信封的右上角邮票处输入文本“成都达众房产有限公司”后按“Enter”键，然后在调色板中设置其颜色为白色，并使用挑选工具 单击将其移动到合适位置，如图 1-35 所示。

图 1-35　输入公司名称

（2）选择工具箱中的文本工具 字，输入“chengdudazhongfangchanyouxiangongsi”，在工具属性栏上将字体设置为“Carmina Blk BT”。

（3）保持字体的选中状态，选择【文本】→【更改大小写】菜单命令，在打开的“改变大小写”对话框中选中“大写”单选项，单击 确定 按钮改变字母的大小写，然后设置其字号为 9 pt，颜色为白色并移动其位置，如图 1-36 所示。

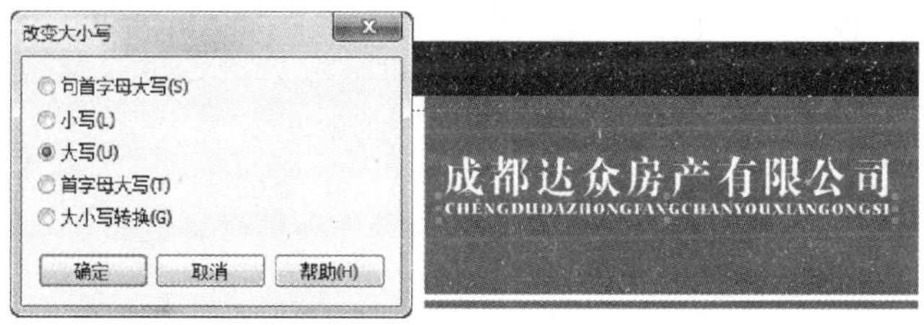

图 1-36　更改字母的大小写

（4）选择工具箱中的文本工具 字，设置字体为“方正大标宋简体”，字号为 10 pt，在信封的右上角邮票处输入文本“电话：12345678”后按“Enter”键，换行后再输入其他文本文字，如图 1-37 所示。

（5）在调色板中设置其颜色为白色，使用挑选工具 单击将其移动到合适位置，然后按住“Shift”键选择输入的所有文本，按“L”键左对齐，如图 1-38 所示。

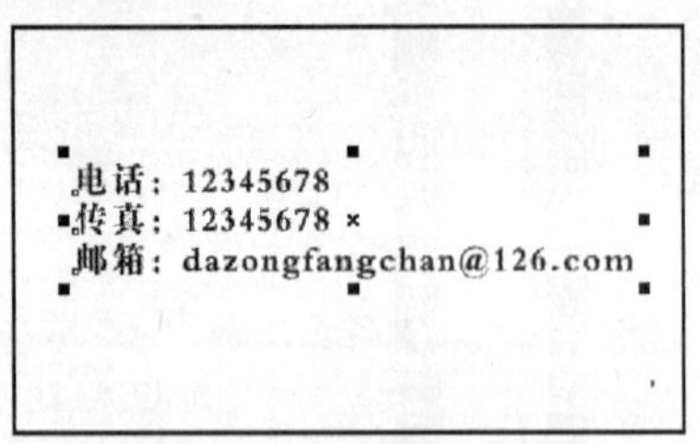

图 1-37　输入其他文本

图 1-38　左对齐文本

操作四　导入标志图形

下面将提供的标志图形导入到页面中，并缩放其大小。

【详细步骤】

（1）选择【文件】→【导入】菜单命令，或单击标准工具栏中的“导入”按钮 ，打开图 1-39 所示的“导入”对话框。

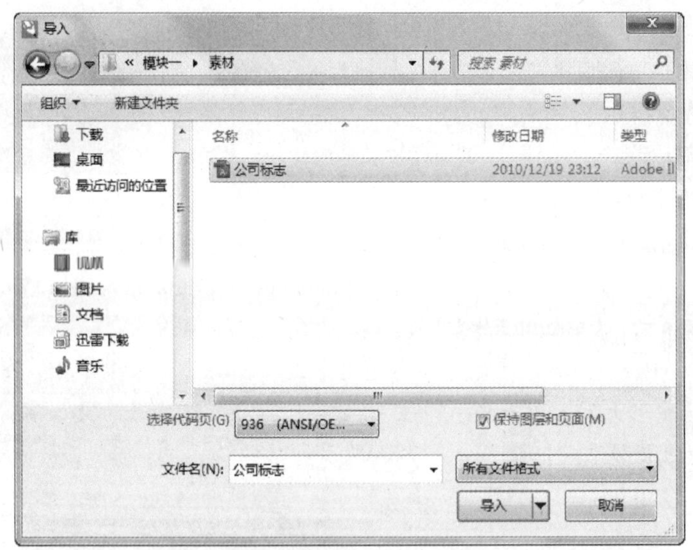

图 1-39　“导入”对话框

（2）在“查找范围”下拉列表框中选择导入文件所在的路径，在“文件类型”下拉列表框中选择导入的文件格式，这里选择“所有文件格式”选项，然后选择需要导入的“公司标志”AI 图像文件。

（3）单击 导入 按钮，此时光标将变成 ，在绘图页面中单击鼠标左键即可导入该图形文件，效果如图 1-40 所示。

图 1-40　导入标志图像

（4）选中标志，拖动四角上的控制点，将其等比例缩小，完成

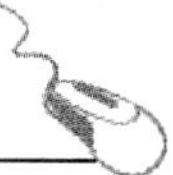

后移至信签纸的左上方公司名称的左侧，最终效果如图 1-29 所示。

小提示：导入多个图像文件

在“导入”对话框中按住“Ctrl”键不放并选择需要导入的文件，单击 导入 按钮，在绘图区中依次单击鼠标即可分别导入。

操作五　保存和导出信签纸

下面将完成后的信签纸保存到相应位置，然后导出 JPG 格式的图片文件。

【详细步骤】

（1）选择【文件】→【保存】菜单命令或单击标准工具栏上的“保存”按钮 ，打开“保存绘图”对话框。

（2）在“保存在”下拉列表框选择要保存的磁盘，双击打开要保存的文件夹，然后在“文件名”文本框中输入文件的名称“信签纸”，在“保存类型”下拉列表框中选择 CDR 格式，如图 1-41 所示。

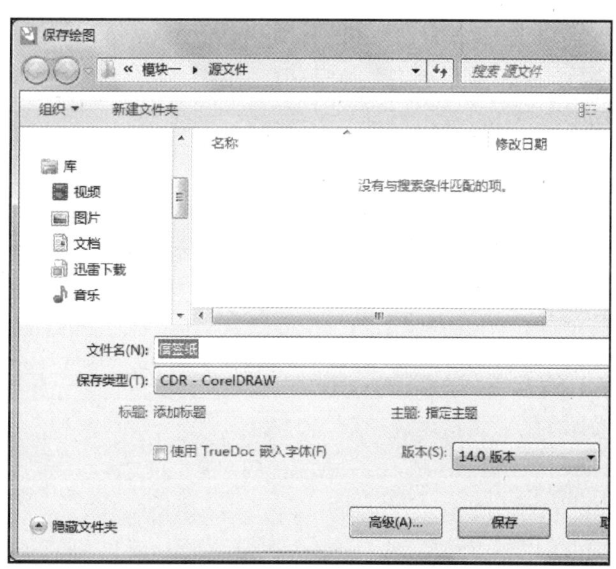

图 1-41　“保存绘图”对话框

（3）单击 保存 按钮即可将文件保存为“公司信封 .cdr”。

（4）用挑选工具 框选绘图区中的所有图形，选择【文件】→【导出】菜单命令，或单击标准工具栏中的“导出”按钮 ，或按“Ctrl+E”键，打开“导出”对话框。

（5）在“保存在”下拉列表框中选择文件导出的路径，在“文件名”文本框中输入导出的文件名“信签纸”，然后在“保存类型”下拉列表框中选择 JPG 文件格式，如图 1-42 所示。

（6）单击 导出 按钮，将打开“转换为位图”对话框，根据需要可在“分辨率”数值框中设置导出文件的分辨率为 120 dpi，在“颜色模式”下拉列表框中选择 RGB 颜色模式，如图 1-43 所示。

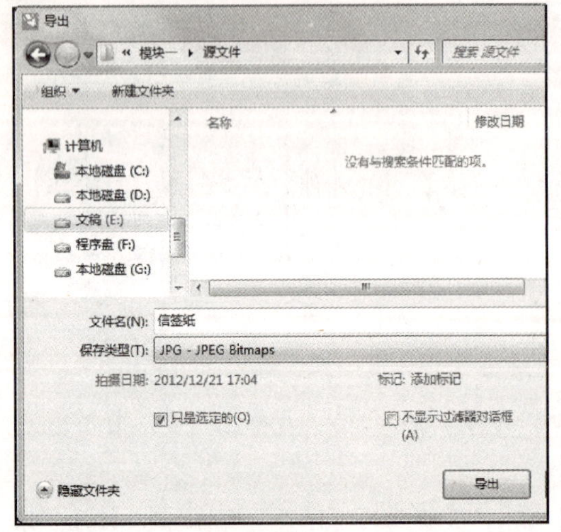

图 1-42 “导出”对话框

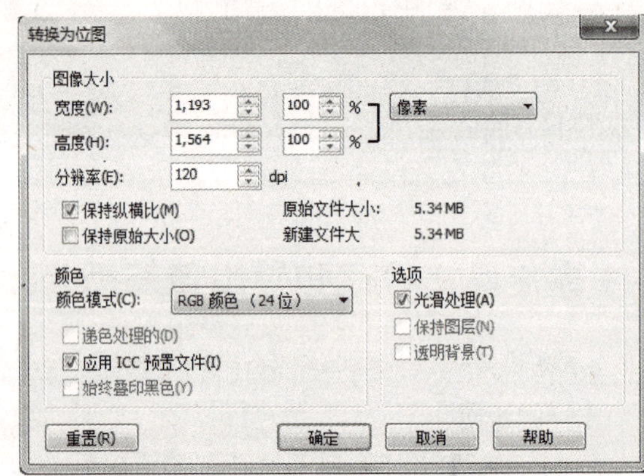

图 1-43 “转换为位图”对话框

（7）单击 确定 按钮，打开“JPEG 导出”对话框，预览导出效果，单击 确定 按钮即可导出图形文件。导出后双击“信签纸 .jpg”文件便可查看图片内容。

知识回顾拓展

本例讲解了公司信签纸的制作，练习了绘图页面的设置以及图形文件的新建、保存、导入和导出等操作，并通过本例的制作，了解 CorelDRAW 中图形设计的流程。

需要注意的是，如果在制作的 CorelDRAW 文件中使用了特殊的字体，保存后在其他计算机中打开时可能会产生字体不匹配的情况，解决该问题的方法是：在“保存绘图”对话框中单击“选项”按钮，在右侧栏中勾选“使用 TrueDoc 嵌入字体”复选框，自动将文件中所使用的字体嵌入到文件中，如果遇到字体不匹配的问题，系统将自动安装新字体。

实训一　打开和导出公司信封

本实训要求打开“公司信封 .cdr”，使用缩放工具对其进行放大和缩小显示，然后导出 TIF 格式的图片文件。通过本实训掌握缩放图形显示及导出文件的操作。

素材 素材文件 \ 模块一 \ 公司信封 .cdr
对应 效果文件 \ 模块一 \ 公司信封 .tif

本实训的制作思路如图 1-44 所示，具体分析及思路如下。

（1）启动 CorelDRAW X4，打开文件。

（2）对图形进行放大和缩小并查看缩放后的效果。

（3）选择图形，执行“导出”命令，选择导出类型为 TIF 格式。

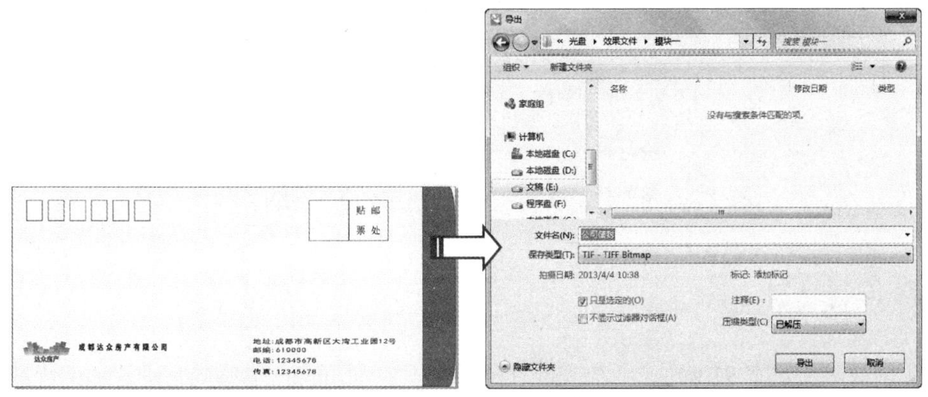

①打开图形文件　　②导出文件

图 1-44　打开和导出公司信封的操作思路

【步骤提示】

（1）启动 CorelDRAW X4，选择【文件】→【打开】菜单命令，在打开的对话框中选择需要打开的文件，单击 打开 按钮即可打开文件。

（2）选择工具箱中的缩放工具，在属性栏中单击相应的按钮对图形进行放大和缩小，或直接滚动鼠标查看图形放大和缩小后的效果。

（3）用挑选工具 框选绘图区中的所有图形，按“Ctrl+E”键，在打开的“导出”对话框中设置文件导出的路径和文件格式，设置完成单击 导出 按钮即可。

实训二　新建和设置绘图页面

本实训要求新建一个图形文件并导入素材文件，设置页面后的效果如图 1-45 所示，最后保

存为“斑点狗的故事 .cdr”。通过本实训掌握设置页面和导出文件的操作。

素材 素材文件 \ 模块一 \ 小狗 .jpg
对应 效果文件 \ 模块一 \ 斑点狗的故事 .cdr

图 1-45 设置绘图页面和导入图片效果

本实训要求新建宽 91 mm、高 75 mm 的图形文件，页面方向为横向，设置纯色背景后添加几条辅助线，然后导入“小狗 .jpg”，并将其放到辅助线内，添加文本。

本实训的制作思路如图 1-46 所示。

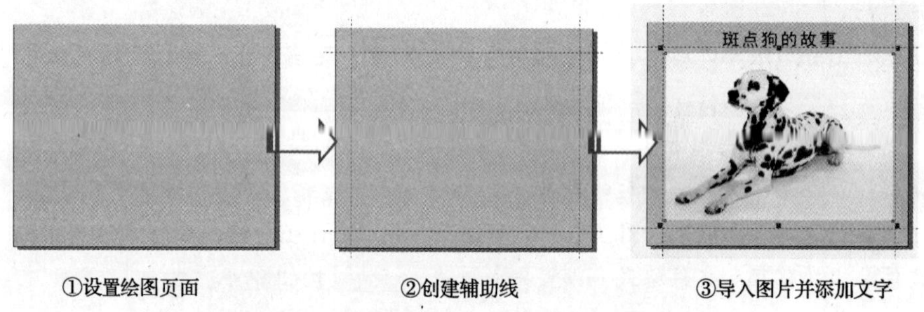

图 1-46 新建和设置绘图页面的操作思路

（1）启动 CorelDRAW X4，新建一个图形文件，设置页面大小和方向，然后添加绿色页面背景。

（2）通过标尺创建 4 条辅助线。

（3）导入“小狗 .jpg”图形文件并调整大小，然后添加文字标题。

（4）完成后保存图形文件。

【步骤提示】

（1）启动 CorelDRAW X4，新建一个图形文件，设置其页面宽为 91 mm、高为 75 mm，方向为横向，并为其设置纯色背景。

（2）在标尺上拖动两条垂直辅助线和两条水平辅助线。

（3）导入文件并调整大小和位置，最后添加文本，完成后保存文件。

课后实践

（1）新建一个图形文件，将页面方向设置为横向，创建两条辅助线后导入提供的首饰素材，绘制矩形图形并添加文字，最后保存为“首饰展览 .cdr”，最终效果如图 1-47 所示。

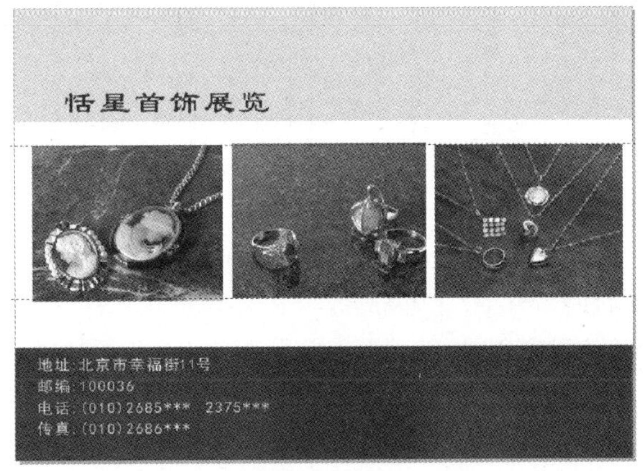

图 1-47　“首饰展览”效果

素材　素材文件 \ 模块一 \ 首饰 1.jpg、首饰 2.jpg、首饰 3.jpg
对应　效果文件 \ 模块一 \ 首饰展览 cdr

（2）新建一个图形文件，添加两个页面，将 3 个页面分别命名为“折页 1”、“折页 2” 和“折页 3”，练习页面的切换、删除和移动顺序操作。

（3）根据前面介绍的 CorelDRAW 中支持的文件格式，从网上或利用其他图形软件搜集并整理一些图形设计素材，在计算机中分类放置到不同的文件夹中，便于后面的设计使用。

模块二　绘制与编辑图形

模块简介

图形的绘制和编辑是 CorelDRAW 的主要功能之一。使用 CorelDRAW 绘制的图形都是矢量图形，使用不同的绘图工具将得到不同的效果，主要包括矩形工具、椭圆形工具、多边形工具和基本形状工具等。本模块将通过 3 个案例的制作，具体介绍 CorelDRAW X4 中关于图形绘制和编辑的操作。

学习目标

本模块的知识学习目标如下：

- 掌握矩形工具的使用方法。
- 掌握椭圆形工具的使用方法。
- 掌握多边形工具的使用方法。
- 熟练掌握星形工具、螺纹工具的使用方法。
- 熟练掌握图纸工具的使用方法。

本模块的技能学习目标如下：

- 能使用绘图工具绘制简单的图形。
- 利用编辑绘制的图形制作积分卡、工牌和名片等。

任务一　制作名片

工作任务场景

这天，晓雪一大早就来到公司，准备进一步复习之前学习的知识，并练习一些简单的图形绘制。这时，老张将晓雪叫到办公桌前，说道：“最近公司的业务逐渐多了起来，这两天刚好你也没什么事情，这里有一家咖啡店需要重新制作一下他们公司的名片，就由你去完成。”晓雪听后半喜半忧，喜的是终于可以正式接触到工作了，忧的是担心自己做得不好。老张笑着说：“不

用担心，名片其实很简单，你可以在设计前把我们公司以前做过的一些名片拿来参考。”晓雪想到，既然有参考，那就简单多了，便开始着手准备了。

行业背景知识

名片是标示姓名及其所属组织、公司单位和联系方法的纸片，是新朋友互相认识和自我介绍时最快最有效的方法。交换名片也是商业交往的第一个标准官式动作。

名片按用途可以分为商务、公用和个人名片，生活中使用最多的为商务名片，其特点主要包括名片上必须有公司的使用标志、注册商标和印有企业的业务范围。商务名片上的新闻信息包括公司全称（中英文）、LOGO、联系方式和联系人等，其中联系方式又包括地址、邮箱、电话和传真等。图 2-1 所示为商务双语名片（即正面一种语言，背面一种语言），图 2-2 所示为国外个性名片。

图 2-1 商务双语名片

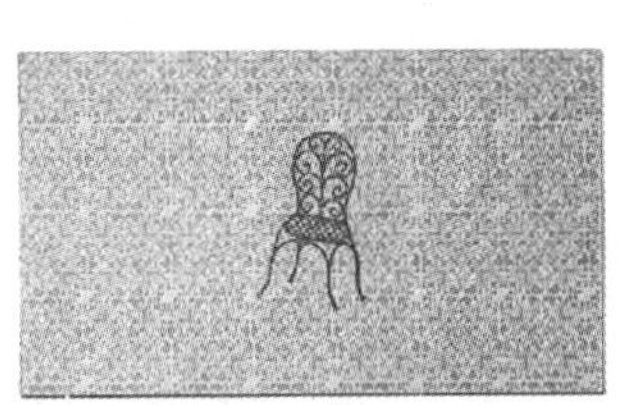

图 2-2 国外个性名片

名片的标准尺寸为 90 mm × 54 mm、90 mm × 50 mm 或 90 mm × 45 mm，外加上、下、左、右 4 边各出血 2 mm（在制作名片时不需要画出出血线）。若成品尺寸超出一张名片的大小，要注明正确尺寸，其上下左右的出血也是各 2 mm。名片的色彩模式为 CMYK 模式，图片分辨率在 350 dpi 以上。

小提示：个人名片的风格

个人名片没有商务名片那么商业化，因此，其尺寸并不一定为常规尺寸，在设计上也更加多样化，更加注重体现个性。有些个人名片不一定是一张，也有可能是成套设计的，其中心信息也可根据自身情况进行删减。

工作任务分析

本任务的目标是为一家咖啡店设计一张竖式的名片。设计时要注意符合企业的行业特征，本例中的名片尺寸若没有特别要求即为常规尺寸 90 mm × 50 mm。

本任务的最终效果如图 2-3 所示。要实现该效果，需要掌握以下软件技术要点。

（1）掌握矩形工具的使用。

（2）掌握 3 点矩形工具的使用。

（3）掌握编辑矩形的方法。

素材　素材文件 \ 模块二 \ 咖啡标志 .cdr
对应　效果文件 \ 模块二 \ 咖啡店名片 .cdr

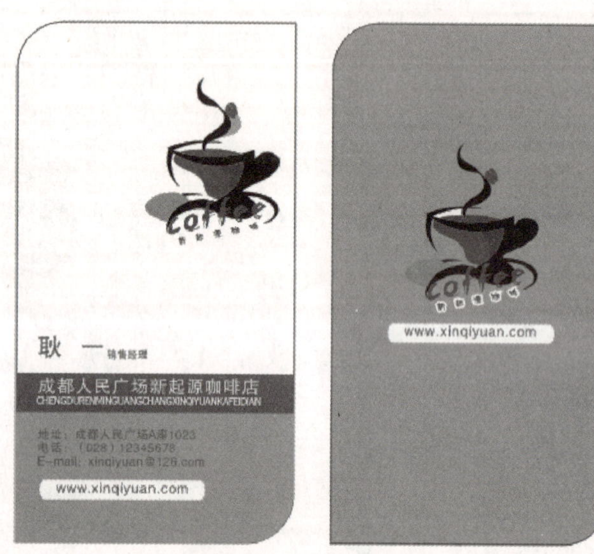

图 2-3　咖啡店名片效果

制作思路分析

完成本任务主要包括绘制矩形、添加文本和编辑绘制的矩形 3 步操作，具体思路（图 2-4）及要求如下。

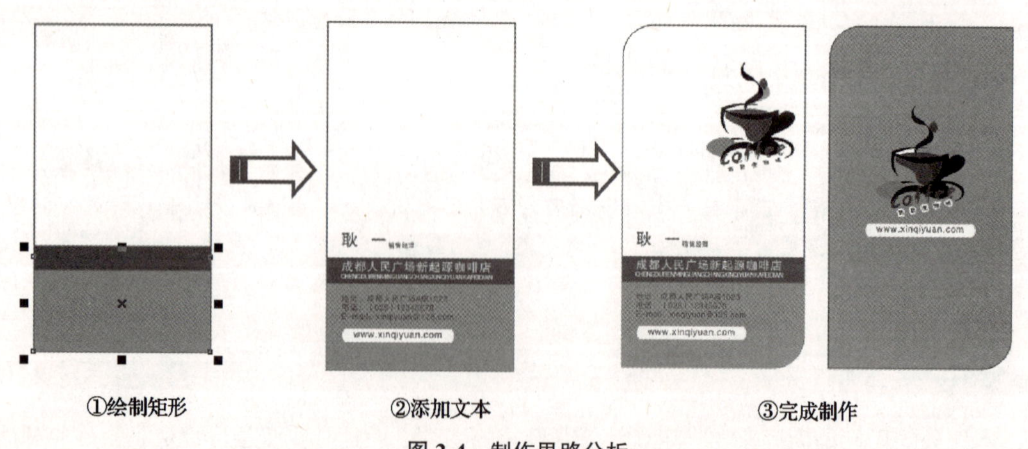

图 2-4　制作思路分析

（1）绘制矩形并填充颜色。

（2）添加信息文本。

（3）将绘制的矩形转换为圆角。

操作一　绘制矩形

新建图形文件，绘制尺寸为 50 mm × 90 mm 的矩形。继续绘制其他矩形，并填充颜色。

【详细步骤】

（1）新建一个图形文件，将其保存为“咖啡店名片 .cdr”。

（2）选择工具箱中的矩形工具 ，或直接按“F6”键，将鼠标光标移到页面中，此时鼠标光标变为 形状，按住鼠标左键不放向斜下方拖动至所需大小后释放鼠标，绘制一个矩形。

（3）此时绘制的矩形呈选中状态，在属性栏中将其宽设为“50 mm”，高设为“90 mm”，效果如图 2-5 所示。

（4）在调色板中单击白色块，将矩形填充为白色。

（5）单击工具箱中的矩形工具 ，在弹出的菜单中选择 3 点矩形工具 ，将鼠标光标移至页面中，按住“Ctrl”键和鼠标左键不放拖动到适当位置释放鼠标，即可指定矩形的一条边。然后释放“Ctrl”键，移动鼠标光标到其他合适位置，单击确定矩形的另一条边，再次单击则绘制出稍小的矩形，如图 2-6 所示。

（6）在调色板中单击宝石红色块，将矩形填充为宝石红。

（7）按照相同的方法使用 3 点矩形工具 在下方绘制一个矩形，将其填充为砖红色块，并取消轮廓线，按“Ctrl+Page Down”键向下移一层，如图 2-7 所示。

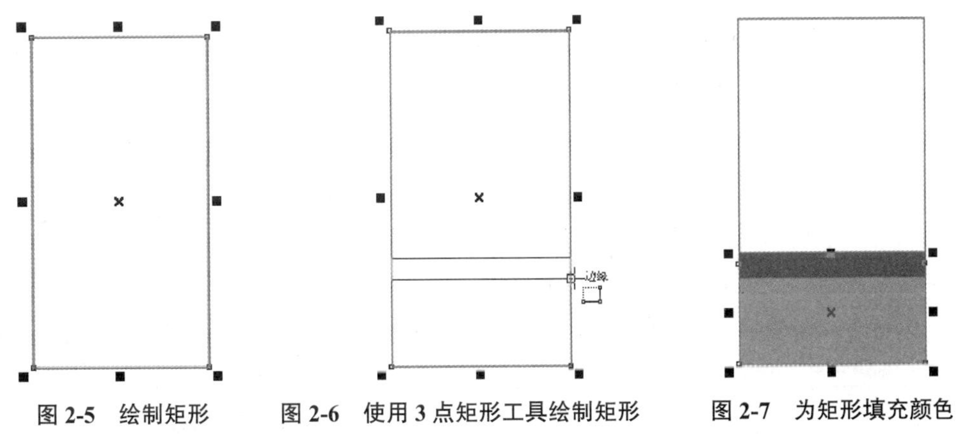

图 2-5　绘制矩形　　图 2-6　使用 3 点矩形工具绘制矩形　　图 2-7　为矩形填充颜色

多学一招：绘制指定属性的矩形

绘制矩形时按住“Ctrl”键可以绘制出正方形；按住“Shift”键可以以鼠标光标所在点为中心绘制矩形；按住“Shift+Ctrl”键，可以以绘制的起点为中心绘制正方形。以上快捷键在后面讲解的椭圆等图形的绘制过程中同样有效。

操作二　添加文本

使用文本工具输入信息文本，然后设置相应属性。

【详细步骤】

（1）选择工具箱中的文本工具 字，或直接按“F8”键，在属性栏中选择字体为“方正黑体简体”，字号为 9 pt，输入文本“成都人民广场新起源咖啡店”，然后将其文字颜色设为白色并移动到合适位置。

（2）使用文本工具 字 输入公司名称的拼音，设置字体为“CopprplGoth BdCn BT”，字号为 7 pt，将其移至中文名称文本的下方，如图 2-8 所示。

（3）保持文本的选中状态，按“F10”键，在文本的右侧出现 ⫴▷ 形状，将鼠标光标移至该形状上按住鼠标左键不放向左拖动缩小间距到合适位置后释放鼠标，效果如图 2-9 所示。

图 2-8　输入文本

图 2-9　缩小字符间距

（4）选择挑选工具 ↖ 选择文本，将其填充为白色。

（5）使用文本工具 字 继续输入其他信息，注意按“Enter”键换行，设置其字体为“方正黑体简体”，字号为 6 pt，颜色为宝石红，如图 2-10 所示。

（6）使用文本工具 字 继续输入联系人信息，设置其字体为“方正黑体简体”，字号分别为 12 pt 和 5 pt，颜色为宝石红，如图 2-11 所示。

（7）选择所有文本，在键盘上按右方向键将文本向右调整。

图 2-10　输入文本

图 2-11　输入联系人文本

操作三　编辑绘制的矩形

使用形状工具 对绘制的矩形进行编辑，然后导入标志图形，完成名片的制作。

【详细步骤】

（1）选择最大的矩形图形，按“F10”键切换为形状工具 ，按住“Shift”键选择右上方

和左下角的节点，将鼠标光标移至选中的任意节点处，按住鼠标左键不放并向两边的节点拖动，在适当位置处释放鼠标即可绘制圆角，如图 2-12 所示。

（2）使用相同的方法将矩形的右下角转换为圆角，在其属性栏中可看到圆角的数值。

（3）选择工具箱中的矩形工具 ，在下方绘制一个矩形，按“F10”键，将鼠标光标移至选中的任意节点处拖动绘制圆角。

（4）选择该矩形，将其填充为白色，无轮廓，并在其中输入网址文本，设置其字体为“方正黑体简体”，字号为 7 pt，颜色为宝石红，如图 2-13 所示。

（5）导入“咖啡标志 .cdr”图形文件，将其缩放至合适大小并移动到相应位置，效果如图 2-14 所示。

图 2-12　绘制圆角

图 2-13　输入网址

图 2-14　添加标志图形

多学一招：绘制圆角矩形

绘制矩形后，在其属性栏中的“边角圆滑度”4 个数值框中可设置矩形的圆滑度，每个数值框分别控制矩形的一个角，也可在任意数值框中直接输入数值或单击微调按钮 / （ 表示增加， 表示减少），将矩形的直角变成圆角，右侧的 按钮表示全部圆角，按“Enter”键即可应用设置。

（6）按住“Shift”键选择最大的矩形、标志图形和网址文本，按住“Ctrl”键向右移动并单击鼠标右键复制选择的对象，如图 2-15 所示。

（7）选择最下方的矩形，按住鼠标右键不放拖动到需要复制填充属性的矩形图形中，此时鼠标光标变为 形状，松开鼠标右键，在弹出的快捷菜单中选择“复制填充”命令，即可将选择的图形轮廓属性复制到另一个图形上，如图 2-16 所示。

（8）将标志图形和网址等图形分别移动到合适位置，完成名片的制作，如图 2-17 所示。

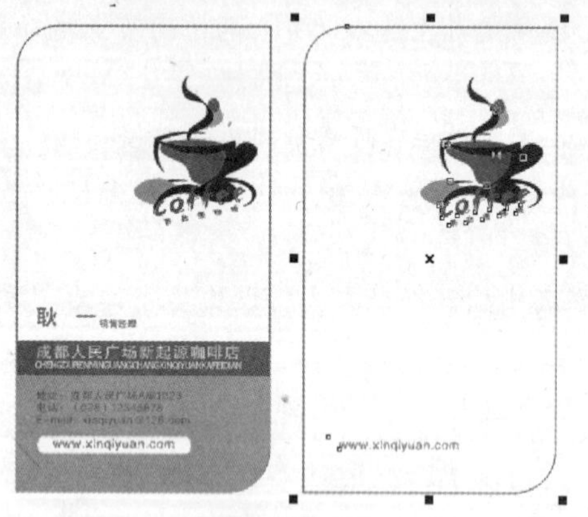

图 2-15　复制图形

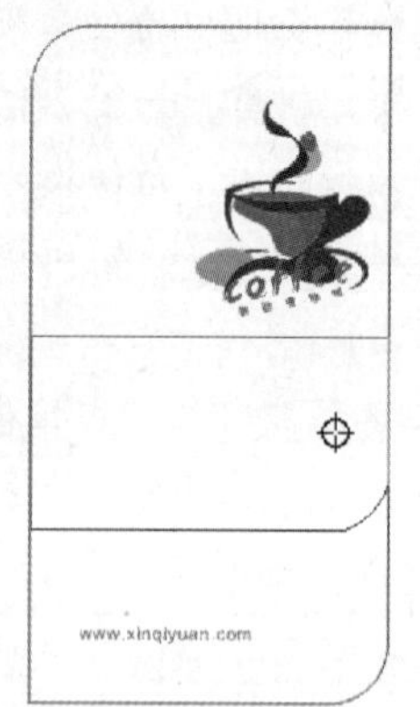

图 2-16　复制填充属性

图 2-17　完成制作

本任务主要运用了矩形的相关知识，包括绘制矩形和编辑矩形等。通过本任务的学习熟练掌握矩形工具的相关操作。

下面对本任务涉及的一些基础知识进行讲解。

1. 选择图形

在 CorelDRAW X4 中选择图形对象时，单击选择图形对象是最常用的一种操作，主要有以下几种方法。

- **选择单个对象**：选择工具箱中的挑选工具，然后单击需要选择的图形即可。
- **选择多个图形**：在单击选择图形后，按住“Shift”键不放连续单击其他需要选择的图形即可。
- **选择被遮挡图形**：被遮挡图形是指被其上方的图形部分或者完全遮挡的对象。用挑选工具单击选择其上方的图形，然后连续按“Tab”键，将自上而下依次选择每一个图形对象。当选择到最底层时，顶层图形再次被选择，以此循环。
- **全选对象**：选择【编辑】→【全选】菜单命令，在弹出的菜单中选择相应的命令即可将页面中的对象、文本、辅助线和节点全部选中。

小提示：框选图形

按住鼠标左键不放并拖动鼠标，使出现的蓝色选框全部框住要选择的对象，然后释放鼠标即可将其选中。需要注意的是，只有被蓝色选框完全框住的图形对象才能被选择，如果蓝色选框只是接触到一些图形对象，则这些图形对象是不能被选择的。

2. 复制和粘贴图形

CorelDRAW X4 提供了多种复制对象的方法，除例子中使用到的右键复制外，还包括通过

剪贴板复制对象、通过鼠标右键复制对象和通过小键盘上的“+”键复制对象等。下面将分别对其进行讲解。

- **通过剪贴板复制和粘贴对象**：选择需要复制的图形，选择【编辑】→【复制】菜单命令或按“Ctrl+C”键，将图形复制到剪贴板中；选择【编辑】→【粘贴】菜单命令或按“Ctrl+V”键，将剪贴板中复制的图形粘贴到当前绘图页面中。
- **通过小键盘上的“+”键复制和粘贴对象**：使用小键盘上的“+”键可复制选择的图形，这里复制对象和前面两种方法有所区别，使用这种方法复制的图形与原图形完全重合。其方法为：选择需要进行复制的图形对象，再按小键盘上的“+”键即可。

任务二　制作积分卡

工作任务场景

晓雪一大早就被老张叫到办公桌前，老张说：“最近公司的业务较多，之前制作的名片效果还不错，这两天你就制作一张咖啡店积分卡，正好可以利用这个机会好好学习一下CorelDRAW X4绘制其他图形的知识，熟悉一下绘图工具的使用方法。”通过之前的学习，晓雪对CorelDRAW X4已经有了大概的了解，面对这一挑战，心里喜忧参半，喜的是自己的作品终于获得了肯定，忧的是怕自己做不好。老张看晓雪一脸着急的样子，说道：“其实积分卡的设计很简单，只要熟悉了积分卡的基本格式，然后加上自己的创新即可。”

行业背景知识

随着时代的不断进步，商家需要通过各种手段来吸引顾客，而积分卡在各种领域中都很常见，也是我们接触较多的一类卡片，积分卡服务产生的商业效应就是吸引新顾客，留住老顾客。积分卡是一种消费服务卡，采用PVC材质制作，与会员卡、贵宾卡和VIP卡功能类似，常用于商场、超市、卖场、娱乐、餐饮和服务等行业。图2-18和图2-19所示分别为屈臣氏和超市的积分卡。

图2-18　屈臣氏积分卡

图2-19　超市积分卡

常见的积分卡规格是 85.5 mm × 54 mm × 0.76 mm，卡面可印刷产品图案、公司 LOGO 及使用说明，积分卡常见的制作工艺有卡号、磁条、条形码、烫金和防伪标识等，其中卡号是必不可少的，可为凸码或平码，磁条跟条形码按客户需求而定。

积分卡是一种常见的促销卡片，卡片大小和内容可根据企业的实际需要进行设计，需要注意的是，在设计积分卡时要重点体现企业的名称和卡片的使用方法等内容。

工作任务分析

本任务的目标是为一家咖啡店设计一张积分卡，而积分卡服务作为一种商业服务模式，需要对其使用的具体规则进行说明。本任务设计的积分卡主要包括的内容有企业的 LOGO、广告语、积分卡号、使用说明、消费热线以及网址等相关信息。总之，设计积分卡时要根据实际要求出发。

本任务的最终效果如图 2-20 所示。要实现该效果，需要掌握以下软件技术要点。

（1）掌握椭圆工具的使用方法。

（2）掌握 3 点椭圆工具的使用方法。

（3）掌握多边形工具和基本形状工具的使用方法。

素材对应　**素材文件 \ 模块二 \ 咖啡标志 .cdr、咖啡 .psd**

效果文件 \ 模块二 \ 积分卡 .cdr

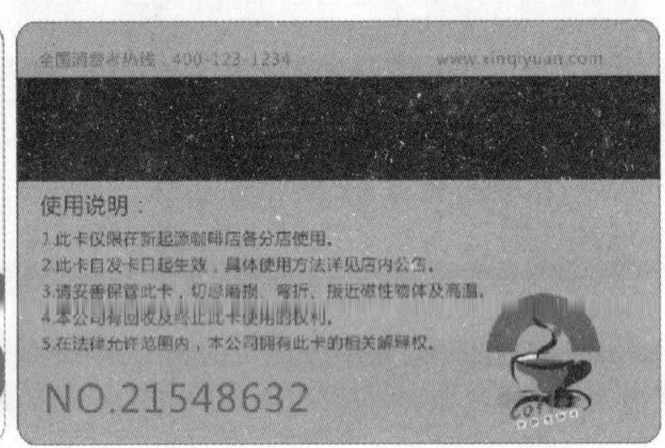

图 2-20　积分卡效果

制作思路分析

完成本任务主要包括绘制椭圆和圆、绘制多边形和绘制基本形状 3 步操作。具体思路（图 2-21）及要求如下。

（1）新建文件并绘制圆角矩形。

（2）绘制圆形装饰图案。

（3）绘制基本形状。

（4）添加文本。

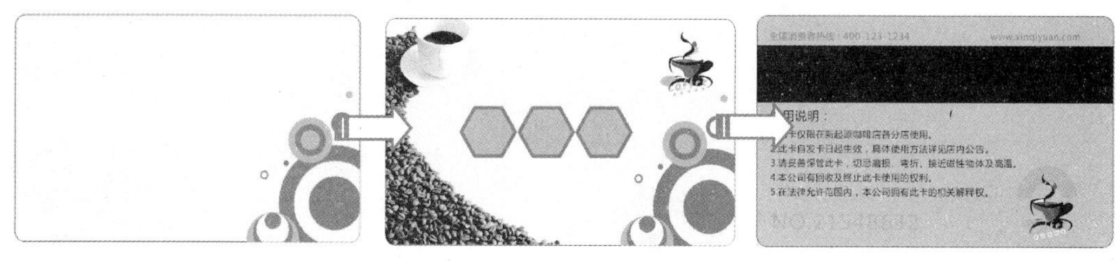

①绘制矩形和圆形　　②积分卡正面　　③积分卡背面

图 2-21　制作思路分析

操作一　绘制椭圆和圆

新建图形文件，将其保存为“积分卡 .cdr”，然后绘制矩形，完成后绘制圆形装饰图案。

【详细步骤】

（1）新建图形文件，将其保存为“积分卡 .cdr”，使用矩形工具绘制矩形，并设置其大小为 85.5 mm × 54 mm，圆角为 10。

（2）将绘制的圆角矩形填充为白色，如图 2-22 所示。

（3）选择工具箱中的椭圆形工具，将鼠标光标移动到绘图页面的空白处，使其变为形状，按住“Ctrl”键不放，在页面中单击鼠标确定圆的起始点，然后按住鼠标左键并拖动，到合适大小后释放鼠标，绘制出一个正圆图形，效果如图 2-23 所示。

（4）单击任意空白处取消图形的选中状态，选择工具箱中的椭圆形工具，将鼠标光标移到已绘制的圆中心处，光标处将显示“中心”提示文字，按住“Ctrl+Shift”键不放，便可绘制一个以前面正圆的中心为圆心的正圆。用同样的方法绘制多个同心圆，效果如图 2-24 所示。

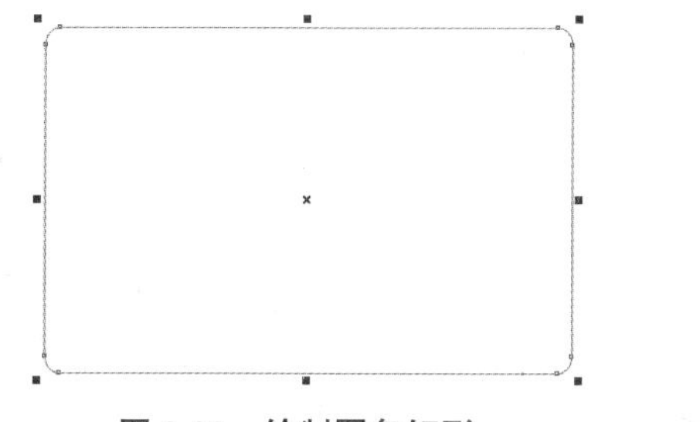

图 2-22　绘制圆角矩形

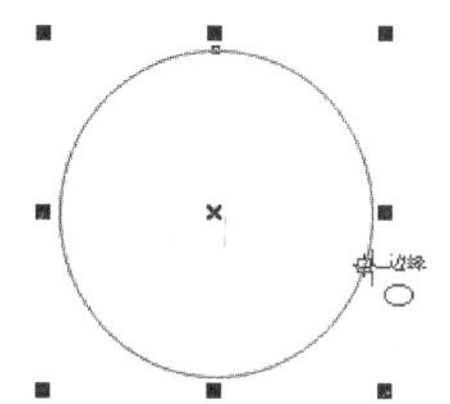

图 2-23　绘制圆形

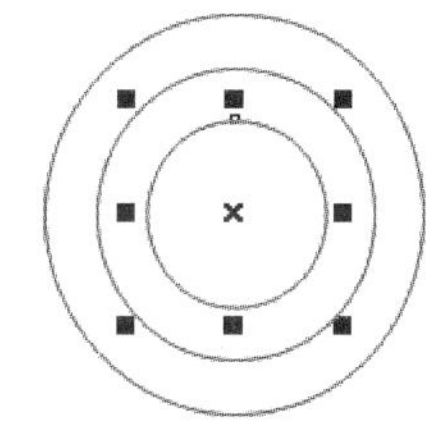

图 2-24　沿中心绘制圆形

（5）从外到内分别选择绘制的各个圆，然后依次填充为宝石红、白色、宝石红。

（6）框选所有的圆形图形，取消图形轮廓。

（7）保持图形的选中状态，将其移动到合适位置，然后选择【效果】→【图框精确裁剪】→【放置在容器中】菜单命令，此时鼠标变为➡形状，单击圆角矩形，将多余的部分放置到矩形中，如图 2-25 所示。

（8）使用相同的方法绘制其他圆形，然后填充相应的颜色并移动到合适位置，如图 2-26 所示。

图 2-25 修剪图形

图 2-26 绘制其他圆形

小提示：设置放在容器中时不居中

在 CorelDRAW X4 中，执行【效果】→【图框精确裁剪】→【放置在容器中】菜单命令后，软件默认是放置在容器的居中位置，此时可在“选项”对话框中“工作区”的“编辑”选项中进行设置。

操作二　绘制多边形

完成圆形的绘制后，在矩形上绘制多边形图形，用于后面文本的突出显示。

【详细步骤】

（1）选择工具箱中的多边形工具，将鼠标光标移动到页面中，此时鼠标光标将变为形状。

（2）按住“Ctrl”键不放，再按住鼠标左键不放并拖动，到达合适大小后释放鼠标，绘制一个正多边形。

（3）在属性栏的“边数”数值框中输入多边形的边数为“6”，单击页面任意位置或按“Enter”键，绘制一个正六边形，效果如图 2-27 所示。

（4）单击任意空白处取消图形的选中状态，选择工具箱中的多边形工具，将鼠标光标移到已绘正多边形的中心处，光标处将显示“中心”提示文字，按住“Ctrl+Shift”键不放，绘制一个略小的多边形，效果如图 2-28 所示。

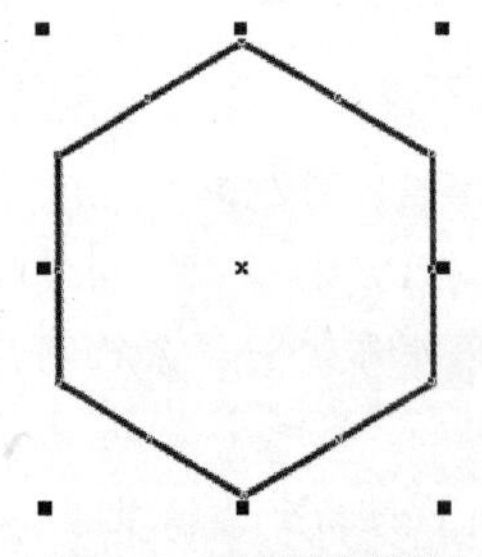
图 2-27　绘制多边形

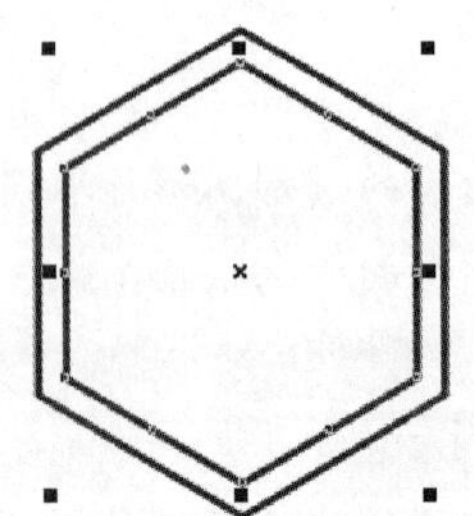
图 2-28　沿中心绘制多边形

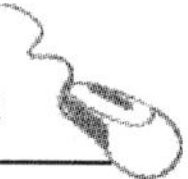

（5）选择所有绘制的多边形，再次单击多边形，将鼠标移至旋转控制柄 上，当其鼠标指针变为 形状时，按住“Ctrl”键和鼠标左键不放并旋转到需要的角度后释放鼠标，如图 2-29 所示。

（6）将大多边形填充为宝石红，小多边形填充为砖红，并取消轮廓线，如图 2-30 所示。

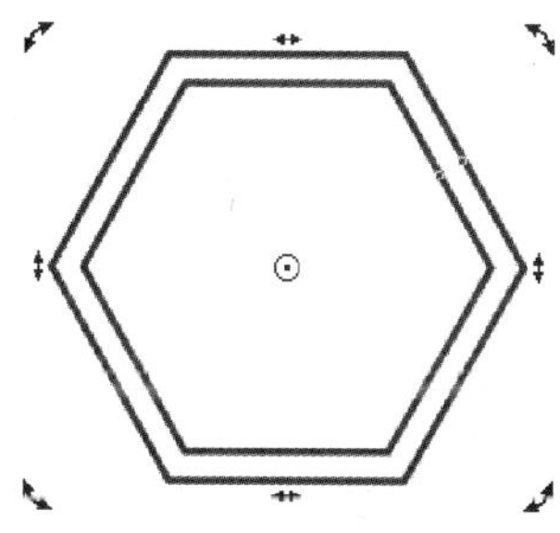

图 2-29 旋转多边形

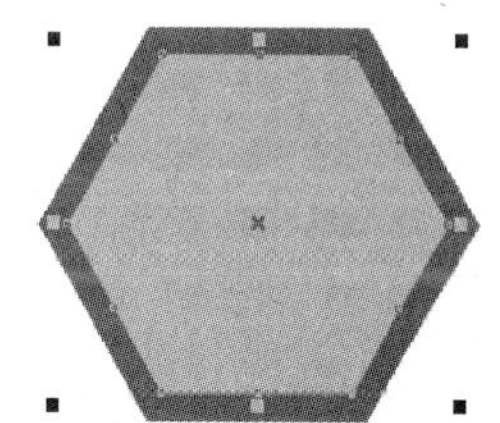

图 2-30 为多边形填充颜色

（7）选择所有的多边形，将鼠标移至最左侧的节点处，出现“节点”提示信息后使用鼠标右键向右复制两个相同的多边形，如图 2-31 所示。

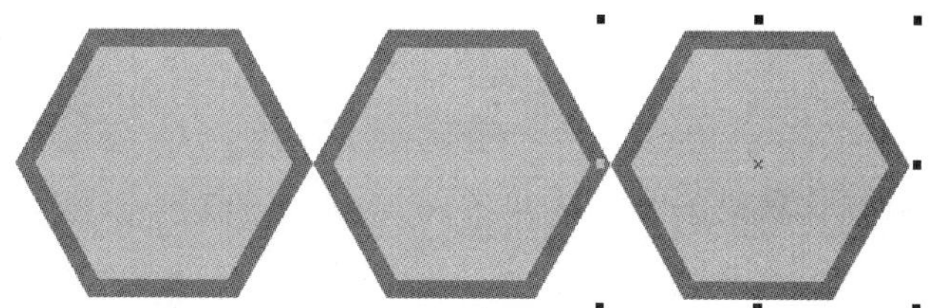

图 2-31 复制图形

小提示：CorelDRAW X4 中多边形的边数

在 CorelDRAW X4 中，多边形是指边数在 3 或以上的规则图形对象，如常见的三角形、菱形、五边形和十六边形等。

操作三 绘制基本形状

绘制完多边形后，导入需要的素材，然后绘制基本形状，再输入文本即可。

【详细步骤】

（1）导入“咖啡.psd”素材文件，将其缩放至合适大小并移动到相应位置，然后将多出矩形框的部分修剪掉，如图 2-32 所示。

（2）导入“咖啡标志.cdr”图形文件，缩放其大小并放置在合适的位置，如图 2-33 所示。

（3）复制圆角矩形并填充为金色，选择工具箱中的基本形状工具 ，在属性栏中单击“完美形状”按钮 ，在打开的面板中选择需绘制的基本图形，按住“Ctrl”键绘制，填充为绿色并取消轮廓线，如图 2-34 所示。

（4）复制标志图形，将其移动到绘制的绿色基本形状下方。

（5）在圆角矩形上绘制矩形，填充为黑色并取消轮廓线，如图 2-35 所示。

图 2-32　导入图片

图 2-33　导入标志

图 2-34　绘制基本形状

图 2-35　绘制黑色矩形

小提示：红色节点的作用

在绘制有些基本形状时，绘制好的基本图形中有一个红色的节点，通过拖动该节点可对基本图形的形状进行进一步的修改。

（6）选择工具箱中的文本工具 字，在属性栏中选择字体为“微软雅黑”，字号为 6 pt，在矩形下方输入使用说明的文本，注意按“Enter”键换行。将“使用说明：”的字号设置为 8 pt，如图 2-36 所示。

（7）选择文本，按“F10”键切换到形状工具，在文本的左下方出现形状，将鼠标光标移至该形状上按住鼠标左键不放进行拖动，即可调整文本的行间距，如图 2-37 所示。

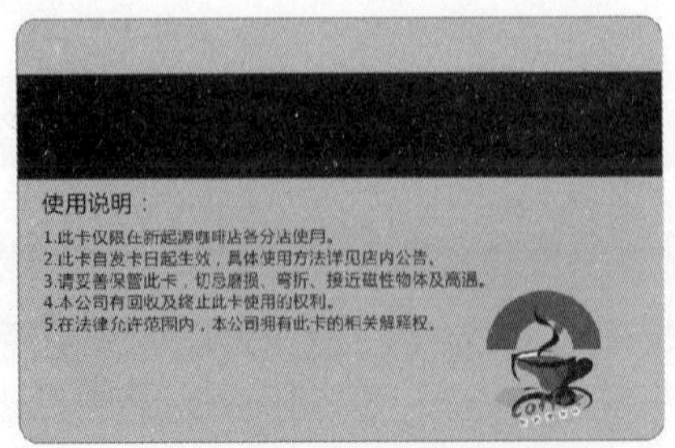

图 2-36　输入说明文本

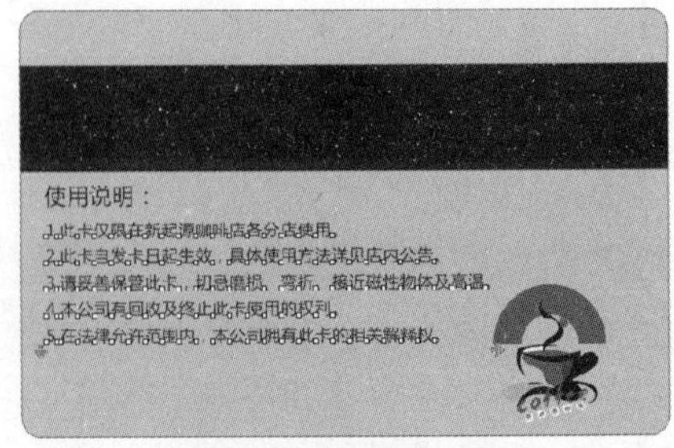

图 2-37　调整行间距

（8）使用文本工具 字 输入积分卡号的文本，字号设置为 14 pt，颜色为绿色，将其移至合适位置，如图 2-38 所示。

（9）使用文本工具 字 输入其他文本，字号设置为 10 pt，将其移至合适位置，颜色为砖红色，如图 2-39 所示。

图 2-38 输入卡号文本

图 2-39 输入电话和网址文本

（10）使用文本工具 字 分别输入“积”、“分”和“卡”文本，字号为 24 pt，颜色为白色，将其放置到合适位置，最终效果如图 2-40 所示。

图 2-40 积分卡的最终效果

本例讲解了积分卡的制作，主要练习了矩形工具、椭圆形工具、多边形工具和基本形状工具的使用，在使用这些绘图工具时有以下几点技巧。

- 直接拖动绘制可以绘制任意大小的椭圆、多边形和基本形状。
- 双击矩形工具可绘制与页面同等大小的矩形。

下面对本任务用到的知识进行补充讲解。

1. 使用椭圆工具绘制相关图形

3 点椭圆形工具的使用方法与 3 点矩形工具的使用方法相似，使用 3 点椭圆形工具可以绘制出任意角度的椭圆。通过拖动鼠标确定椭圆其中一个轴的长度和方向，然后在轴任意一侧单击鼠标确定另一个轴的长度即可。

通过修改椭圆工具属性栏或通过形状工具拖动，可以将椭圆转换成饼形或弧形图形。绘制一个椭圆图形，在其属性栏中单击“饼形”按钮，可将椭圆图形转换成饼形；单击“弧形”按钮 ，可将椭圆图形转换成弧形，如图 2-41 所示。在属性栏中的“起始和结束角度”数值框中输入数值即可精确控制饼形或弧形的角度，单击其属性栏中的按钮 ，可以将现有饼形或弧形切换为相应的默认部分。

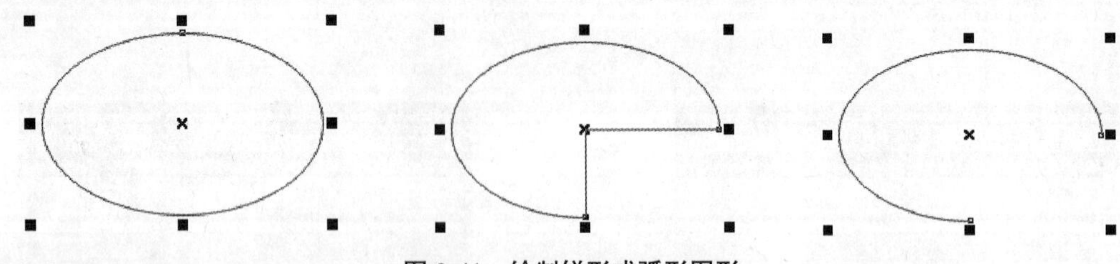

图 2-41 绘制饼形或弧形图形

多学一招：使用形状工具绘制饼形和弧形

使用椭圆形工具 绘制椭圆后，按“F10”键切换到形状工具 ，按住鼠标左键不放移动其节点，可将圆形图形变为饼形或弧形。

2. 绘制各种形状图形

按住工具箱中的基本形状工具 不放，在其展开的菜单中提供了多种形状工具，包括箭头形状、流程图形状、标题形状和标注形状，单击相应工具后在属性栏中的形状列表框中可以选择绘制各种常见的形状，如心形、箭头、星形、流程图和标注图形等。图 2-42 所示为各种形状图形列表。

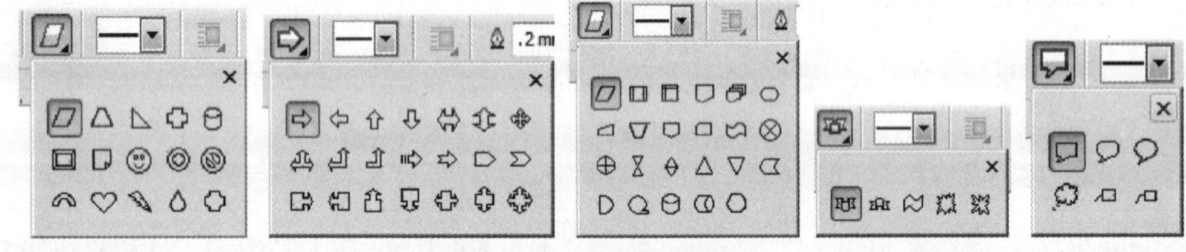

图 2-42 形状图形列表

任务三 制作宣传海报

工作任务场景

通过前面一段时间的学习后，晓雪已经可以独立完成一些比较简单的设计工作。老张觉得晓雪最近这段时间工作很认真，做出的作品也较令人满意，于是决定继续让晓雪设计这家咖啡

店的宣传海报。老张说:“通过前段时间的设计，你已经学会了在 CorelDRAW X4 中绘制一些简单的图形，并且对这家咖啡店有了一定的了解，相信你一定会按时完成这次的工作。”晓雪听后很高兴，心想又能继续学习在 CorelDRAW X4 中绘制其他图形的方法了。晓雪向老张询问了宣传海报的尺寸后就开始动手制作了。

行业背景知识

海报是极为常见的一种宣传形式，多用于电影、戏剧、比赛和文艺演出等活动。海报属于户外广告，分布在各街道、影剧院、展览会、商业闹区、车站、码头和公园等公共场所。

海报中通常要写清楚活动的性质、活动的主办单位、时间和地点等内容。海报的语言要求简明扼要，形式要做到新颖美观。一般的海报通常含有通知性，所以主题应该明确显眼、一目了然，接着以最简洁的语句概括出如时间、地点和附注等主要内容。添加插图和设计美观的布局通常是吸引眼球的好方法。

工作任务分析

本例制作的咖啡店宣传海报，主要通过绘制图形以及将宣传文字分成几句话，从上至下进行错落有致地排列，达到丰富的整体效果。设计时要注意体现企业的名称、活动内容和活动时间等信息。

制作完成后的最终效果展示如图 2-43 所示。要实现该效果，需要掌握以下软件技术要点。

（1）巩固矩形的绘制方法。

（2）掌握星形和复杂星形的绘制方法。

（3）掌握螺纹工具的使用方法。

素材　**素材文件 \ 模块二 \ 咖啡素材**
对应　**效果文件 \ 模块二 \ 宣传海报 .cdr**

图 2-43　宣传海报效果

制作思路分析

完成本任务主要包括绘制星形和复杂星形图形，以及绘制螺纹两步操作。具体思路（图 2-44）及要求如下。

（1）新建图形文件，并导入素材图片。

（2）使用星形和复杂星形工具绘制星形图案。

（3）使用螺纹绘制装饰图案，然后导入素材图形并输入文本。

①制作背景　　②添加图片　　③完成制作

图 2-44　制作思路分析

操作一　绘制星形和复杂星形

新建图形文件，绘制矩形，然后导入素材图片，再使用星形和复杂星形工具绘制装饰图案。

【详细步骤】

（1）新建图形文件，设置页面大小为 210 mm×285 mm，方向为横向，双击矩形工具 绘制一个矩形，设置其大小为 216 mm×291 mm。

（2）选择该矩形，将其填充为砖红色，如图 2-45 所示。

（3）导入“素材 1.psd”素材文件，将其缩放到合适大小并移动位置，如图 2-46 所示。

图 2-45　绘制矩形

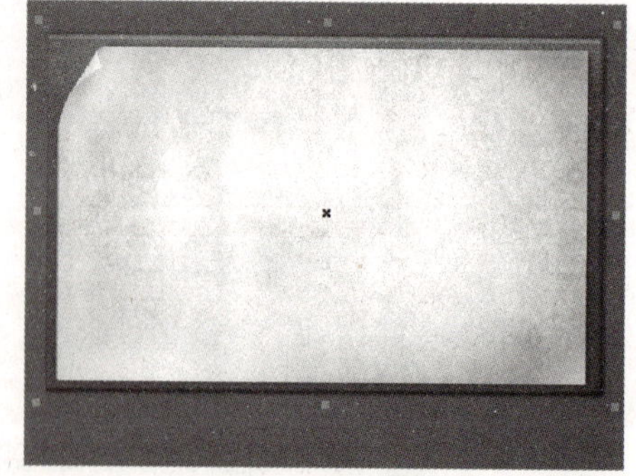

图 2-46　导入素材

（4）继续导入“素材 2.psd”和“素材 3.psd”素材文件，调整其大小和位置后效果如图 2-47 所示。

（5）选择工具箱中的星形工具，将鼠标光标移动到页面中，此时鼠标光标将变为形状，单击并按住鼠标不放，拖动鼠标绘制出一个五角星形图形。

（6）用调色板将星形填充为宝石红色块里面稍微浅一些的颜色，并取消轮廓线，效果如图 2-48 所示。

图 2-47　导入素材图形

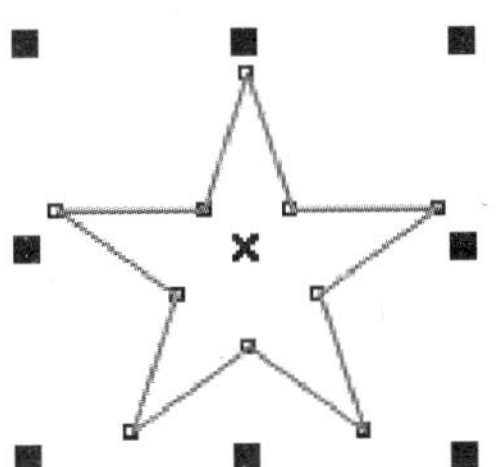

图 2-48　绘制星形

（7）将星形图形移至页面中，复制多个星形图形，并调整每个星形的大小和旋转角度。

小提示：设置星形的边数和尖角度

绘制星形后，在属性栏中的 5 数值框中可设置星形的边数，在 53 数值框中可设置星形的尖角度。

（8）选中所有星形图形，然后选择【效果】→【图框精确裁剪】→【放置到容器中】菜单命令，当鼠标指针变为➡形状时单击矩形，将星形图形放置在矩形中，如图 2-49 所示。

（9）选择工具箱中的复杂星形工具，将鼠标指针移动到页面中，此时鼠标指针将变成形状，单击并按住鼠标不放，拖动鼠标绘制出一个复杂星形图形。

（10）绘制好复杂星形后，在属性栏中设置星形边数为“12”，锐度为“3”，并将其填充为宝石红，取消轮廓线，效果如图 2-50 所示。

图 2-49 添加星形底纹

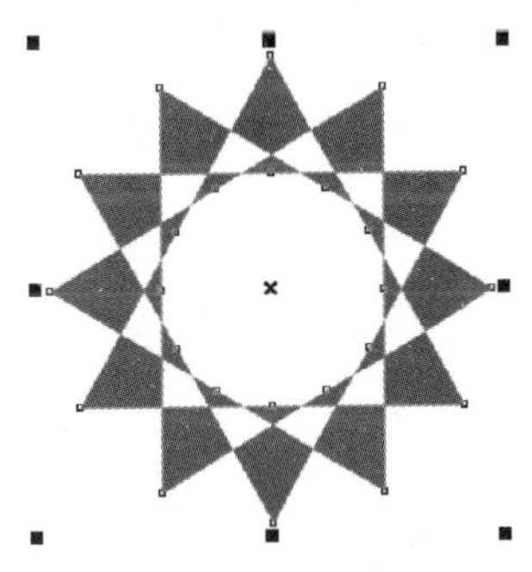

图 2-50 绘制复杂星形

小提示：通过形状工具得到星形和复杂星形

使用形状工具向外拖动多边形的节点，也可以生成星形。通过拖动多边形的节点生成的星形，其属性栏中仍然显示为多边形的属性，而非星形的属性。使用形状工具拖动复杂星形的节点，可以改变复杂星形的形状。

（11）将星形图形缩放至合适大小后移至页面中并复制图形，然后使用文本工具在图形后面输入相关文本，在其属性栏中设置其字体为“微软雅黑”，字号为 16 pt，颜色为宝石红，如图 2-51 所示。

（12）导入“素材 4.jpg”和“素材 5.jpg”素材文件，将其缩放至合适大小。

（13）将导入的图片移动到相应的位置上，选择“素材 2.psd”和“素材 3.psd”素材文件，按“Shift+Page Down”键将其移至最上层，如图 2-52 所示。

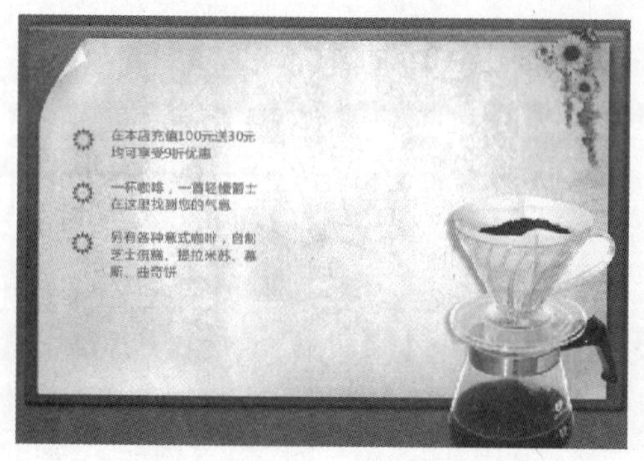

图 2-51　输入文本

图 2-52　导入图片

操作二　绘制螺纹

操作一完成后，海报的大致形式已经完成，下面使用螺纹工具绘制螺纹，然后导入标志图形，输入其他相关文本即可。

【详细步骤】

（1）选择工具箱中的螺纹工具，在属性栏中单击“对称式螺纹”按钮，然后在“螺纹回圈”数值框中设置螺纹的圈数为 2。

（2）将鼠标光标移动到页面中，这时鼠标光标将变为形状，在页面中按住鼠标左键不放并拖动，到合适大小时释放鼠标，绘制对称式螺纹图形，如图 2-53 所示。

（3）用挑选工具选择绘制的螺纹图形，在属性栏中单击“垂直镜像”按钮，镜像效果如图 2-54 所示。

（4）用鼠标右键单击调色板中的宝石红色块，设置螺纹的轮廓色，然后在挑选工具属性栏中的“轮廓宽度”数值框 1.0 mm 中输入“1”，按“Enter”键，效果如图 2-55 所示。

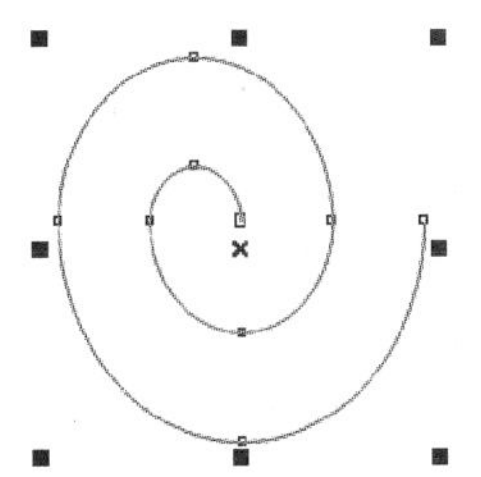

图 2-53　绘制对称式螺纹

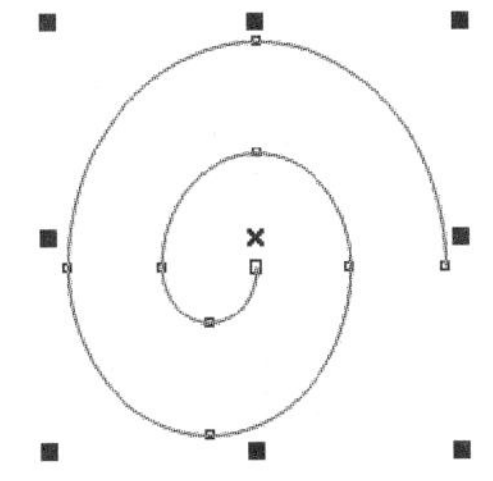

图 2-54　镜像螺纹

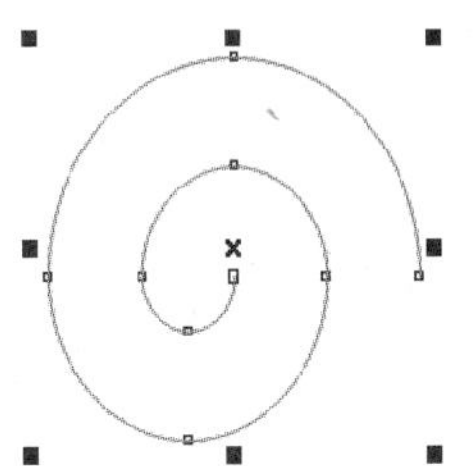

图 2-55　设置螺纹轮廓

小提示：不同螺纹的区别

用螺纹工具 可以创建出两种不同的螺纹，即对称式螺纹和对数式螺纹。对称式螺纹表示螺纹回圈的间距是不变的，对数式螺纹表示螺纹回圈的间距是递增变化的。

（5）复制多个螺纹，调整各个螺纹的大小和旋转角度，然后框选所有螺纹，按“Ctrl+G”键组合图形，将其整体缩小后的效果如图 2-56 所示。

（6）使用文本工具 字 输入文本，设置字体为“微软雅黑”，字号可随意设置，将其颜色设置为红色，右键单击金色块，设置其轮廓颜色，效果如图 2-57 所示。

图 2-56　复制螺纹

图 2-57　输入文本

（7）在下方绘制矩形，并填充为宝石红，取消轮廓，然后输入文本，设置其字体为“微软雅黑”，字号为 10 pt，颜色为白色，将文本移至矩形上方，如图 2-58 所示。

（8）导入“咖啡标志 .cdr”图形文件，调整其大小和位置，效果如图 2-59 所示。

图 2-58　绘制矩形

图 2-59　导入标志图形

多学一招：绘制接近圆的螺纹

在绘制螺纹时按住“Ctrl”键，可绘制出水平和垂直尺寸相同的螺纹，其外部轮廓的外形接近正圆。

知识回顾拓展

本任务讲解了咖啡店宣传海报的制作，练习了矩形工具、星形工具、复杂星形工具和螺纹工具的使用。下面对本任务中涉及的知识进行补充讲解。

1. 镜像对象

镜像对象可以将对象沿水平、垂直或对角线翻转，用户可通过以下两种常用的方法实现对象的镜像操作。

- **通过挑选工具镜像对象**：选择要镜像的对象，将鼠标指针移到对象侧边中间的节点或对象的角点上，按住“Ctrl”键不放，将鼠标向相反的方向拖动，当蓝色虚线框到达所需位置时释放鼠标即可，如图 2-60 所示。
- **通过属性栏镜像对象**：选择镜像的对象，单击属性栏中的“水平镜像”按钮，可以将对象沿水平方向镜像；单击“垂直镜像”按钮，可以将对象沿垂直方向镜像。

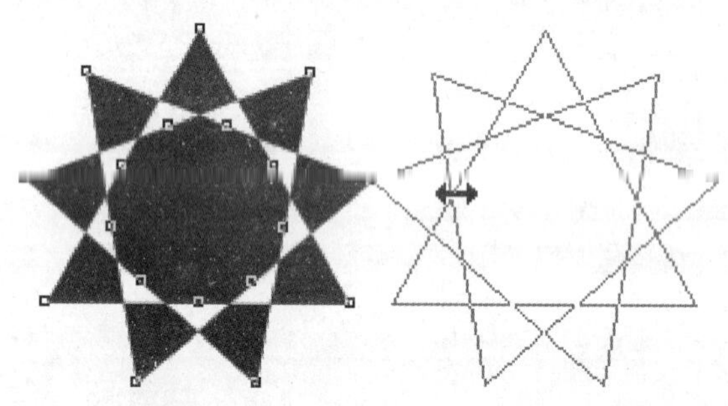

图 2-60 通过挑选工具镜像对象

2. 图纸工具

在 CorelDRAW X4 中，使用图纸工具可以快速绘制出网格图案，即由一系列行和列排列的矩形组成的网格。其绘制方法为：在工具箱中选择图纸工具，在其属性栏中设置网格的行数和列数，然后使用图纸工具在绘图窗口中进行拖动，即可绘制出所需的网格。

若要拆分网格，在工具箱中选择挑选工具后单击选择要拆分的网格，然后单击属性栏中的“取消全部群组”按钮或按“Ctrl+U”键，即可将网格拆分为单个独立的矩形。

多学一招：绘制正方形的网格

绘制网格时，按住“Shift”键不放，可以从中心向外绘制网格，如果在绘制的时候按住“Ctrl”键，则可绘制出正方形网格。需要注意的是，如果行数和列数不同，所绘制网格中的单个图形不是正方形。

实训一　制作贺卡

本实训要求制作一张新年贺卡，要求体现新年喜庆的气氛。本实训的参考效果如图 2-61 所示。

素材　素材文件 \ 模块二 \ 剪纸 .ai、云纹 .cdr
对应　效果文件 \ 模块二 \ 贺卡 .cdr

图 2-61　贺卡效果

设计贺卡的第一步必须知道贺卡的尺寸，标准贺卡的制作尺寸为 144.5 mm × 211.5 mm（四边各含 1.5 mm 出血位）；标准贺卡成品大小为 143 mm × 210 mm，异型卡除外。

贺卡的样式多种多样，平常生活中接触到的包括邀请卡、圣诞贺卡、新年卡、明信片、生日卡、情人卡、节日卡、母亲卡、感谢卡和思念卡等。

了解关于贺卡设计的相关专业知识后便可开始设计与制作贺卡了，本例的制作思路如图 2-62 所示。

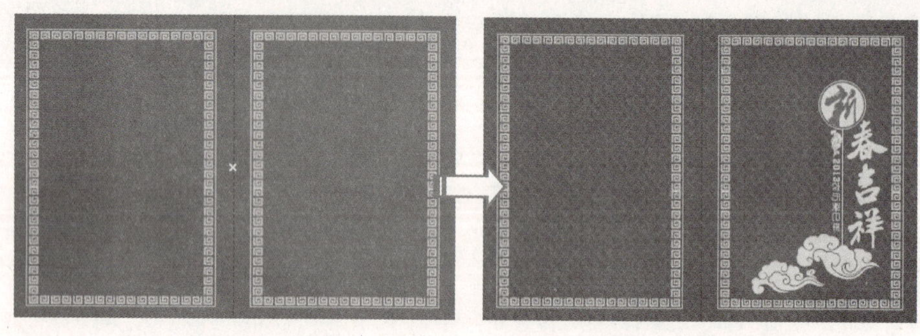

①绘制矩形　　②输入文本并导入素材

图 2-62　制作贺卡的思路

【步骤提示】

（1）新建一个图形文件，将其页面大小设置为 143 mm × 210 mm（这里没有设置出血区域），双击矩形工具绘制矩形，填充红色块里面的颜色。

（2）使用矩形工具绘制回形的边框图案，并填充为金色。

（3）使用螺纹工具绘制螺纹图形，再复制一行，全选该行螺纹后，按“Ctrl+G”键群组，按“Ctrl”键向下拖动复制，然后按“Ctrl+D”键进行再制。

（4）选择所有绘制的螺纹图案，按“Ctrl+G”键群组后，选择【效果】→【图框精确裁剪】→【放置到容器中】菜单命令，将其放置到矩形中。

（5）使用椭圆形工具绘制圆形，设置其颜色和轮廓线。

（6）使用文本工具输入文本，将其字体设置为书法类的字体，字号可随意设置，颜色为金色。

（7）导入“云纹 .cdr”图形文件，设置其大小和位置。

（8）导入“剪纸 .ai”图形文件，将颜色设置为金色，然后设置其大小和位置。

实训二　制作兑奖券

实训目标要求

本实训要求综合使用各种绘图工具绘制一张兑奖券，完成后的最终效果如图 2-63 所示。通过本实训掌握形状工具、星形工具和多边形工具的使用等。

素材对应　效果文件 \ 模块二 \ 兑奖券 .cdr

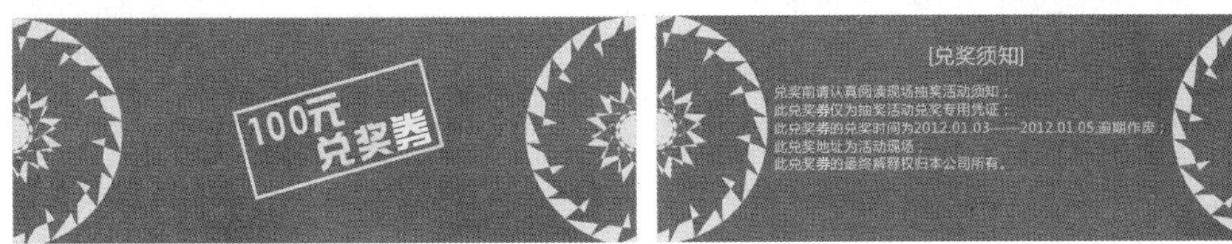

图 2-63　兑奖券效果

本实训主要操作是使用形状工具结合复杂星形工具绘制复杂图案，然后绘制矩形和圆形，最后添加文本即可。

结合上面的目标和分析，本例的操作思路如图 2-64 所示。

①绘制复杂图形

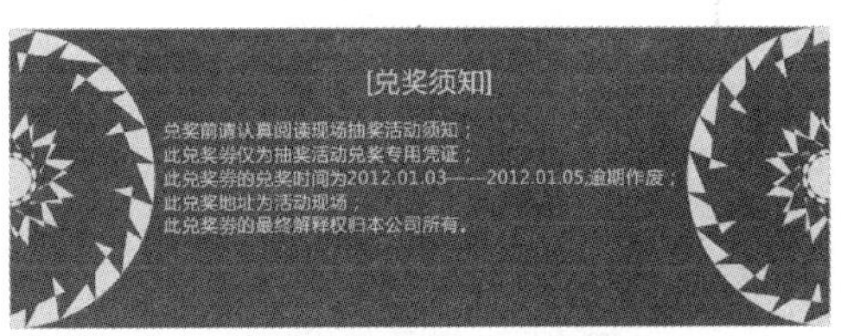

②绘制兑奖券的背面

图 2-64　制作兑奖券效果的思路

【步骤提示】

（1）新建一个图形文件，用矩形工具绘制一个矩形并填充颜色。

（2）使用复杂星形工具绘制星形图形，结合形状工具变化星形图形，并为其填充颜色。

（3）选择【效果】→【图框精确裁剪】→【放置在容器中】菜单命令，将绘制的星形图形放置到绘制的圆形中。

（4）复制放置有复杂星形的圆形，将两个圆形放置在不同的位置，然后将其放置在矩形中。

（5）输入相关文本，然后在外面绘制矩形，将文本和矩形同时旋转 15°。

（6）复制放置有圆形的矩形，然后输入兑奖券的相关文本，设置其字体、字号和颜色，完成绘制。

课后实践

（1）根据本章学习的知识，制作图 2-65 所示的记录卡片，制作时将用到矩形工具和文本工具盒基本形状工具等。

素材
对应　效果文件 \ 模块二 \ 记录卡片 .cdr

（2）根据学习的知识，制作企业的工作证，最终效果如图 2-66 所示。工作证代表一个企业的形象，因此在制作时，不宜太过花哨复杂。

工作证的尺寸为 55 mm × 90 mm，注意留出穿工作带的缝隙。

素材　素材文件 \ 模块二 \ 咖啡标志 .cdr
对应　效果文件 \ 模块二 \ 工作证 .cdr

图 2-65　记录卡片效果

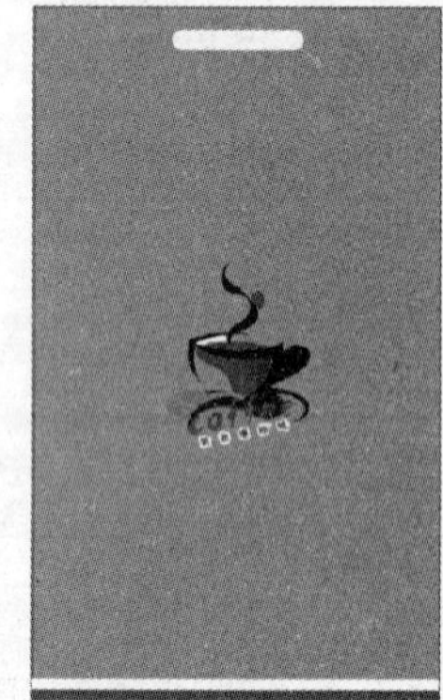

图 2-66　工作证效果

模块三　绘制与编辑曲线

模块简介

CorelDRAW 是一个矢量图绘制软件，使用其绘制的图形是由曲线构成的，因此，掌握各种曲线绘制工具是非常必要的，包括绘制直线和折线、使用艺术笔工具、使用钢笔工具和使用贝塞尔工具等。本模块将以 3 个制作实例介绍在 CorelDRAW X4 中绘制与编辑曲线的相关操作。

学习目标

本模块的知识学习目标如下：

- 熟练掌握使用钢笔工具绘制基本形状的方法。
- 熟练掌握编辑图形的方法，如图形的相交、简化、焊接和修剪等。
- 熟练掌握使用手绘工具和贝塞尔工具绘制线条的方法。
- 熟练掌握节点的编辑。
- 掌握交互式透明工具的使用。
- 熟悉艺术笔工具的使用。

本模块的技能学习目标如下：

- 能轻松绘制各种 POP 广告。
- 能使用各种绘图工具绘制卡通插画。
- 能使用贝塞尔工具绘制各类矢量花纹。

任务一　绘制 POP 广告

工作任务场景

晓雪到公司上班有两周了，设计助理的工作内容杂而多，还会接触到各种类型的设计。今天，晓雪刚到公司，设计师老张就告诉她有一个客户需要设计一份简单的 POP 广告，考虑到晓雪需要逐渐适应工作，于是老张决定将这个任务交给她来完成。客户要求制作出的 POP 广告能够吸引消费者的眼球，激起其购买欲望。老张告诉晓雪，客户的要求不是很高，关键是需要绘制一些辅助图形并加以修饰，再输入相关文字即可。

行业背景知识

吸引人们眼球，促成商品的销售，已经成为当下各个相关行业首先考虑的重点。对于一些超市和零售店来说，POP 广告是常见的手段之一。新产品出售之时，配合其他大众宣传媒体，在销售场所使用 POP 广告进行促销活动，可以吸引消费者视线，刺激其购买欲望。

POP 广告的宣传效果主要通过强烈的色彩、美丽的图案、突出的造型、幽默的动作和准确而生动的广告语言来实现。尽管各厂商已经利用各种大众传播媒体对本企业或本产品进行了广泛宣传，但当消费者步入商店时，有时已经将其他大众传播媒体的广告内容遗忘，此刻利用 POP 广告在现场展示，可以唤起消费者的潜在意识，重新记起商品，促成购买行动。

工作任务分析

本任务的目标是利用 CorelDRAW 的线条绘制与编辑功能以及填充图形功能为超市制作一份 POP 广告，要求突出活动主题，具有视觉冲击力。通过练习掌握绘制和编辑曲线的相关工具的使用。

本任务的最终效果展示如图 3-1 所示。要实现该效果，需要掌握以下软件技术要点。

（1）掌握使用钢笔工具绘制曲线图形的方法。

（2）掌握编辑和修改几何图形的方法。

（3）掌握相交与简化图形的方法。

（4）掌握交互式透明工具的运用。

素材对应 **效果文件\模块三\超市 POP 广告 .cdr**

图 3-1　POP 广告效果

制作思路分析

完成本任务主要包括使用钢笔工具绘制图形、图形的造形、交互式透明工具的运用和几何图形的编辑与修改等操作，具体思路（图 3-2）及要求如下。

（1）新建图形文件，并填充相应颜色。

（2）使用钢笔工具绘制需要的图形。

（3）对需要修剪的位置使用矩形工具进行修剪，并对需要的图形进行相交操作，对其进行交互式透明操作。

（4）使用钢笔工具绘制图形，并输入相关文本。

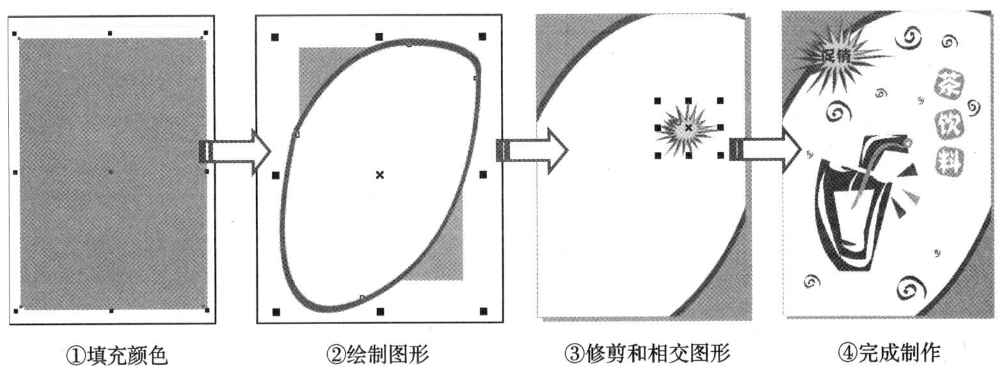

①填充颜色　②绘制图形　③修剪和相交图形　④完成制作

图 3-2　制作思路分析

操作一　使用钢笔工具绘制基本形状

新建一个图形文件，然后使用钢笔工具绘制需要的形状。

【详细步骤】

（1）新建一个图形文件，将其保存为“POP 广告 .cdr”。

（2）双击工具箱中的矩形工具，即可在页面中绘制一个适合页面的矩形，如图 3-3 所示。

（3）单击调色板中的按钮，打开默认的 CMYK 调色板，单击浅橘红色块填充矩形，如图 3-4 所示。

（4）在调色板中利用鼠标右键单击顶端的“无轮廓”色块，取消图形轮廓，效果如图 3-5 所示。

（5）按住工具箱中的手绘工具不放，在其展开的工具条中单击钢笔工具，将鼠标光标移到绘图区中，光标变为形状。单击鼠标左键指定直线起点后，移动鼠标光标到适当位置后，单击指定直线的第二个节点，如图 3-6 所示。

（6）根据相同的方法依次绘制其余的节点，然后回到起点的节点上，当鼠标光标变为形状时单击鼠标左键，绘制出封闭的折线。绘制的最终图形如图 3-7 所示。

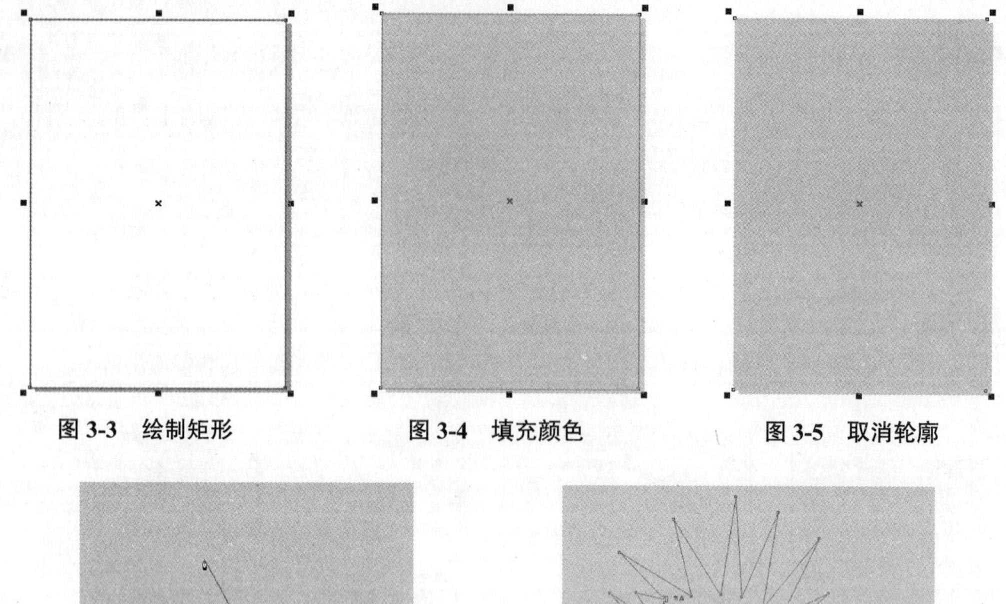

图 3-3　绘制矩形　　图 3-4　填充颜色　　图 3-5　取消轮廓

图 3-6　确定直接的两个节点

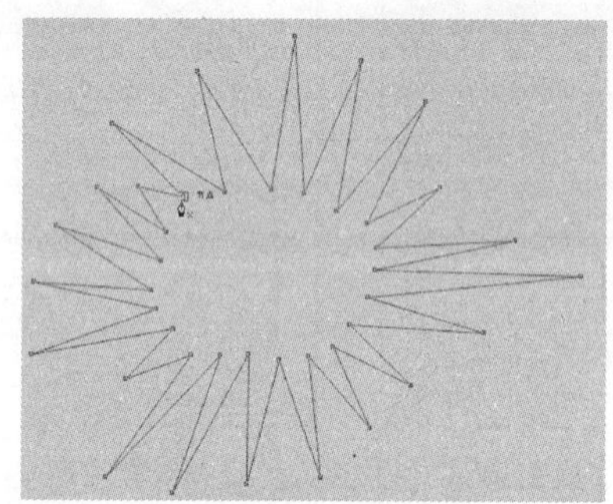

图 3-7　绘制的图形

（7）选择挑选工具，单击该图形将其选中，然后将鼠标光标移至图形的 4 个任意角点上按住“Shift”键，拖动鼠标左键不放，将图形等比例缩小到一定的大小，如图 3-8 所示。

（8）在调色板中单击红色块，取消图形轮廓，效果如图 3-9 所示。

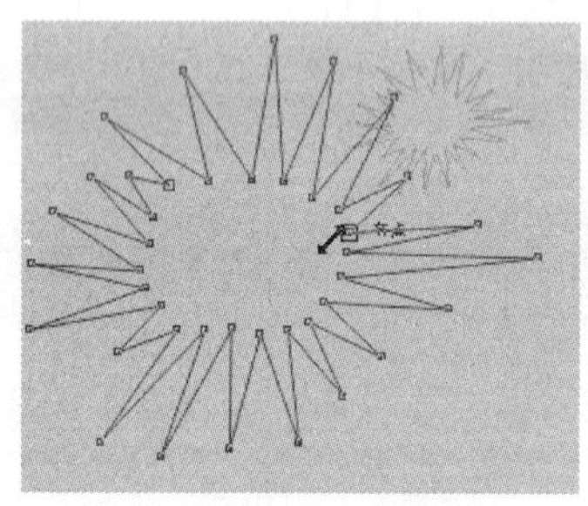

图 3-8　缩放图形

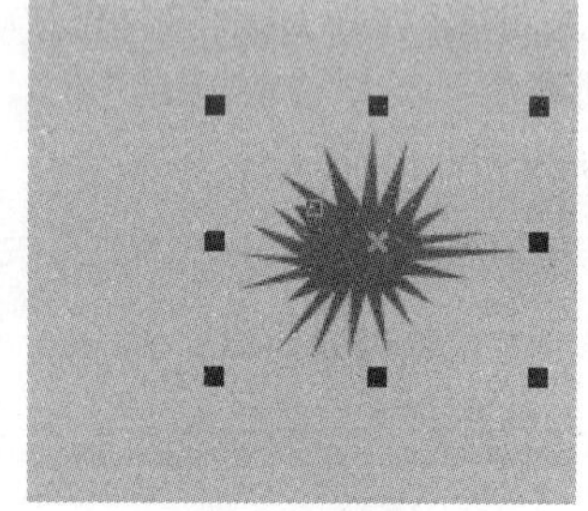

图 3-9　设置颜色

小提示：使用钢笔工具绘制线条

在使用钢笔工具绘制线条后，若不需要闭合图形，则在完成绘制后双击鼠标或按“Esc”键退出线条的绘制即可。

（9）继续使用钢笔工具 单击确定起点，然后将鼠标光标移到其他位置，按住鼠标左键不放并拖动，节点处将出现曲线的控制手柄。拖动鼠标调整出合适的曲度后，松开鼠标即可绘制出一条曲线，如图 3-10 所示。

（10）随着钢笔的移动会出现蓝色的线条，此时按照相同的方法继续绘制曲线即可，闭合曲线后的效果如图 3-11 所示。

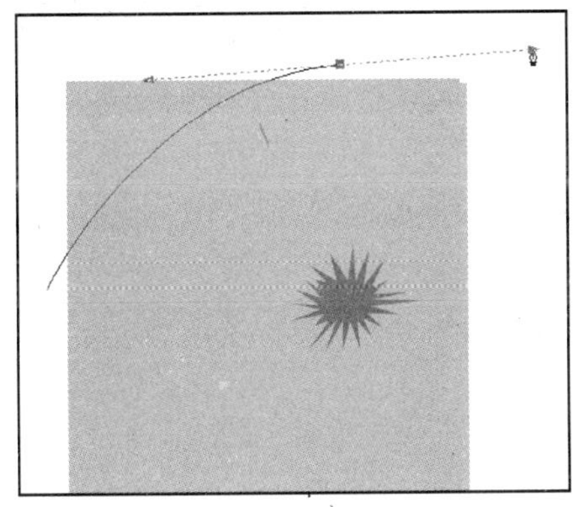

图 3-10　绘制曲线段

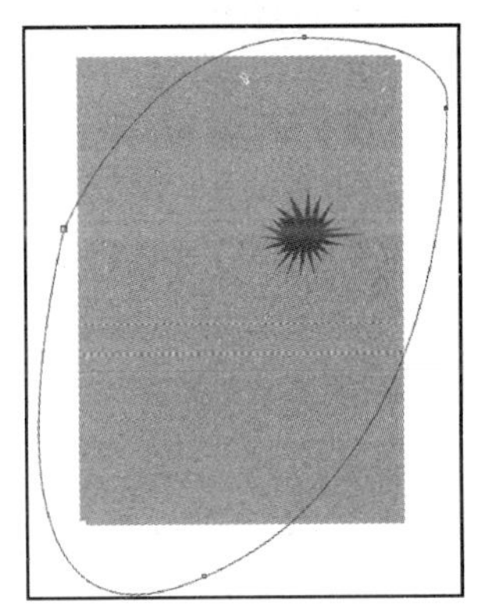

图 3-11　完成曲线的绘制

（11）选择挑选工具 选中图形，在调色板中单击红色块，取消图形轮廓，如图 3-12 所示。

（12）按住“Shift”键缩放该图形，然后单击鼠标右键复制图形，并在调色板中单击白色块，取消图形轮廓，如图 3-13 所示。

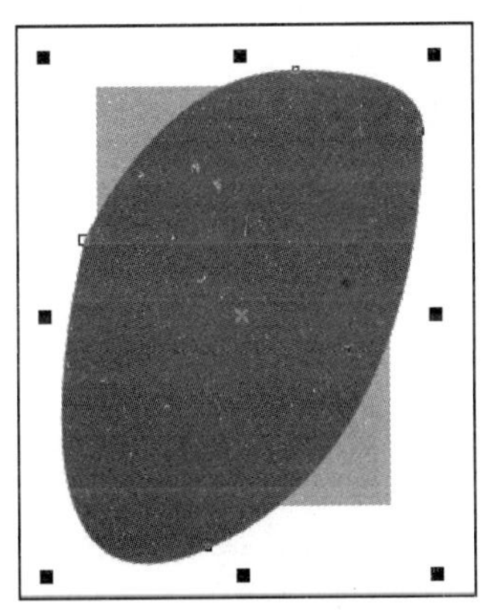

图 3-12　填充颜色

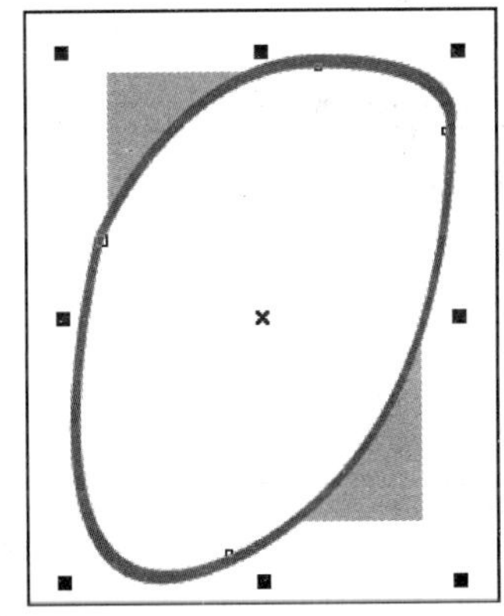

图 3-13　复制并填充图形

操作二　相交和修剪图形

使用相交和修剪图形操作，修饰绘制的图形。

【详细步骤】

（1）使用挑选工具 选择中间白色的图形。

（2）在需要修剪图形的地方绘制一个矩形，将其贴齐需要修剪的图形，如图 3-14 所示。

小提示：显示贴齐对象提示

若 CorelDRAW 没有显示贴齐对象的提示，可选择【工具】→【选项】菜单命令，在打开的“选项”对话框中左侧的选项中选择“工作区”选项下的“贴齐对象”选项，在右侧选中所有复选框，然后单击 确定 按钮即可。完成后在对象的操作中即可随时显示需要的提示信息。

（3）选择【排列】→【造形】→【造形】菜单命令打开“造形”泊坞窗，在其下拉列表框中选择“修剪”选项，并取消选中“来源对象”复选框，如图 3-15 所示，单击 修剪 按钮。

（4）此时鼠标呈 形状，单击被修剪的对象即白色的图形，如图 3-16 所示。

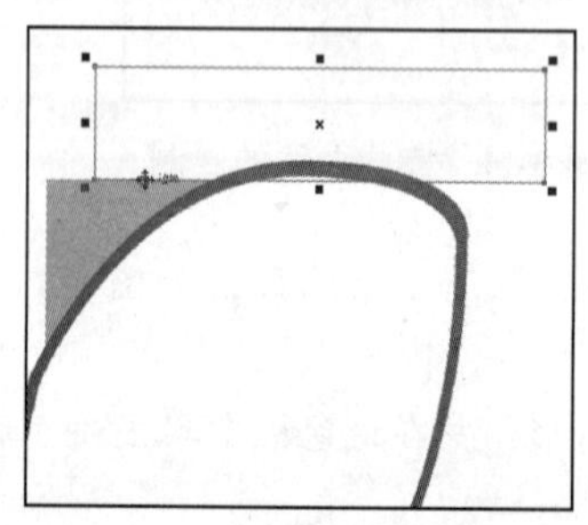

图 3-14　绘制矩形

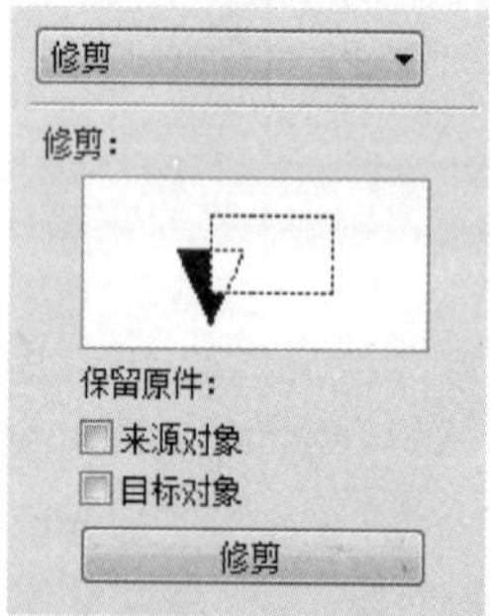

图 3-15　打开“造形”泊坞窗

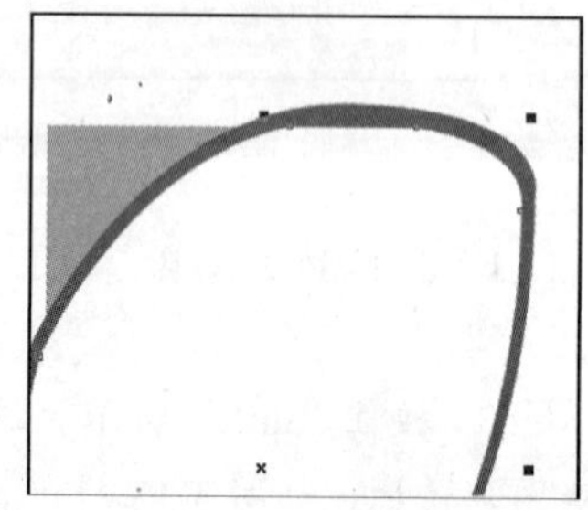

图 3-16　修剪对象

（5）根据相同的方法修剪图形的其余位置，修剪后的效果如图 3-17 所示。

（6）框选在操作一中绘制的图形，按“Shift+Page Up”键将其放置到最上面，如图 3-18 所示。

（7）按住“Shift”键不放缩放图形，然后单击鼠标右键复制图形，并将其填充为黄色，如图 3-19 所示。

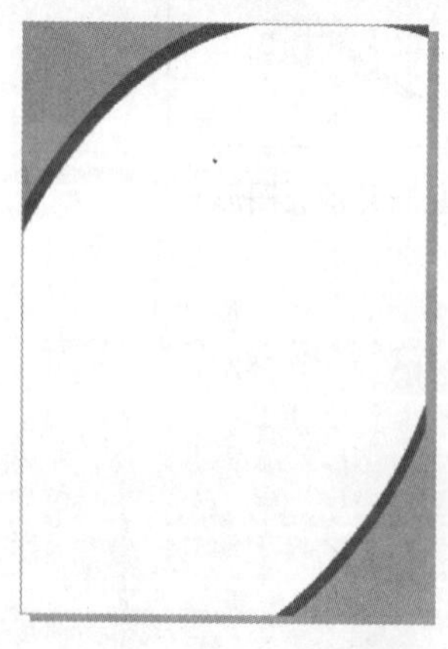

图 3-17　修剪后的图形

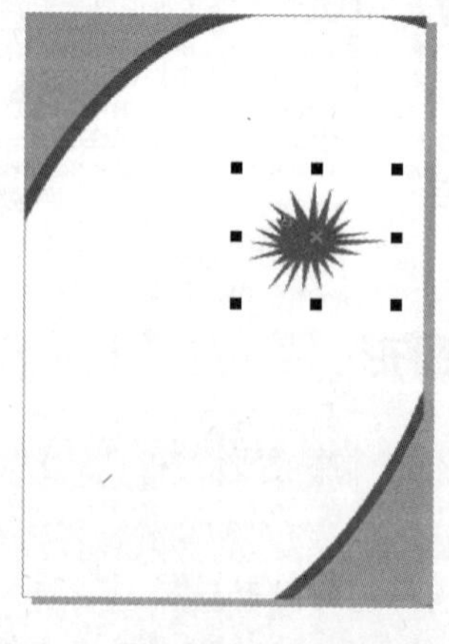

图 3-18　将图形放置在最上层

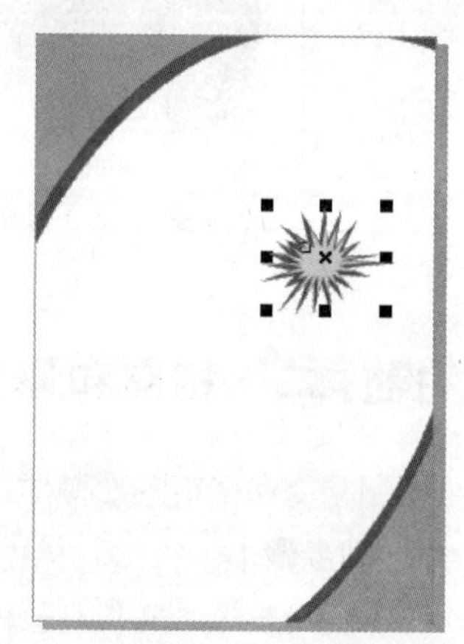

图 3-19　复制图形

小提示：修剪图形

修剪对象指用一个对象去修剪另一个对象，从而生成新的对象。被修剪的对象将自动删除，被修剪后的新图形属性与目标对象保持一致。框选对象时，上一层的对象将修剪下一层的对象；按住“Shift”键选择对象时，先选择的对象将修剪后选择的对象。

（8）使用钢笔工具在红色图形上绘制曲线段，然后使用挑选工具并按住“Shift”键选择该曲线图形和红色的图形，如图 3-20 所示。

（9）单击其属性栏上的“相交”按钮，得到曲线图形和红色图形的相交图形，将其填充为白色。

（10）完成后选择曲线图形，按“Delete”键或选择【编辑】→【删除】菜单命令删除该图形，如图 3-21 所示。

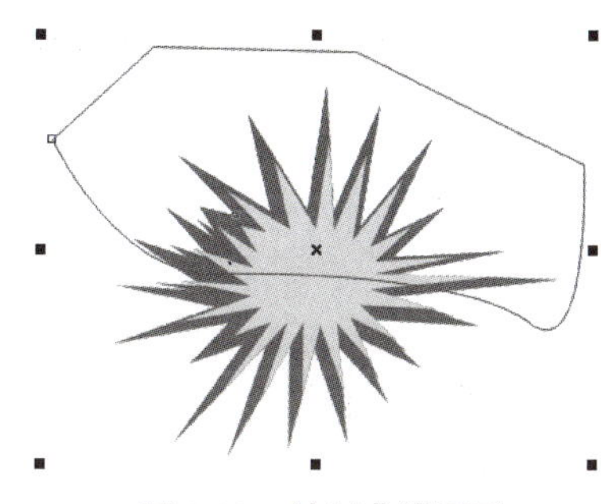

图 3-20　绘制曲线图形

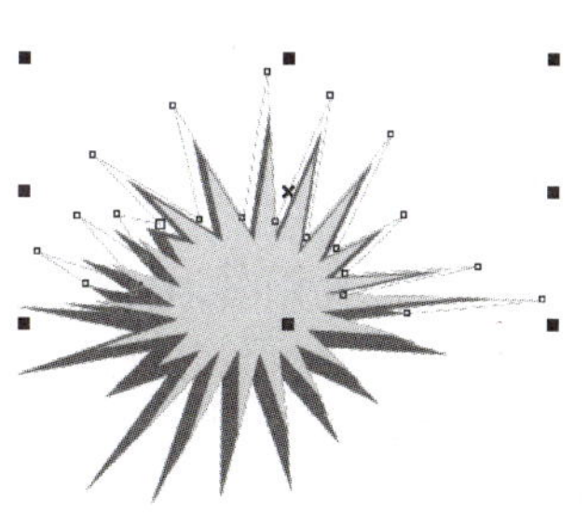

图 3-21　相交图形

小提示：相交图形

相交对象是指通过多个重叠对象的公共部分来创建新对象，新的对象的尺寸和形状与重叠区域完全相同，其属性则与目标对象一致。相交对象的方法与前面类似，也可以在“造形”泊坞窗中进行，只需在泊坞窗中选择“相交”选项即可。

操作三　添加交互式透明效果

下面为操作二中相交后的图形添加交互式透明效果。

【详细步骤】

（1）选择在操作二中相交产生的新图形。

（2）单击交互式调和工具不放，在其展开的工具条中单击交互式透明工具，此时，鼠标光标变为形状，在图形上由上往下拖拉，得到线性的透明效果，如图 3-22 所示。其中黑色代表透明效果。

（3）使用挑选工具框选不规则图形的所有部分，将其等比例缩放到合适大小后移至页面的左上方，如图 3-23 所示。

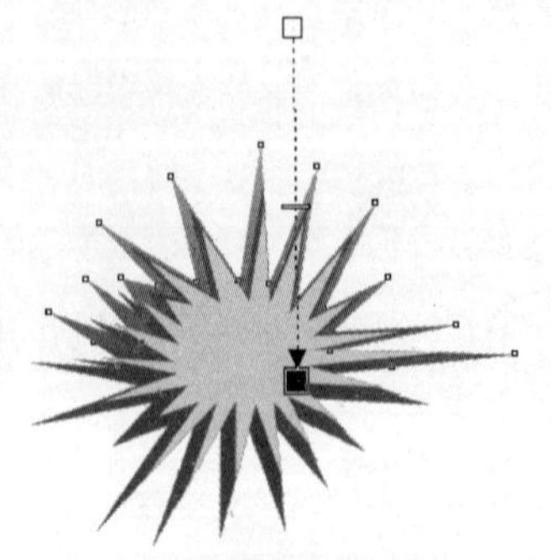

图 3-22　设置交互式透明效果

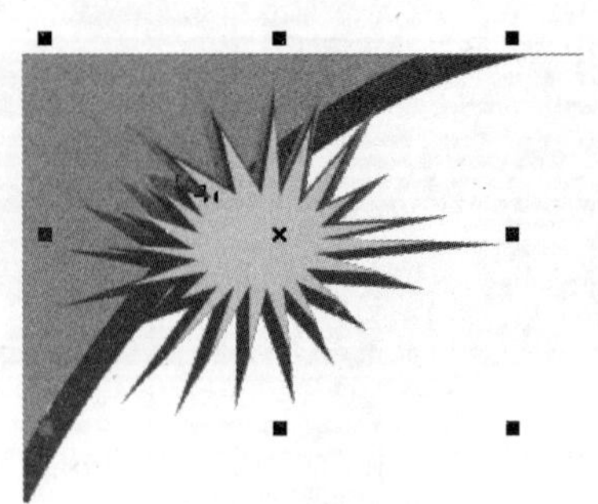

图 3-23　移动图形

多学一招：调整透明效果

拖动透明度控制柄中的 ▭ 滑块，向黑色节点 ■ 移动，图形的透明效果越不明显；向白色节点 □ 移动，图形的透明效果则越明显。

操作四　编辑和修改几何图形

下面绘制矩形，将其修改为圆角矩形并放置在文本下方以突出显示文本。

【详细步骤】

（1）使用矩形工具 绘制正方形，然后按“F10”键或使用形状工具 拖动矩形上的节点，将矩形变为圆角矩形，如图 3-24 所示。

（2）选择挑选工具双击圆角矩形，对象的 4 个角将出现旋转控制柄 ，将鼠标光标移到旋转控制柄 上时，光标变为 形状，按住鼠标左键不放并拖动到需要的角度后释放鼠标即可，如图 3-25 所示。

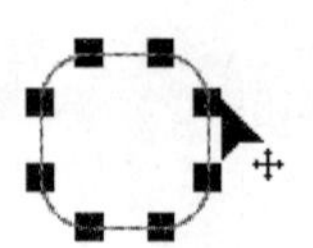

图 3-24　调整矩形

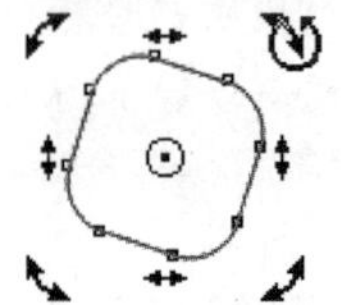

图 3-25　旋转矩形

（3）使用相同的方法绘制其他圆角矩形并旋转至合适角度，填充其颜色为浅橘红，去掉轮廓线。

（4）选择工具箱中的文本工具，在属性栏中选择字体为“方正剪纸简体”，字号为 72 pt，在卡片的左下角输入文本“茶”，然后将其文字颜色设为白色并移至相应位置，如图 3-26 所示。

（5）根据相同的方法输入其他文本，设置颜色为绿色，缩放其大小后移至合适位置。

（6）使用钢笔工具绘制相关辅助图形，注意图形的大小层次和角度的改变，其颜色可自行调整，如图 3-27 所示。

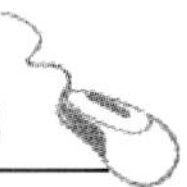

图 3-26　输入文本

图 3-27　绘制辅助图形

多学一招：旋转图形

按住“Ctrl”键旋转图形，每旋转一次的角度为 15°，按住“Shift”键旋转，可将图形进行等比例缩放旋转。

知识回顾拓展

本任务主要讲解了钢笔工具和交互式透明工具盒的使用方法，以及编辑和修改图形、修剪和相交图形的方法。

另外，要使用图形软件来制作作品，将快捷键使用熟练是非常必要的，能够使用简洁的方法得到的效果就绝不用复杂的方法，只有这样才能提高工作效率，才能在工作中不断进步。

下面对例子中没有讲解到的知识点进行讲解，如图形的其他造形和图形的转曲等。

1. 认识曲线的组成

在 CorelDRAW 中，线条是构成矢量图最基本的元素，可以使用绘图工具绘制曲线，也可以将几何图形转换成曲线。曲线主要由线段、直线段、节点和控制柄等组成，如图 3-28 所示。其中，节点是一条曲线的端点，包括尖突、平滑和对称等节点类型，单击节点可以显示出控制柄；线段用于连接曲线上两个节点，包括曲线段和直线段，同时曲线段和直线段可以相互转换；控制柄是指节点两端出现的蓝色的虚线，使用形状工具选中节点后通过拖动控制柄可以调整图形的形状。

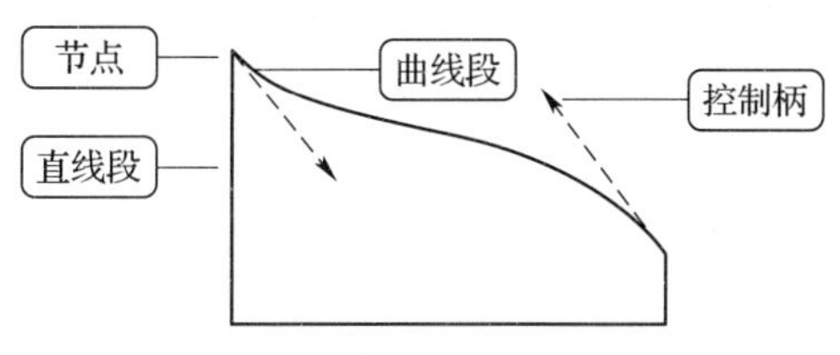

图 3-28　曲线的组成

2. 图形的其他造形

在 CorelDRAW X4 中可以对多个图形对象进行焊接、修剪和相交等造形操作，从而生成新的图形，其操作方法与前面所讲大致相同，这里不再赘述。这些操作都是通过布尔运算实现的，通过这些功能可以方便地创建出更多更丰富的图形和效果。下面就步骤中未讲到的图形造形进行讲解。

- **焊接对象：**焊接对象是指将多个图形结合生成一个新的图形对象。新的图形以被焊接图形对象的边界为轮廓，对于有重叠的图形对象，焊接后只有一个轮廓；对于分离的图形对象将形成一个“焊接群组”，相当于单个图形对象，如图 3-29 所示。
- **简化对象：**简化对象是指清除前面图形对象与后面图形对象的重叠部分，保留剩余部分的操作。对于复杂的图形，使用该功能可以有效减小文件的大小，且不会影响作品的外观，如图 3-30 所示。

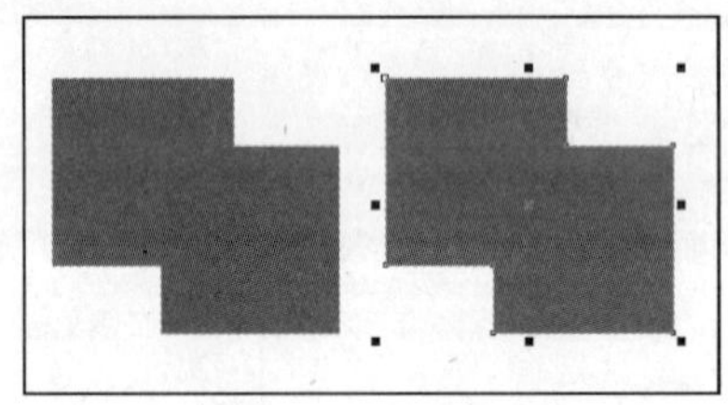

图 3-29 焊接对象

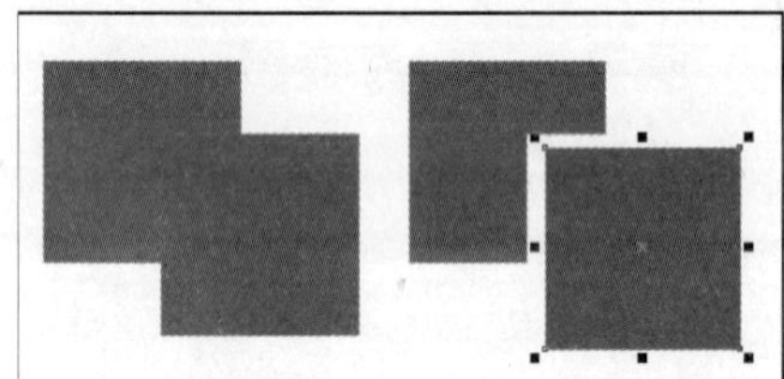

图 3-30 简化对象

小提示：相交图形与简化图形的区别

对象的“简化”功能与“修剪”功能很相似，但“简化”功能不管选中对象的先后顺序如何，都是由上层的对象修剪下一层重叠的对象，下一层中的对象又修剪再下一层重叠的对象；而“修剪”功能则是由“来源对象”修剪“目标对象”，与对象的重叠层次无关。

- **前减后：**前减后操作可以清除后面的图形以及前后图形的重叠部分，并保留前面图形对象的非重叠部分。该操作与简化对象的功能相似，不同的是执行前减后操作后，最顶层的对象将被其下几层的对象修剪，修剪后只保留修剪生成的对象，且必须有重叠部分才能执行前减后操作，效果如图 3-31 所示。
- **后减前：**后减前是前减后的反向操作，是指清除前面的图形以及前后图形的重叠部分，并保留后面图形的非重叠部分，即最底层的对象被其上几层的对象修剪，修剪后只保留修剪生成的对象，效果如图 3-32 所示。
- **创建围绕选定对象的新对象：**执行该操作后，其原来的图形不变，但是会围绕原图形创建一个新的图形，效果如图 3-33 所示。

3. 交互式透明效果的其他类型

使用 CorelDRAW X4 中的交互式透明工具 可以创建图形的透明效果。除步骤中使用的线性透明效果外，还包括标准透明效果、渐变透明效果、图样透明效果和底纹透明效果等多种类型。

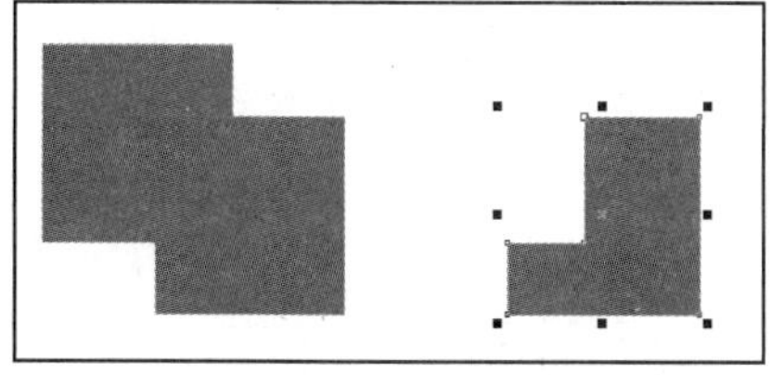

图 3-31　前剪后

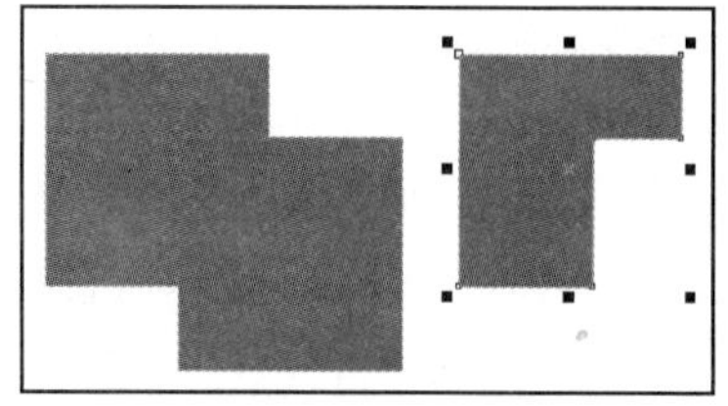

图 3-32　后剪前

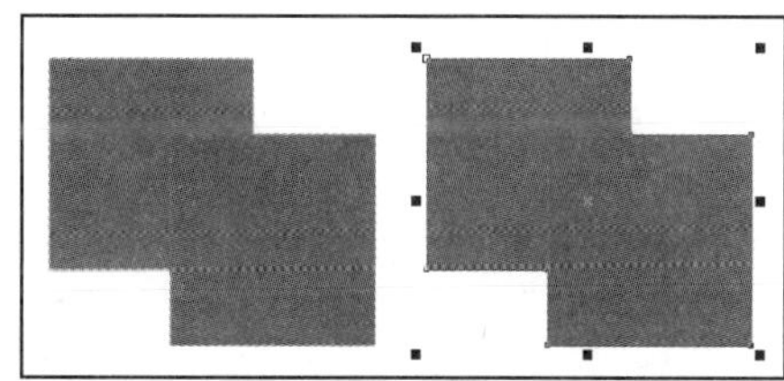

图 3-33　创建围绕选定对象的新对象

- **标准透明：**使用这种类型将为图形添加一个均匀的透明效果。
- **渐变透明：**渐变透明包括线性、射线、圆锥和方角 4 种类型，与渐变填充一样，创建的透明效果是从一种颜色到另一种颜色的渐变。
- **图样透明：**包括双色图样、全色图样和位图图样 3 种。但图样透明的效果是使用灰度的效果来显示的，图样透明的颜色取决于图形的填充色和透明效果的混合。
- **底纹透明：**底纹透明的效果是使用灰度效果来显示的，图形的底纹透明颜色取决于对象的填充色和透明效果的混合。

创建不同类型的透明效果时，其属性栏中的相关参数也不相同，其中线性、射线、圆锥和方角透明类型的属性栏相似。下面以标准透明效果为例，讲解其属性栏中各参数的含义，用户可以根据各参数的含义调整透明效果，如图 3-34 所示。

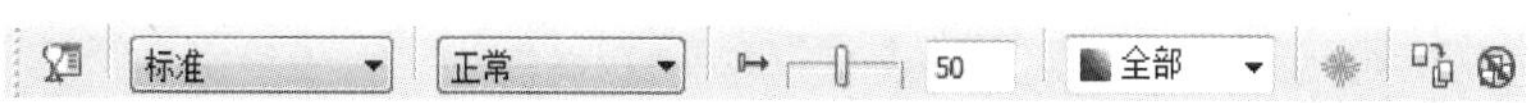

图 3-34　标准透明效果的属性栏

- 标准 **下拉列表框：**在该下拉列表框中可选择所创建透明度的类型。
- 正常 **下拉列表框：**在该下拉列表框中可选择透明度的颜色显示方式，也可给图形应用不同的透明样式。
- **"透明度"数值框** 50：在该数值框中输入数值，可以设置透明度中心的位置，也可直接拖动其前面的滑块进行设置。
- 全部 **下拉列表框：**选择该下拉列表框中的选项，可以选择将透明度应用于图形的填充、轮廓或全部。
- **"冻结"按钮**：单击该按钮，可将透明效果冻结，且透明效果不会随图形的编辑而变化。
- **"复制透明度属性"按钮**：单击该按钮，可以将一个图形的透明效果复制到另一个图形上。
- **"清除透明度"按钮**：单击该按钮，可清除图形的透明效果。

4. 图形的转曲

使用形状工具修改绘制好的矩形、圆形或多边形时，都是使这些图形按特定的方式进行修改。如将矩形修改为圆角矩形和将椭圆修改为弧形等。

如需对基本图形进行其他修改，可选择图形后按“Ctrl+Q”键或选择【排列】→【转换为曲线】菜单命令将图形转曲，然后按“F10”键使用形状工具编辑图形即可。

任务二　制作卡通插画

工作任务场景

完成上一份单子后，晓雪对CorelDRAW的使用越来越熟练，于是老张决定让晓雪制作一张儿童节的卡通插画，要求制作出的插画符合儿童节的主题。老张对晓雪说：“你可以先在网上查看一些比较好的插画，然后再根据自己的想法进行绘制。”晓雪觉得这次任务不算难，自己平时也喜欢画一些东西，于是便开始了插画的制作。

行业背景知识

在现代设计领域中，插画的设计可以说是最具有表现意味的，其中，人物插画比其他插画更能吸引人们的视线。

在信息高速发达的今天，人们的日常生活中充满了各式各样的商业信息，插画的设计也已成为现实社会不可替代的艺术形式。如今通行于市场的商业插画多种多样，其中包括出版物插图、卡通吉祥物、影视与游戏美术设计和广告插画等。这些插画被广泛运用于平面、电子媒体、商业场馆、公众机构、商品包装、影视演艺海报、企业广告甚至T恤、日记本和贺年片等。图3-35所示为德国插画师Denise Fort绘制的精美商业插画，图3-36所示为卡通商业插画。

图3-35　精美商业插画

图3-36　卡通商业插画

无论是何种形式的插画，其目的都是为了凸显其商品或活动主题。通过计算机绘制插画，可以使用 Photoshop 和 Painter 等绘图软件。CorelDRAW 是矢量式的绘图软件，Photoshop 是点阵式的，Painter 则是可以模仿手绘笔调的。

本任务主要使用手绘工具和艺术笔工具绘制一幅矢量卡通插画。绘制完成后的最终效果展示如图 3-37 所示。要实现该效果，需要掌握以下软件技术要点。

（1）掌握使用手绘工具绘制曲线、直线和折线的方法。

（2）掌握使用艺术笔工具的方法。

（3）熟悉艺术笔工具的集中模式，以及其功能用法。

素材
对应　效果文件 \ 模块三 \ 卡通插画 .cdr

图 3-37　卡通插画效果

制作思路分析

完成本任务主要包括使用手绘工具绘制和使用艺术笔工具绘制两步操作，具体思路（图 3-38）及要求如下。

（1）使用手绘工具绘制封闭的曲线图形，然后将其修剪为合适页面。

（2）使用手绘工具绘制曲线的花朵图形，以及绘制风车等基本图形。

（3）使用艺术笔工具添加相应的艺术笔触。

①绘制曲线图形　②绘制花朵和风车　③完成绘制

图 3-38　制作思路分析

操作一　使用手绘工具绘制

手绘工具提供了最直接的绘图方法，包括绘制直线、曲线和折线。

【详细步骤】

（1）新建图形文件，将页面设置为横向，将其保存为“卡通插画 .cdr”。

（2）选择工具箱中的手绘工具，将鼠标光标移动至页面中，此时鼠标光标变为形状，在任意位置按住鼠标左键不放并拖动到合适的位置后释放鼠标即可绘制曲线，系统将自动调整曲线的平滑度并加入节点，如图 3-39 所示。

（3）将鼠标光标移到曲线右侧端点处的节点，当其变为形状时按住左键不放并拖动，即可在原有曲线的基础上继续绘制曲线。拖动至曲线另一端点的节点位置时松开鼠标，即可生成封闭的曲线，如图 3-40 所示。

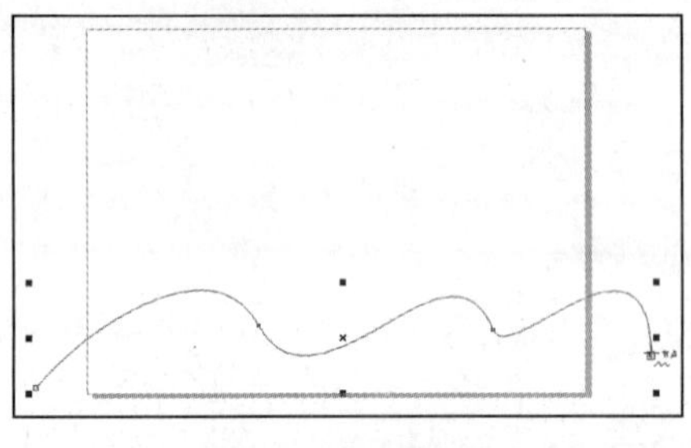

图 3-39　绘制曲线

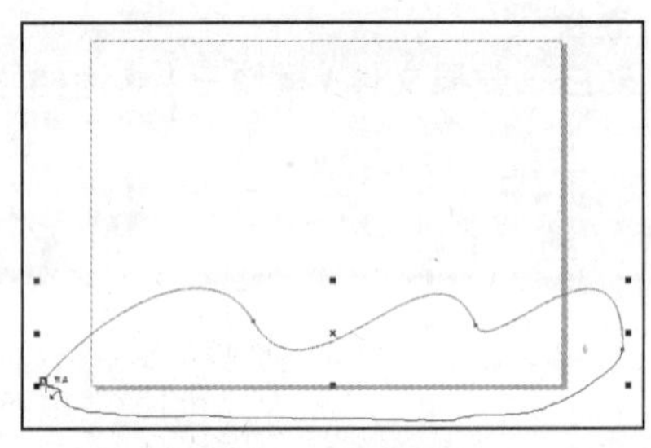

图 3-40　闭合曲线

多学一招：闭合开放曲线

单击其属性栏上的“自动闭合曲线”按钮，便可以自动闭合开放的路径曲线图形。

（4）在调色板中单击酒绿色块，并取消图形轮廓。

（5）使用手绘工具按照相同的方法直接拖动鼠标绘制闭合曲线，并填充为“酒绿色”，无轮廓线，如图 3-41 所示。

（6）使用矩形去修剪超出页面的部分，效果如图 3-42 所示。

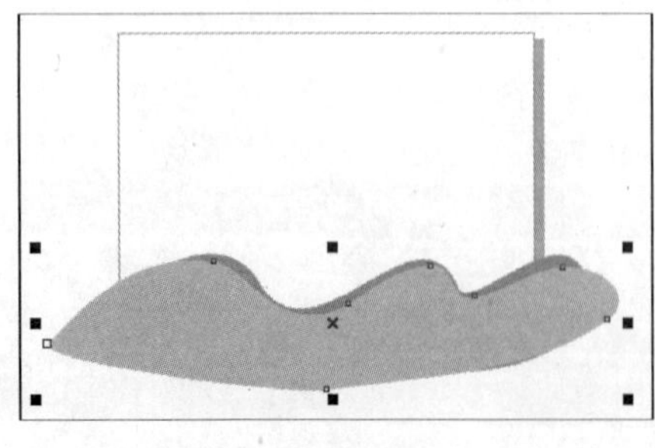

图 3-41　绘制图形

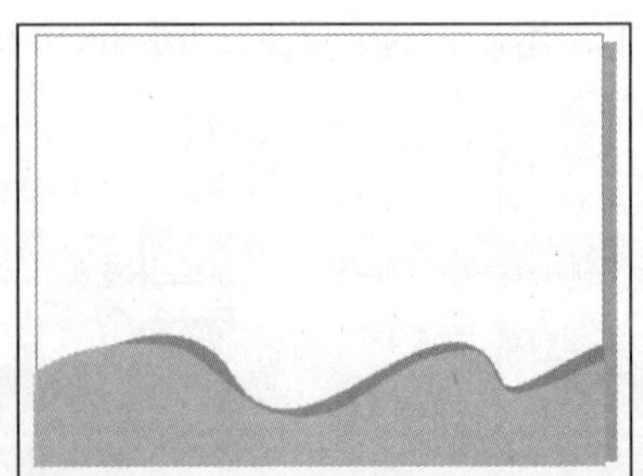

图 3-42　修剪图形

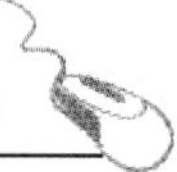

（7）继续使用手绘工具 绘制花朵形状的曲线，并在调色板中选择合适的颜色进行填充，无轮廓线，绘制后的效果如图 3-43 所示（绘制后可直接复制，然后调整大小和角度即可）。

（8）选择工具箱中的手绘工具 ，单击鼠标左键确定直线的起点，移动鼠标光标到另一个位置再单击左键确定直线的终点，即可绘制出一条直线。移动鼠标光标至直线的结束点处，当其变为 形状时单击鼠标，然后移动鼠标光标至其他位置单击，即可绘制出一条折线，最后封闭图形，如图 3-44 所示。

图 3-43　绘制花朵

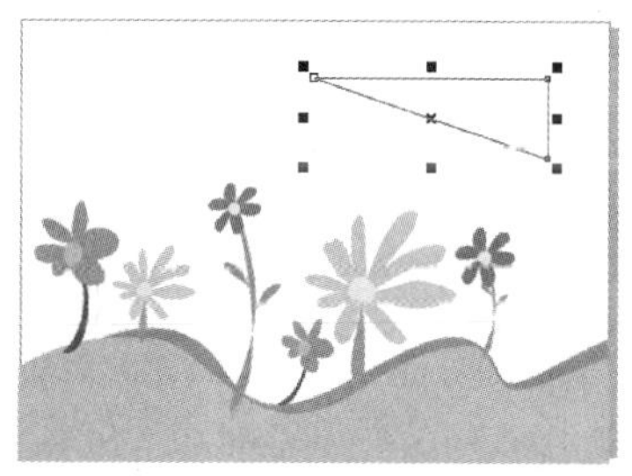

图 3-44　绘制三角形

多学一招：沿一定角度绘制直线

按住“Ctrl”键再使用手绘工具可绘制一条沿一定角度（即 15°）的直线。在 CorelDRAW 中进行旋转图形时，按住“Ctrl”键也表示旋转 15°。

（9）将其填充为调色板中的“深黄”，无轮廓。

（10）再次单击该图形，此时中心点变为 形状，将其移至三角形的下面节点处，然后按住“Ctrl”键不放进行旋转，到一定角度后单击鼠标右键复制图形，如图 3-45 所示。

（11）根据相同的方法继续旋转复制图形，然后按住“Shift”键选择这 4 个三角形，将其缩放至合适大小。

（12）使用矩形工具绘制风车的支架，将其填充为调色板中的“绿色”，无轮廓，如图 3-46 所示。

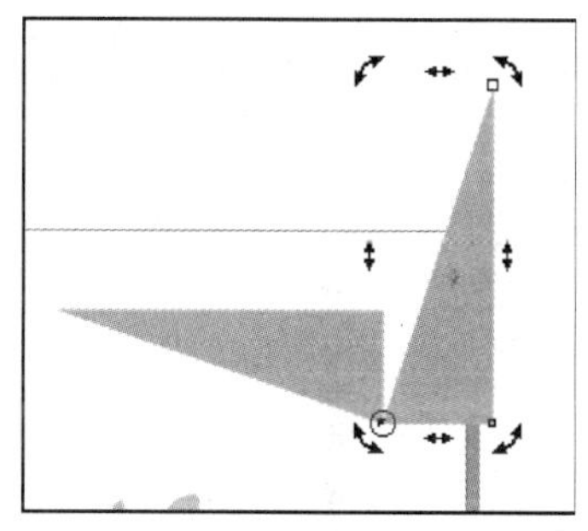

图 3-45　旋转复制图形

图 3-46　绘制后的图形

操作二　使用艺术笔工具绘制

完成上面的绘制后，下面将使用艺术笔工具绘制一些既定的图形。

【详细步骤】

（1）选择工具箱中的艺术笔工具，在其属性栏中单击“喷罐”按钮。

（2）在属性栏中的“喷涂列表文件列表”下拉列表框中选择所需的喷涂样式，然后在页面中任意位置按下鼠标左键不放并拖动，绘制出所选择的艺术笔图案，如图 3-47 所示。

（3）继续使用相同的喷涂样式绘制图案，效果如图 3-48 所示。

（4）再次选择需要的喷涂样式绘制图案，然后选择绘制的图案，按“Shift+Page Down”键将其放置在最后面，如图 3-49 所示。

图 3-47　绘制图形

图 3-48　继续绘制草的图案

图 3-49　完成绘制

多学一招：绘制直线

如果想要改变喷罐的顺序，可在属性栏中单击“喷灌”按钮，在打开的“创建播放列表”对话框中对喷罐图案的顺序进行调整。

知识回顾拓展

本任务主要对手绘工具和艺术笔工具进行了详细讲解，应着重掌握手绘工具的使用。下面对手绘工具和艺术笔工具的使用进行相关补充讲解。

1. 手绘工具的属性栏

选择工具箱中的手绘工具后，其对应的属性栏如图 3-50 所示。在属性栏中可以设置线条的宽度和线形等属性。

图 3-50　手绘工具对应的属性栏

多学一招：设置手绘工具的相关参数

选择【工具】→【选项】菜单命令，打开“选项”对话框。选择“工具箱”选项下的“手绘 / 贝塞尔工具”选项，在其右侧的对话框中可以设置手绘工具的灵敏度和平滑度等参数。

2. 艺术笔工具的属性栏

选择工具箱中的手绘工具后，其属性栏中包括有 5 种艺术笔模式，包括预设模式、笔刷模式、喷罐模式、书法模式和压力模式。

- **预设模式**：该笔触模式用于绘制基于预设样式的形状而改变笔形的线条，主要模拟笔触在开始和末端粗细变化。在属性栏中单击“预设”按钮，其属性栏如图 3-51 所示。设置好相应属性参数后，在绘图窗口中按住鼠标左键并拖动，即可绘制出像用毛笔绘制的线条。

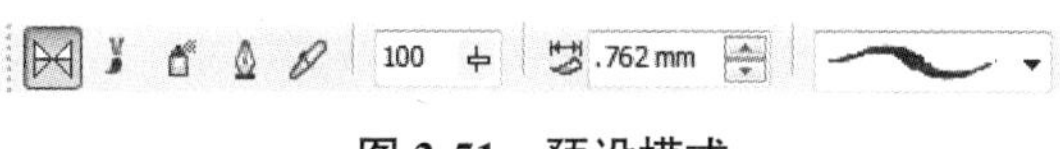

图 3-51　预设模式

- **笔刷模式**：该笔触模式提供了多种笔刷笔触样式，可以模拟笔刷绘制的效果，方便绘制各种不同样式的特殊效果。在属性栏中单击“笔刷”按钮，其属性栏如图 3-52 所示，设置好相应属性参数后，拖动鼠标即可以得到画笔效果。

图 3-52　笔刷模式

小提示：保存新的笔刷样式

如果创建了新的笔刷样式，可以单击属性栏中的“保存艺术笔刷”按钮将其保存在笔刷样式列表中。单击“浏览”按钮打开“浏览文件夹”对话框，在对话框中可以选择保存在其他位置的笔刷效果。

多学一招：改变笔触颜色

画笔模式的笔触本身带有颜色，用户也可以根据自己的需要在调色板中设置笔触的颜色。选择需要改变颜色的笔触，然后单击调色板中的色块即可。

- **喷罐模式**：该模式是艺术笔工具中艺术效果最丰富的，使用该模式可以像绘制曲线一样轻松地绘制出漂亮的图案。
- **书法模式**：使用该模式可以绘制出类似书法笔触效果的线条，在属性栏中可设置笔触的宽度和角度。
- **压力模式**：使用该模式可以模拟笔的压力效果，创作出自然的手绘效果，从而得到不一样的艺术效果，适合于表现细致且变化丰富的线条。

任务三 绘制矢量花纹

工作任务场景

这几天，公司负责的一个广告设计项目已基本完成，客户还在审稿中，因此工作时间上比较轻松，晓雪准备利用这个机会进一步学习 CorelDRAW X4 的使用。老张则对晓雪说："现在 CorelDRAW 中绘制图形的工具你已经用得基本熟练了，可以利用空余时间到网上看看有什么需要的素材，自己绘制一些矢量花纹，以后就不用特意花时间去找素材了。"晓雪认为老张说得很有道理，于是开始着手搜集素材，准备绘制一幅矢量花纹。

行业背景知识

矢量花纹被广泛运用于设计作品，如用作背景暗纹和商品的突出表达等。在设计作品中用到的花纹，为了印刷后不出现锯齿状的边缘，其绝大多数是属于矢量图形。图 3-53 所示为传统的云纹图案和欧式花纹。

图 3-53 传统的云纹花纹和欧式花纹

工作任务分析

本任务主要是使用贝塞尔工具并结合其他相关的知识绘制矢量花纹。本任务最终展示效果如图 3-54 所示，要实现该效果，需要掌握以下软件技术要点。

（1）熟练掌握贝塞尔工具的使用方法。

（2）熟练掌握编辑曲线段和端点的方法。

（3）熟练掌握使用形状工具编辑节点的方法。

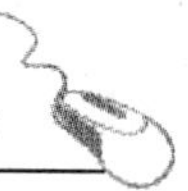

素材对应　效果文件 \ 模块三 \ 矢量花纹 .cdr

图 3-54　矢量花纹效果

完成本任务主要有绘制曲线花纹、叶子图形和枫叶等图形，并为图形填充相应颜色等操作。其具体思路（图 3-55）及要求如下。

（1）使用贝塞尔工具绘制基本图形。

（2）使用形状工具编辑曲线上的端点和轮廓，使其更为平滑。

（3）使用贝塞尔工具绘制其他图形，然后使用形状工具编辑其节点。

（4）为绘制的图形填充相应的颜色，完成绘制。

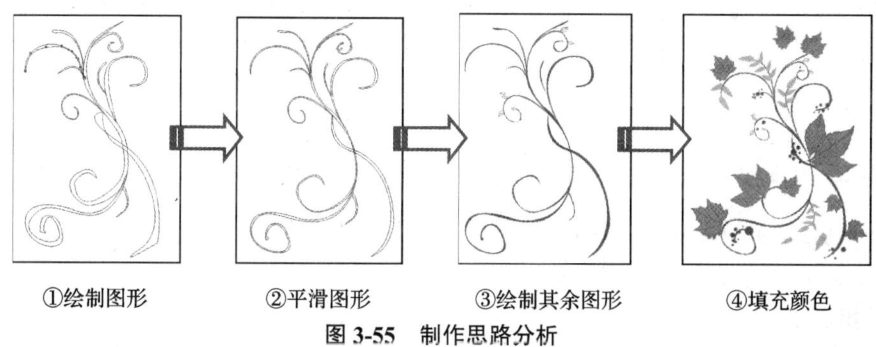

①绘制图形　②平滑图形　③绘制其余图形　④填充颜色

图 3-55　制作思路分析

操作一　使用贝塞尔工具绘制花纹形状

下面先新建一个图形文件，然后使用贝塞尔工具绘制出花纹的基本形状。

【详细步骤】

（1）新建图形文件，将其保存为“矢量花纹 .cdr”。

（2）选择工具箱中的贝塞尔工具 ，移动鼠标光标至绘图区中，当其变为 形状时，在任意位置单击鼠标左键确定曲线的起点，将鼠标光标移动到合适的位置后按住鼠标左键不放并拖动，即可绘制一条曲线，如图 3-56 所示。

（3）将鼠标光标移动到其他合适的位置，按住鼠标左键不放并拖动继续绘制曲线，然后回到最初的起点节点，闭合路径，如图 3-57 所示。

（4）继续按照线条的方法绘制其他路径，完成后的效果如图 3-58 所示。

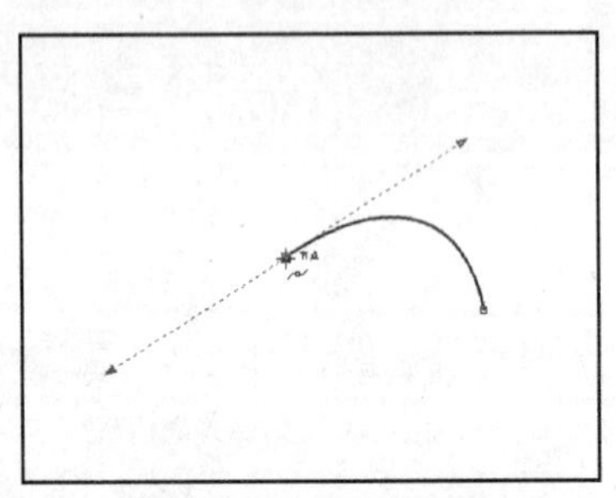

图 3-56　绘制曲线段

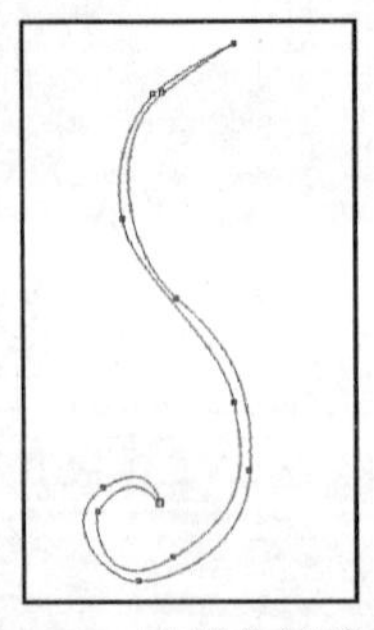

图 3-57　绘制曲线路径

图 3-58　绘制其他曲线路经

小提示：使用贝塞尔工具绘制直线

在 CorelDRAW 中，使用贝塞尔工具绘制直线的方法与使用钢笔工具绘制的方法相似，也可以通过拖动鼠标和单击鼠标左键，绘制出直线段和曲线段混合的混合线条；若是绘制单一的线条，在绘制完成后按“Enter”键即可继续绘制下一条线条。

多学一招：识别控制手柄的弯曲度

控制手柄的方向决定曲线弯曲的方向，控制手柄在下方时，曲线向下弯曲；反之则向上弯曲。控制手柄离曲线较近时，曲线的曲度较小；控制手柄离曲线较远时，曲线的曲度则较大。曲线的控制手柄可分左右两个，蓝色的箭头非常形象地指明了曲线的方向。

操作二　编辑曲线上的端点和轮廓

经过贝塞尔工具的绘制后，得到的曲线路径只是一个大致的形状图形，为了使曲线更为平滑，还需要使用形状工具对曲线进行编辑。

【详细步骤】

（1）选择绘制的某一个曲线图形，然后按“F10”键切换到形状工具，此时的鼠标指针变为形状。

（2）单击选择图形中需要转换类型的节点，按住鼠标左键将其拖动至合适位置，然后单击其属性栏中的“平滑节点”按钮，将该节点转换为平滑节点。拖动节点一边的控制手柄时，另外一边的线条也要跟着移动，此时两节点之间的线段将产生平滑的过渡，如图 3-59 所示。

（3）单击曲线中的另一个节点，此时属性栏中的“使节点变为尖突”按钮不可用，表示该节点为尖突节点。单击属性栏中的“平滑节点”按钮将尖突节点转换为平滑节点，然后拖动控制手柄控制曲线的弯曲度，如图 3-60 所示。

（4）单击曲线中的另一个节点，然后单击属性栏中的“生成对称节点”按钮将平滑节

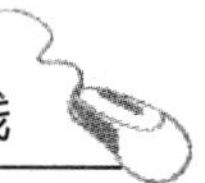

点转换为对称节点，节点两边的控制手柄将呈直线显示，拖动节点两侧的任意一边控制手柄，节点两边曲线的曲度都相同，如图 3-61 所示。

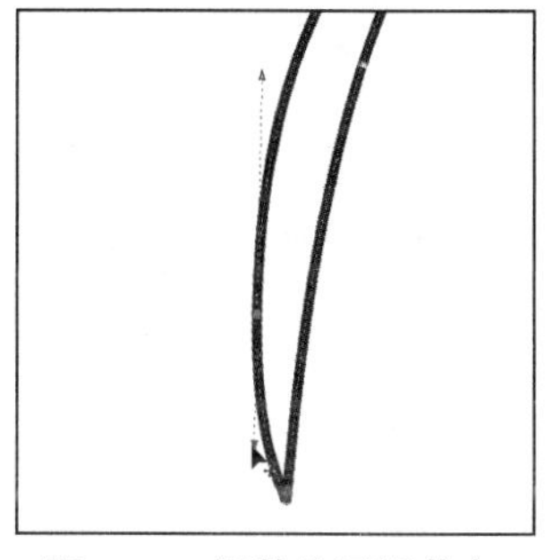

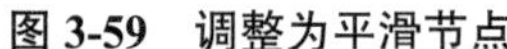

图 3-59　调整为平滑节点

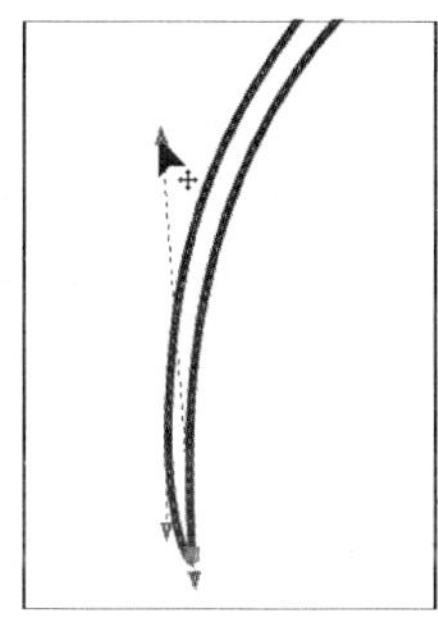

图 3-60　拖动控制手柄

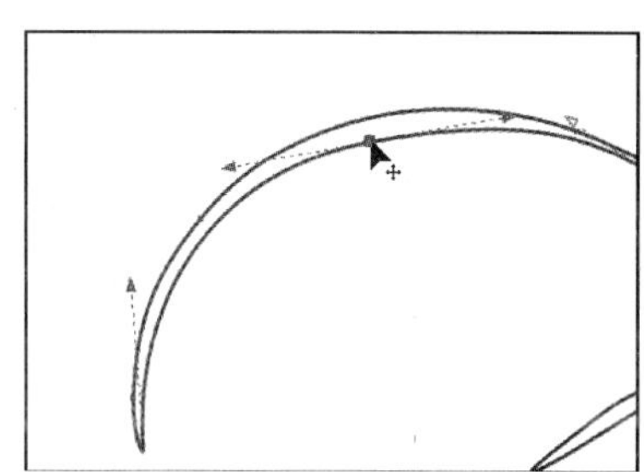

图 3-61　生成对称节点

小提示：选择节点

确定在使用形状工具选择节点时，将其移至有节点的位置处后，其节点外有一个小的蓝色空心正方形，单击选择后则变为实心的蓝色正方形；按住鼠标左键不放拖动或按住“Shift”键依次单击需要选择的节点可选择多个节点；按“Home”键将选择路径中的第一个节点；按“End”键则选择路径中的最后一个节点。

（5）根据相同的方法对其他曲线图形的节点进行调整，完成后的效果如图 3-62 所示。

（6）现在可以看到曲线图形的大部分都变得平滑，但还需要对一些小的位置进行调整。

（7）按“F10”键切换到形状工具，然后选择下方曲线图形中的一个节点，单击属性栏中的“转换曲线为直线”按钮，将该节点前一段的曲线线段转换为直线线段，如图 3-63 所示。

（8）使用形状工具对转换后的线型进行调整，效果如图 3-64 所示。

图 3-62　调整曲线后的图形

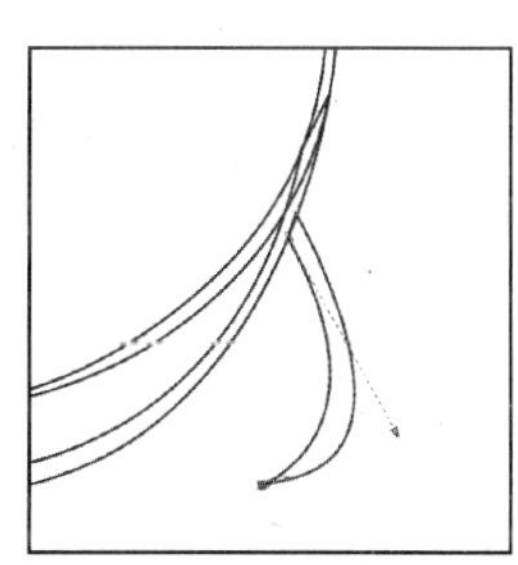

图 3-63　转换曲线为直线

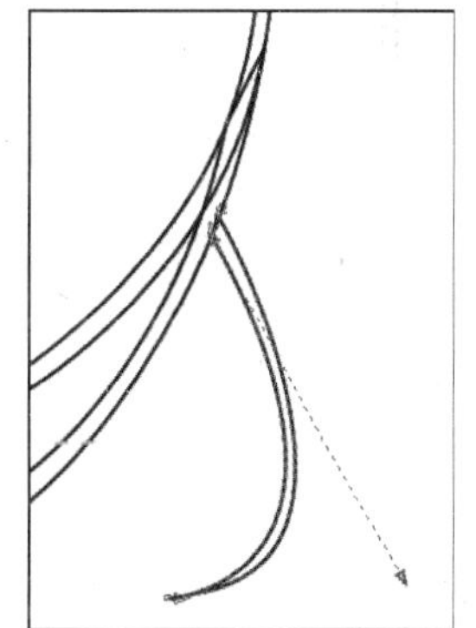

图 3-64　调整转换后的图形

多学一招：更改线型

单击属性栏中的“转换直线为曲线”按钮，可将该节点前一段的直线线段转换为曲线线段。

操作三　编辑曲线上的节点

经过操作二的编辑，可得到完成后的曲线路径。下面继续绘制图形，并对图形的节点进行编辑。

【详细步骤】

（1）使用贝塞尔工具绘制叶子的图形，然后对其端点和轮廓进行调整，如图 3-65 所示。

（2）调整后的曲线并不完全平滑，将鼠标指针移到造成路径不平滑的节点上双击鼠标，即可将该节点删除。此时，路径变得更为平滑，如图 3-66 所示。

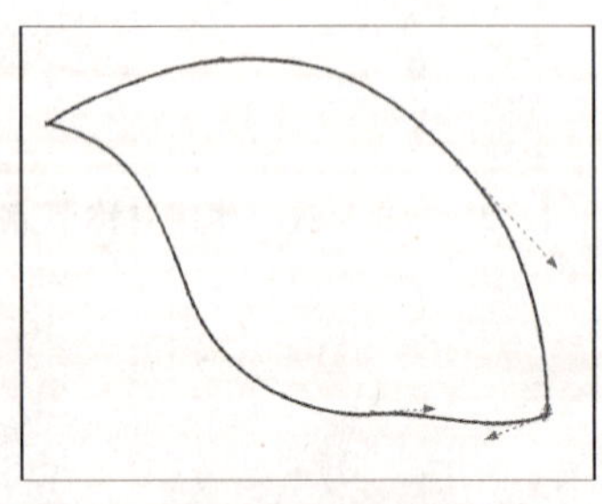

图 3-65　绘制路径

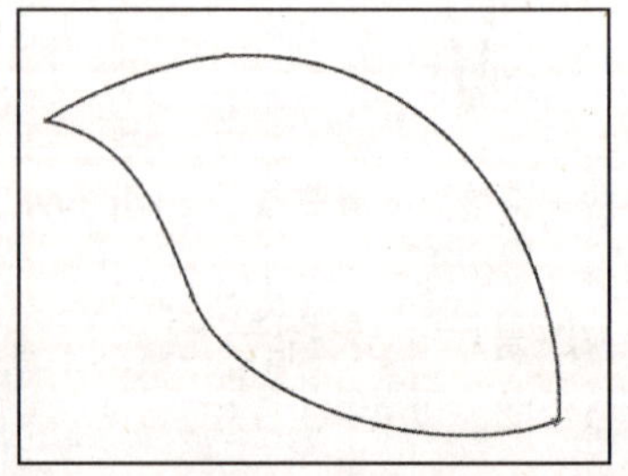

图 3-66　删除节点

多学一招：删除和添加节点的多种方法

用形状工具选中需要删除的节点，单击属性栏中的“删除节点”按钮或按“Delete”键可将其删除；将鼠标指针移到需要添加节点的位置双击鼠标，即可在该位置添加一个节点，或直接在属性栏中单击“添加节点”按钮。

（3）继续在叶子图形的中间绘制图形，使用绘制的图形修剪之前的图形，得到一个空心的图形，然后选择不需要的图形按“Delete”键删除。

（4）选择图形，在调色板中单击宝石红色块，填充颜色，无轮廓，如图 3-67 所示。

（5）继续使用贝塞尔工具绘制叶子的纹路，并填充为相同的颜色，如图 3-68 所示。

图 3-67　填充颜色

图 3-68　绘制纹路

（6）框选之前绘制的曲线图形，填充为稍深的颜色，无轮廓。

（7）框选绘制的叶子图形，将其进行缩放至合适大小，然后移动到合适位置并旋转。

（8）复制叶子的图形，将其移动到其他位置，其大小和角度可随意更改，效果如图 3-69 所示。

（9）使用贝塞尔工具绘制其余的图形，填充相应的颜色，无轮廓，然后分别复制并进行设置，效果如图 3-70 所示。

（10）选择工具箱中的椭圆工具，在合适位置绘制大小不一的圆形，并填充为与曲线图形相同的颜色，无轮廓，如图 3-71 所示。

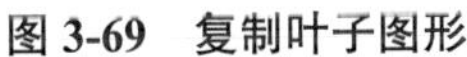

图 3-69　复制叶子图形

图 3-70　绘制其他图形

图 3-71　绘制圆形

本任务主要讲解了使用贝塞尔工具以及编辑节点等知识。下面对编辑节点的知识进行相关补充讲解。

1. 认识形状工具属性栏

对于绘制的图形，需要对其进行修改编辑，编辑节点通常使用工具箱中的形状工具来实现。使用形状工具选中一条曲线，其对应的属性栏如图 3-72 所示，下面对操作中未使用到的常用按钮进行介绍：

减少节点 0

图 3-72　形状工具属性栏

- **"断开曲线"按钮**：将曲线上的一个节点分为两个节点，将原曲线断开为两段曲线，与"连接两个节点"按钮的作用相反。
- **"延展与缩放节点"按钮**：单击属性栏中的按钮使节点变为缩放状态，然后调整相应的控制点即可。
- **"旋转与倾斜节点"按钮**：使节点变为旋转倾斜状态，在相应的控制点处拖动鼠标即可旋转倾斜所选择的节点。
- **"对齐节点"按钮**：选择需要对齐的多个节点，然后单击属性栏中的按钮，在弹出的"节点对齐"对话框中进行设置即可。
- **"选择全部节点"按钮**：单击该按钮，将选择所指定图形上的所有节点。
- **"自动闭合曲线"按钮**：将断开的两曲线节点由一条线段连接起来。

2. 其他线条工具的使用

手绘工具条还包括以下几种线条绘制工具：

- **折线工具**：单击鼠标确定曲线的起点，再移到下一个位置并单击鼠标形成一条直线，若要绘制曲线，则在折线工具状态下按住鼠标左键不放并拖动鼠标绘制所需的曲线形状，在达到所需效果后双击鼠标结束曲线的绘制。

- **3 点曲线工具**：利用 3 点定位来绘制有弧度的曲线。按住鼠标左键不放并拖动到下一个位置，此时出现一条线段，作为曲线的一个轴，再向所需方向拖动鼠标确定曲线的方向和弧度，当达到所需的弧度时单击鼠标左键，完成曲线的绘制。
- **连线器工具**：包括成角连接器和直线连接器两种连接方式，其作用是通过绘制直线或折线连接多个图形。
- **度量工具**：在属性栏中提供了 6 种标注类型和度量单位，将鼠标光标移动到图形边缘单击并按住鼠标左键不放，拖动鼠标到另一图形即可标注图形。

实训一　制作花纹书签

实训目标要求

本实训要求综合使用各种绘图工具绘制一张书签，并通过本实训掌握形状工具和手绘工具等的使用。本实训的参考效果如图 3-73 所示。

素材对应　**效果文件\模块三\书签.cdr**

图 3-73　书签效果

实训思路分析

书签的种类多种多样，其设计尺寸并没有统一的要求，因此在制作时可根据自身需要设置其长宽比例。本实训制作的书签效果主要通过各种绘图工具完成的。

结合上面的目标和分析，本例的思路如图 3-74 所示。

【步骤提示】

（1）绘制矩形并填充为白色。

（2）使用绘图工具绘制花纹（可以使用不同的绘图工具来实现），并为花纹填充不同的颜色。

（3）使用文本工具输入文字，并设置字体和字号。

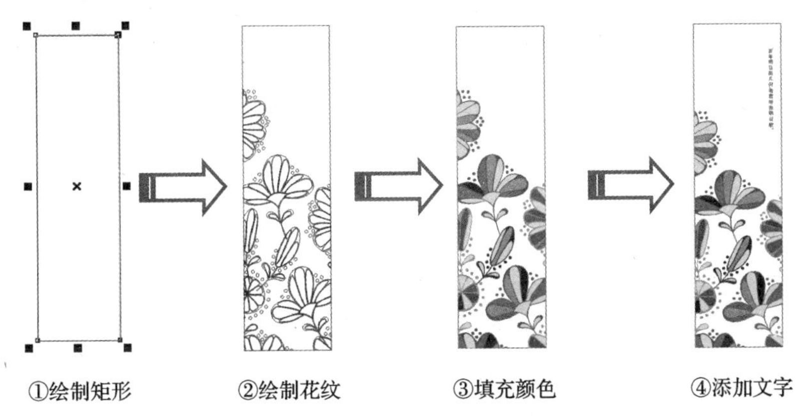

图 3-74　制作书签的思路

多学一招：怎样识别合适文字的大小

在 CorelDRAW 中，使文字的大小适合所设计的页面是非常重要的，若是一段文本，则其字体大小多为 9 pt 和 10 pt 等。印刷出来的成品中可以看到的字体大小为 4 pt 或 5 pt。在设计时，若不能很好地把握字体大小，可以将每一号大小的文本使用 A4 纸打印出来，以便于查看。

实训二　制作涂鸦插画

本实训要求制作一幅涂鸦插画，在制作的过程中熟悉绘图工具的使用以及使用形状工具编

辑图形的方法，最好能使用相对快捷的方法来实现效果。本实训的参考效果如图 3-75 所示。

素材对应 效果文件 \ 模块三 \ 涂鸦插画 .cdr

图 3-75　涂鸦插画效果

涂鸦通常指在街头用各种颜色在墙壁上绘画，做出具有强烈视觉效果的彩色图案。“涂”指随意的涂抹，“鸦”泛指颜色。因此，在制作时不要求一定是规律的平滑的图形。

根据上面的目标和分析，本例的操作思路如图 3-76 所示。

图 3-76　制作涂鸦插画的思路

【步骤提示】

（1）新建图形文件，绘制矩形并填充颜色。

（2）使用各种绘图工具绘制不规则图形，并填充颜色。

（3）继续绘制图形并填充颜色（尽量选择反差较大的颜色填充，使绘制的涂鸦更具视觉效果）。

课后实践

（1）本练习将使用矩形工具、钢笔工具和形状工具绘制杯子图形，完成后的效果如图 3-77 所示。通过练习掌握圆角矩形和弧形圆的绘制方法。

素材　素材文件 \ 模块三 \ 公司标志 .ai
对应　效果文件 \ 模块三 \ 杯子 .cdr

（2）本练习将使用钢笔工具、贝塞尔工具和形状工具绘制吉他图形的下半部分轮廓，填充后复制一个图形，再结合矩形工具、椭圆形工具、钢笔工具和形状工具绘制吉他的其他部分，完成后填充并组合图形，其最终效果如图 3-78 所示。绘制时要注意图形的排列顺序，选择图形后可通过右键菜单中的“顺序”命令调整其叠放次序，以便提高绘图效率。

素材
对应　效果文件 \ 模块三 \ 吉他 .cdr

图 3-77　杯子效果

图 3-78　吉他效果

模块四　编辑轮廓线和填充颜色

模块简介

在 CorelDRAW X4 中，可以根据需要对所绘制的图形进行各种填充，包括均匀填充、渐变填充、图样填充、底纹填充和交互式填充等，还可设置图形对象的轮廓线颜色和样式，从而得到更为丰富的图形效果。本模块将以 3 个制作实例介绍在 CorelDRAW 中编辑轮廓线和填充颜色的相关知识，包括均匀填充工具、渐变填充工具、滴管和颜料桶填充工具、“颜色”泊坞窗、交互式填充工具和交互式网状填充工具的使用，以及通过“轮廓笔”对话框、调色板和“对象属性”泊坞窗填充轮廓等。

学习目标

本模块的知识学习目标如下：

- 熟练掌握均匀填充工具和渐变填充工具的使用方法。
- 熟悉使用滴管和颜料桶工具的方法。
- 熟悉使用“颜色”泊坞窗的方法。
- 熟练掌握交互式填充和交互式网状填充的方法。
- 熟练掌握编辑轮廓线颜色的方法。
- 掌握设置轮廓的线端、箭头样式、线型和线宽的方法。
- 了解复制与移动轮廓主题。

本模块的技能学习目标如下：

- 能使用各种填充方法对图形进行填充颜色。
- 能熟练编辑图形对象的轮廓线。
- 能熟练复制图形的颜色和轮廓线属性。

任务一　制作房屋平面图

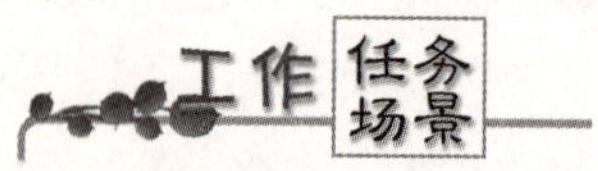

晓雪今天一早到公司后，暂无工作可做，于是决定研究 CorelDRAW。晓雪把之前做过的一

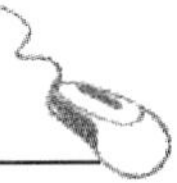

些图形效果找出来看了看，突然发现以前做过的图形都没有特别丰富的填充色彩，且都是通过调色板来填充的。晓雪找到设计师老张，问能否通过其他的方法来填充颜色，老张说："当然可以，不仅可以设置丰富的填充效果，还可以设置需要的轮廓线。今天正好需要绘制一幅房屋的平面图，在绘制的过程中你可以学习到多种填充图形的方法。"晓雪听后很高兴，心想终于又能学到有用的知识了。

行业背景知识

随着国内房地产行业的日趋规范，房地产及其相关行业所面临的竞争越来越激烈，市场对设计人员的要求也越来越高，如何将一个优秀的设计方案完美地表现出来打动客户，已成为每一个设计师和设计公司都需要认真思考的问题。

人们买房之前需要到楼盘的售楼部看房，此时就会接触到房屋的户型图。户型图就是住房的平面空间布局图，即对各个独立空间的使用功能、相应位置和大小进行描述的图形，可以非常直观地看清房屋的走向布局，如图 4-1 所示为楼盘的户型图。对设计师而言，把握房屋各个部分之间的比例与布局关系非常重要，不仅取决于对于整个房型的把握，更关系到日常生活细节。

户型图多是使用 AotoCAD 绘制，使用 CorelDRAW 同样也可以绘制。

图 4-1　户型图

工作任务分析

本任务的目标是绘制房屋的平面图。在绘制的过程中，对房屋的布局有所了解是非常重要的，如房屋应为几室几厅，其房间的分布位置如何才能合理等，这些问题都是需要认真考虑的。

本任务的最终效果展示如图 4-2 所示。要实现该效果，需要掌握以下软件技术要点。

（1）掌握使用轮廓工具的使用方法。

（2）掌握轮廓线的设置。

（3）掌握填充图形的方法。

素材对应　效果文件\模块四\户型图.cdr

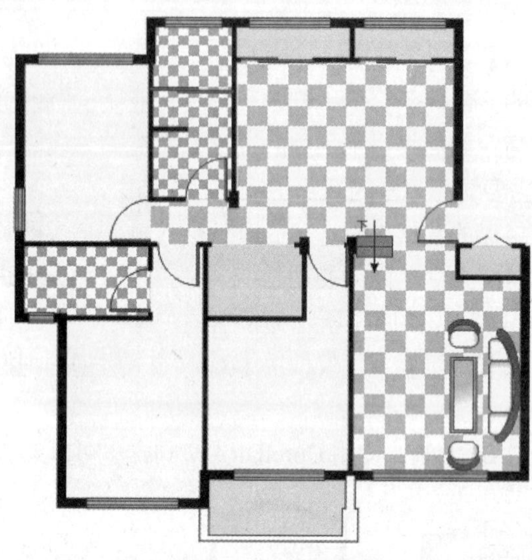

图 4-2　户型图效果

完成本任务主要包括使用轮廓工具绘制轮廓线、设置轮廓线的粗细和使用工具栏进行填充3步操作。其具体思路（图4-3）及要求如下。

（1）设置新建页面的大小，添加辅助线。

（2）沿辅助线绘制轮廓线，并设置其粗细。

（3）绘制矩形，为其设置填充色或填充图样。

（4）使用贝塞尔工具绘制沙发和茶几图形，对其进行填充和渐变填充。

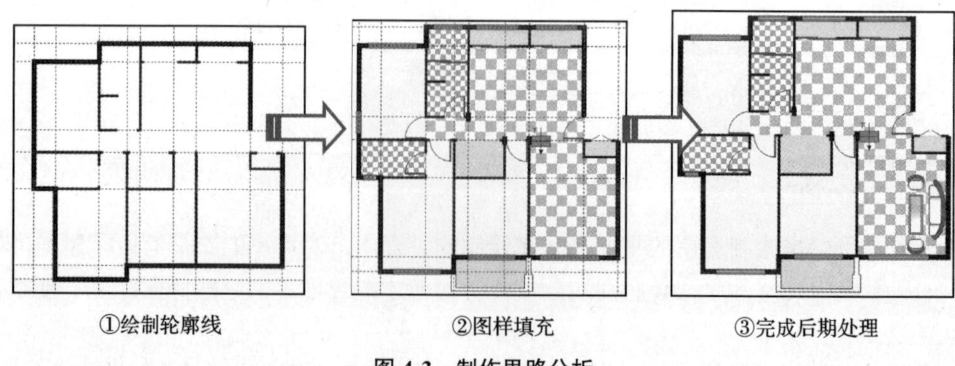

图 4-3　制作思路分析

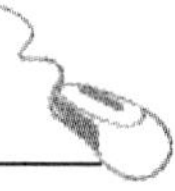

操作一　使用轮廓工具绘制平面图

新建图形文件，添加辅助线，并沿辅助线绘制平面图的大致分布。

【详细步骤】

（1）新建一个图形文件，在标尺上双击鼠标左键，打开“选项”对话框，单击 编辑刻度(S)... 按钮，在打开的“绘图比例”对话框中设置“典型比例”为 1:100。

（2）单击 确定 按钮，返回“选项”对话框，在其中设置页面的大小为 180 mm×170 mm，如图 4-4 所示。

（3）在页面中添加辅助线，如图 4-5 所示。

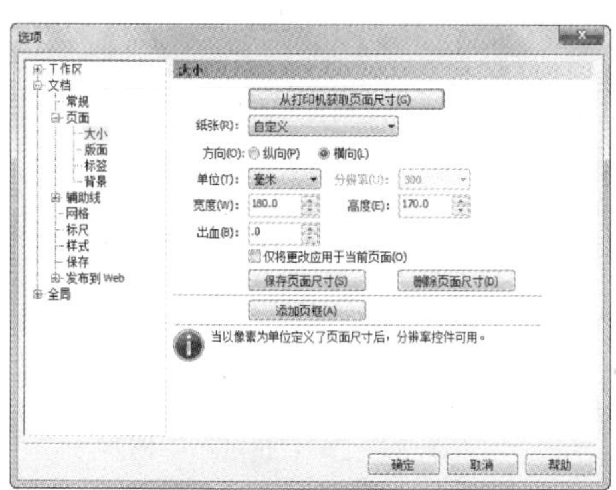

图 4-4　设置页面大小

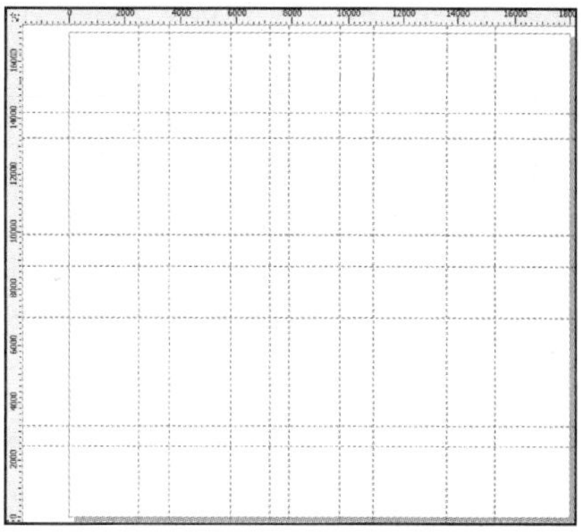

图 4-5　添加辅助线

小提示：图纸的实际大小

由于绘制图纸中实物的尺寸约为 13 m×12 m，因此在绘制之前首先要设置绘图文件的大小及比例。将比例设置为 1:100 后，页面中标尺显示的尺寸将为绘制图纸的实际尺寸，而不是页面的尺寸。

（4）选择【视图】→【贴齐辅助线】命令，启动对齐功能，然后使用贝塞尔工具沿添加的辅助线绘制平面图的外轮廓，如图 4-6 所示。

（5）使用相同的方法绘制承重墙，如图 4-7 所示。

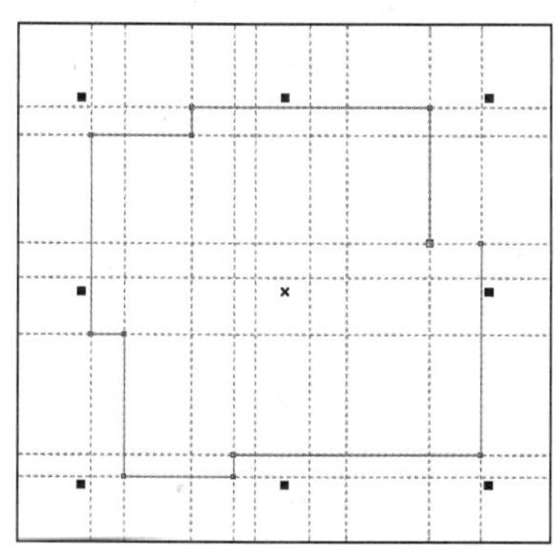

图 4-6　绘制外轮廓

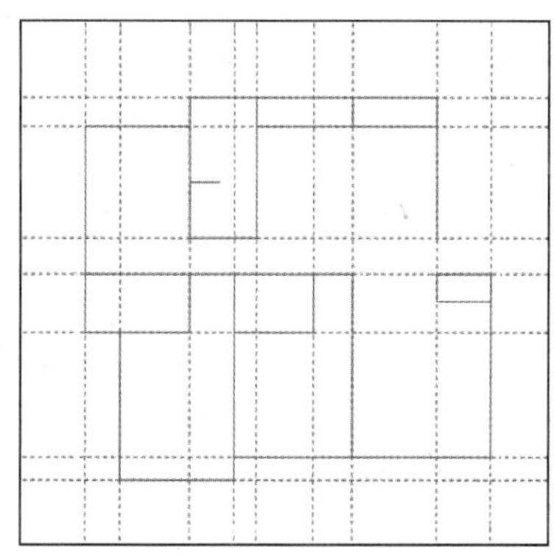

图 4-7　绘制墙面轮廓

操作二　设置轮廓线粗细

下面为操作一中绘制的线条设置轮廓粗细。

【详细步骤】

（1）选中外轮廓线，选择工具箱中的轮廓笔工具 ，或按“F12”键打开“轮廓笔”对话框，将“宽度”设置为 240 mm，选中“按图像比例显示”复选框，如图 4-8 所示，设置后的效果如图 4-9 所示。

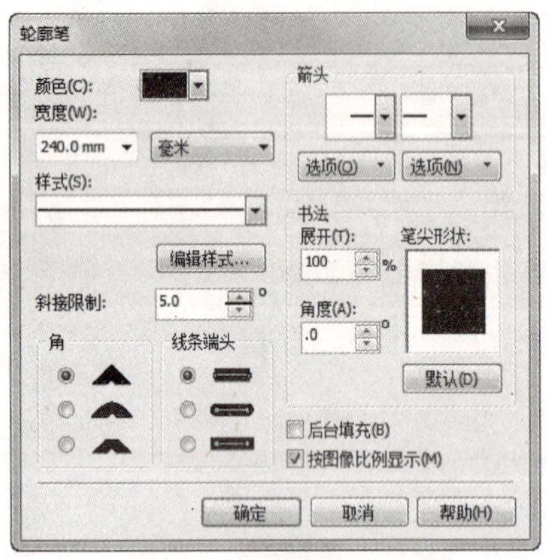

图 4-8　“轮廓笔”对话框

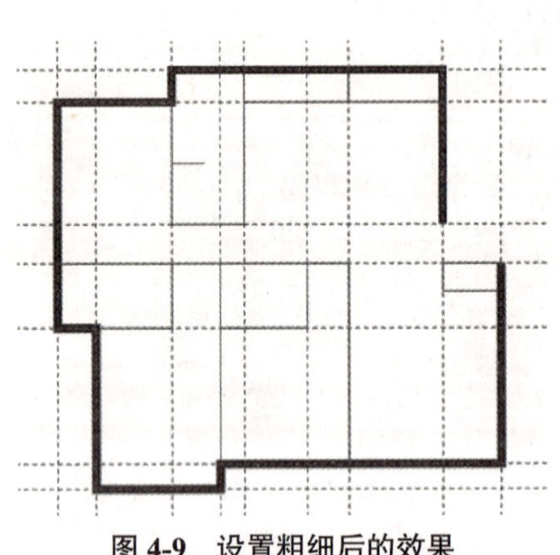

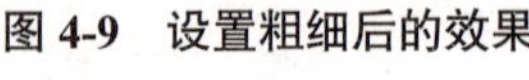

图 4-9　设置粗细后的效果

小提示：按图像比例缩放

需要注意的是，设置轮廓宽度时一定要选中“按图像比例缩放”复选框，以确保线形轮廓在放大或缩小时仍能按正常的比例显示。

（2）选择墙面的轮廓线，将其轮廓粗细设置为 120 mm，如图 4-10 所示。

（3）绘制矩形，然后使用矩形去修剪墙面轮廓，效果如图 4-11 所示。

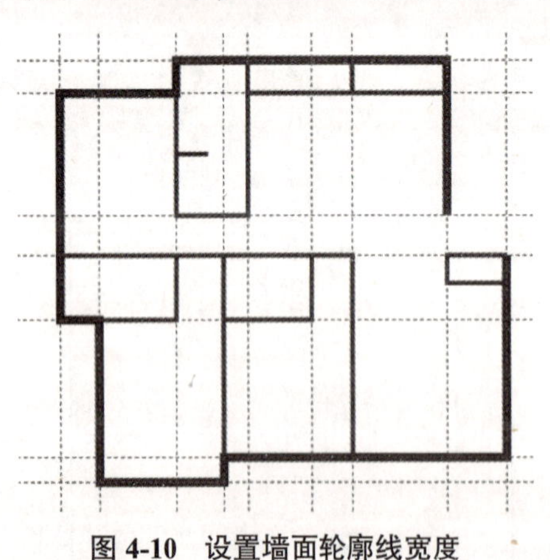

图 4-10　设置墙面轮廓线宽度

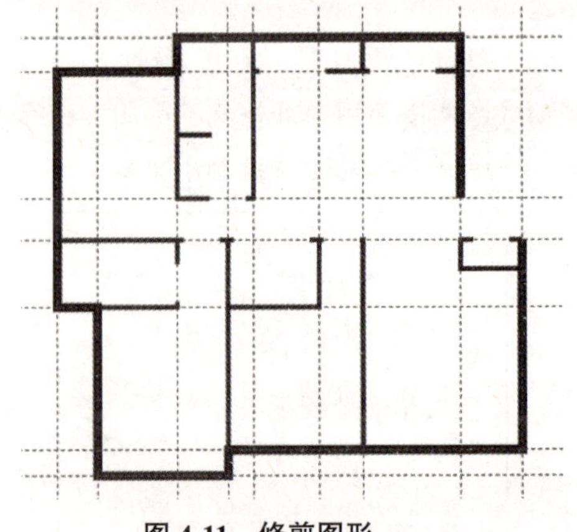

图 4-11　修剪图形

（4）使用贝塞尔工具 沿墙面轮廓绘制直线，然后设置其轮廓宽度为 240 mm，绘制承重柱，如图 4-12 所示。

（5）绘制矩形和直线，再由上至下绘制一条垂直直线作为楼梯图形，在属性栏中的“终止箭头选择器”下拉列表框中选择箭头样式，设置后的直线效果如图 4-13 所示。

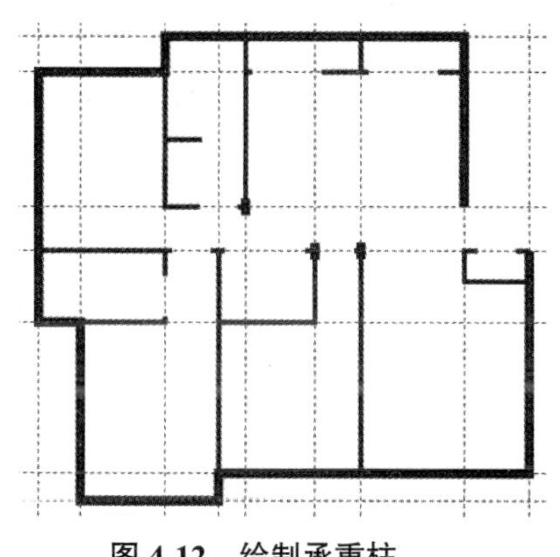

图 4-12　绘制承重柱

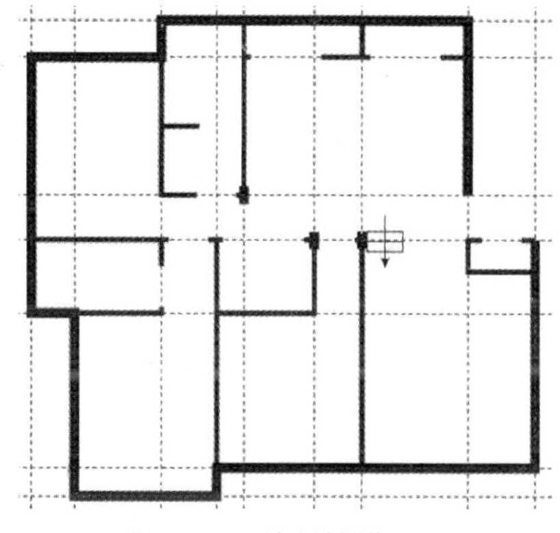

图 4-13　绘制楼梯

（6）使用文本工具 字 输入文本“下”，在属性栏中设置其字体为“微软雅黑”，字号为 8 pt，将其移至绘制的矩形上方，表示向下的楼梯。

（7）绘制图 4-14 所示的矩形，作为阳台。

（8）选择这 3 个矩形，将其焊接为一个整体。

（9）继续绘制一个白色矩形，并设置宽度为 2 400 mm，高度为 240 mm，然后将绘制的矩形移动到墙体上，作为窗户图形。

（10）按住“Shift”键，将鼠标光标移动到矩形中间的控制点上，按鼠标左键并向下拖动至合适的位置，在不释放鼠标左键的情况下单击鼠标右键，将矩形在垂直方向上缩小并复制，制作出窗户图形，如图 4-15 所示。

（11）根据相同的方法绘制出其他窗户图形。

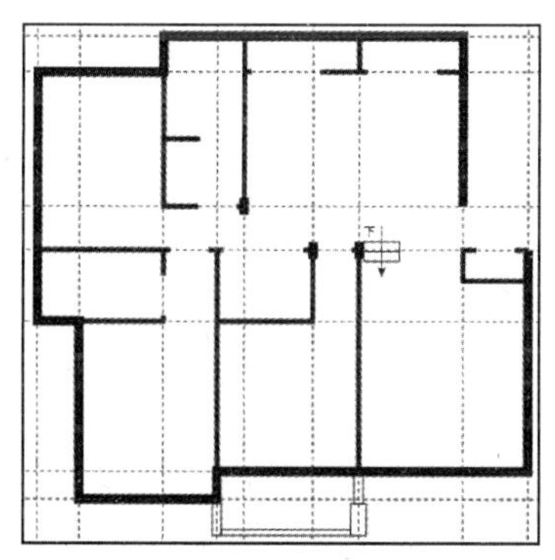

图 4-14　绘制阳台图形

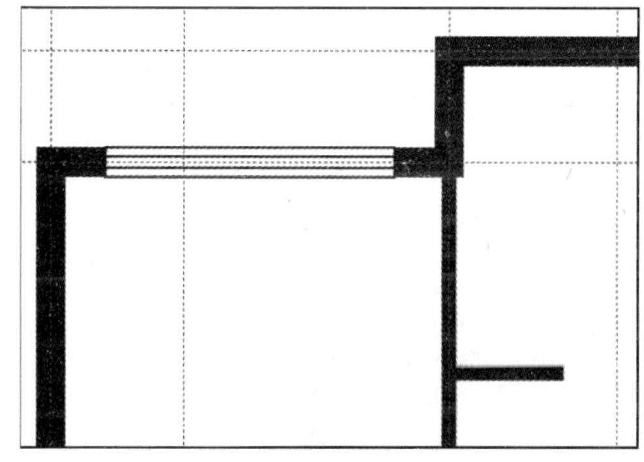

图 4-15　绘制窗户图形

（12）使用椭圆形工具绘制直径为 2 000 mm 的圆，保留 1/4 的弧形部分，使用矩形在弧线左侧绘制一个矩形组合成门图形，如图 4-16 所示。

（13）用移动复制、镜像复制和旋转等操作命令，将绘制的门图形依次复制后分别放置在图纸中安装门的各个位置，如图 4-17 所示。

（14）在卫生间、阳台和厨房位置依次绘制推拉门图形，然后使用贝塞尔工具绘制线段作为储物室的门，如图 4-18 所示。

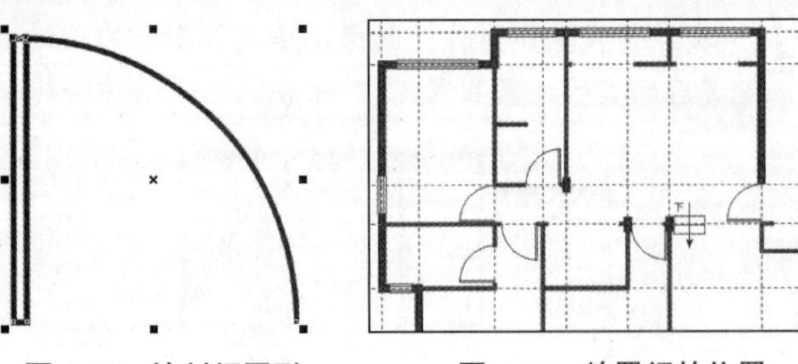

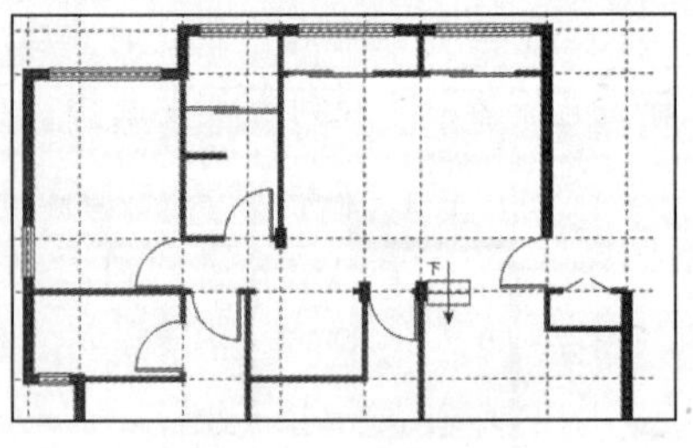

图 4-16　绘制门图形　　图 4-17　放置门的位置　　图 4-18　绘制推拉门

操作三　使用填充工具进行填色

图形绘制完成后，即可对平面图进行颜色填充。下面对房屋平面图中的地板等设置填充颜色。

【详细步骤】

（1）沿房间大小绘制矩形，选择工具箱中的填充工具 ，在弹出的菜单中选择“均匀填充”命令，或按“Shift+F11”键打开“均匀填充”对话框。

（2）在“组件”栏中设置 Y 为 10，其他为 0，单击 确定 按钮即可为矩形填充浅黄色，如图 4-19 所示。

多学一招：通过预览框设置颜色

单击对话框左侧的颜色预览框也可设置颜色，设置后的颜色数值会在“组件”栏中显示出来，同时在右侧的“参考”栏中可预览到所选择的颜色以及上次所选颜色的对比情况。

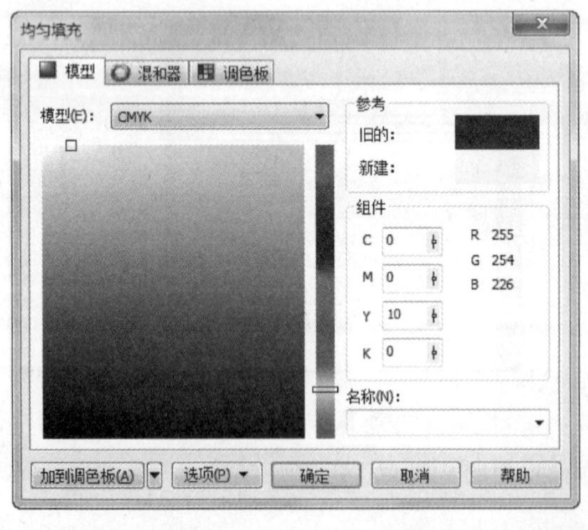

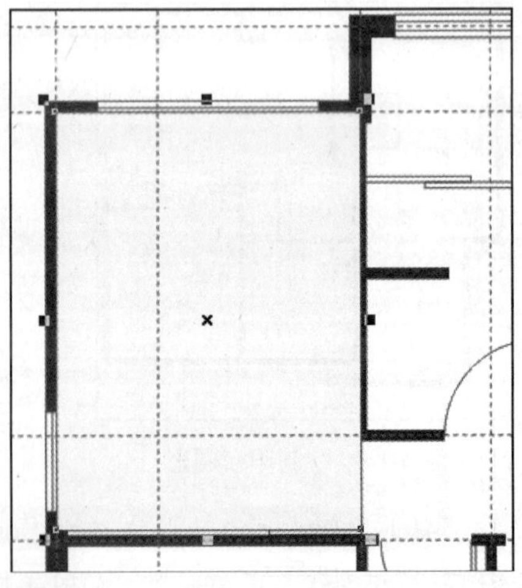

图 4-19　设置填充颜色

（3）按“Shift+Page Down”键将矩形放置在最底层（注意为图形填充颜色或图案后都要调整到建筑墙体的下方），取消轮廓线。

（4）使用相同的方法绘制其他房间的地板并填充颜色，除了卧室的房间外，其他房间的颜

色为浅绿（C:10 Y:10），如图 4-20 所示。

（5）在主卧的卫生间中绘制矩形，选择工具箱中的填充工具，在弹出的菜单中选择“图样填充”选项，打开“图样填充”对话框，在图形的下拉列表框中选择需要的图案，然后单击“前部”后的按钮，在弹出的下拉列表框中选择白色块。使用相同的方法设置“后部”的颜色。

（6）在“大小”栏中设置宽度和高度都为 5 mm，然后选中“将填充与对象一起变换”复选框，如图 4-21 所示。

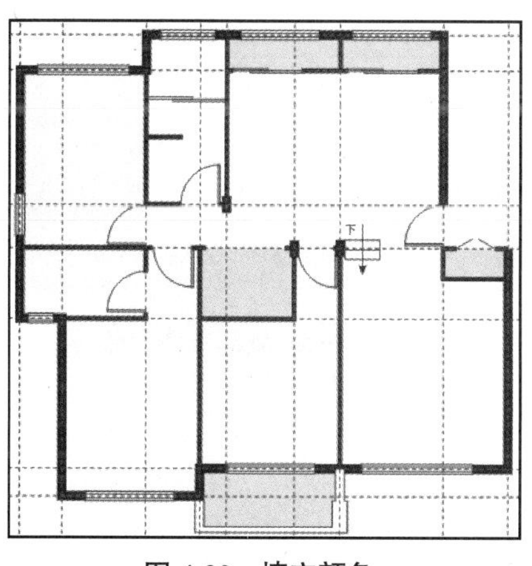

图 4-20　填充颜色

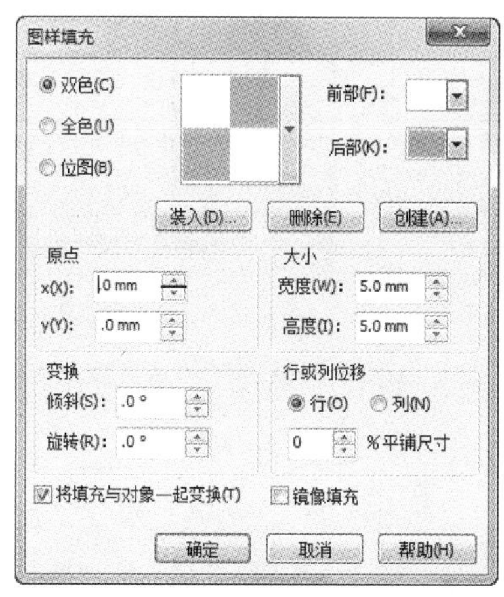

图 4-21　“图样填充”对话框

（7）单击 确定 按钮应用填充，选择【排列】→【顺序】→【置于此对象后】菜单命令，将鼠标光标移动到承重墙体图形上单击，将填充图样后的矩形放置到承重墙体的后面，取消轮廓线，如图 4-22 所示。

（8）在其他相应位置绘制矩形，然后按“Alt”键选择填充图样的矩形，使用鼠标右键移动到需要填充相同图样的矩形上释放鼠标，在弹出的快捷菜单中选择“复制全部属性”命令复制属性，如图 4-23 所示。

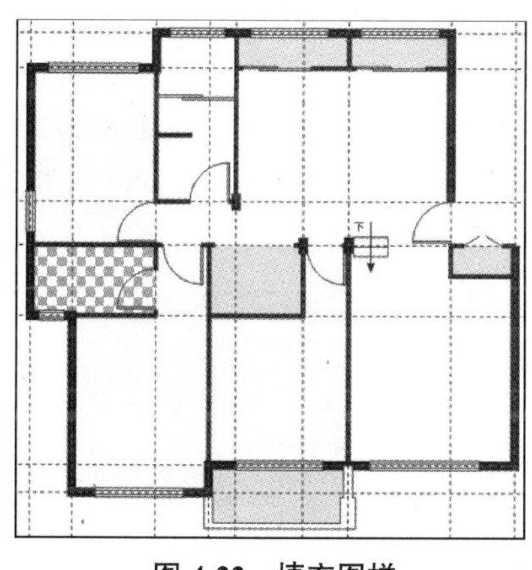

图 4-22　填充图样

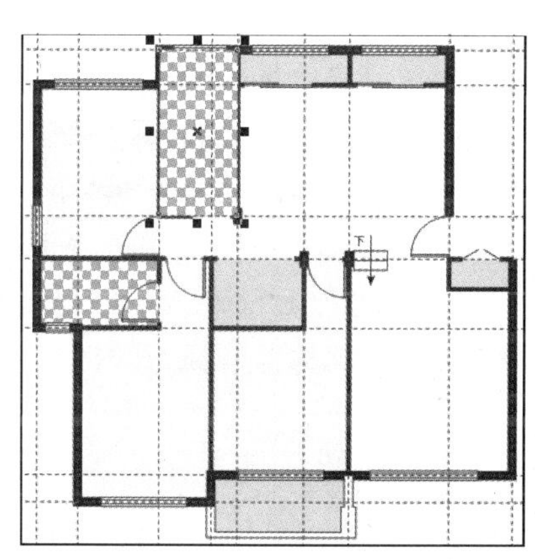

图 4-23　复制属性

（9）使用相同的方法将矩形移至墙体的后面。

（10）使用相同的方法为客厅进行图样填充，其颜色和大小可随意设置，绘制后的效果如图 4-24 所示。

（11）使用前面讲述的方法继续为窗户、门和楼梯等图形中的矩形填充颜色，如图 4-25 所示。

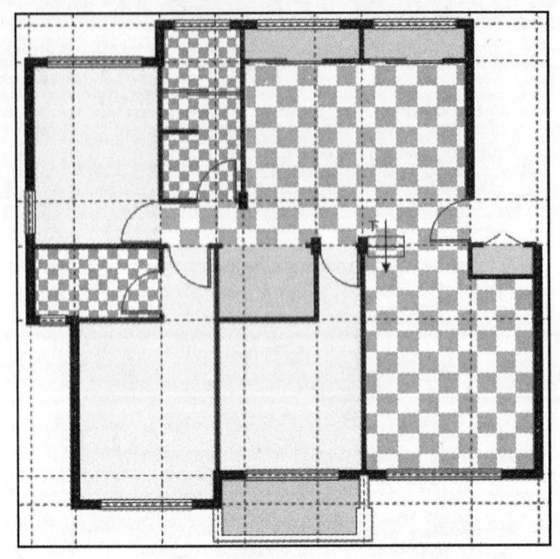

图 4-24　设置客厅的填充图样

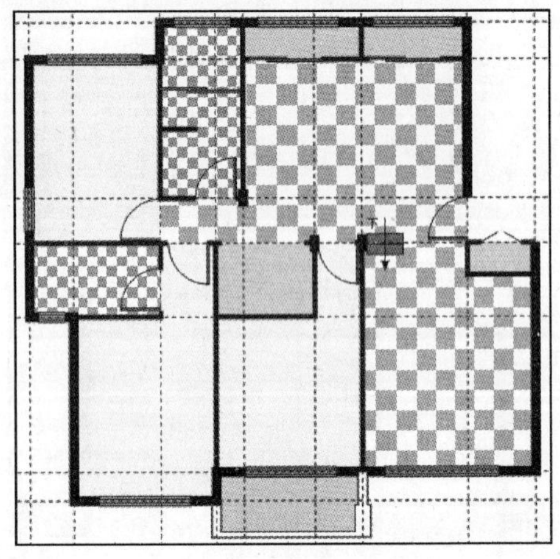

图 4-25　填充其他图形

小提示：设置双色图样的其他颜色

使用双色填充时，其对话框中有“前部”和“后部”两个下拉列表框，通过这两个下拉列表框可以设置双色图案的颜色，也可单击 其它(O)... 按钮，在打开的“选择颜色”对话框中自定义颜色。

（12）使用贝塞尔工具、矩形工具和椭圆形工具绘制沙发和茶几图形。

（13）选中茶几图形，选择工具箱中的填充工具，在弹出的菜单中选择“渐变填充”命令，或按“F11”键打开“渐变填充”对话框。

（14）选中“自定义”单选项，用鼠标单击其左侧的黑色方块■，然后在右侧的颜色选择框中单击色块即可设置渐变的起始色，如果没有需要的颜色可以单击 其它(O)... 按钮，在打开的“渐变填充”对话框中进行选择。在渐变颜色设置框的上边缘双击插入过渡色彩控制点，标记为一个黑色倒三角形▼。选择▼控制点时，在右侧颜色选择框中设置其颜色，拖动该控制点可以移动过渡色彩的位置。然后单击右侧的白色方块，设置渐变的终止色，如图 4-26 所示。

（15）在“选项”栏中的“角度”数值框中设置渐变填充的倾斜角度，在“边界”数值框中设置颜色过渡宽度，单击 确定 按钮，效果如图 4-27 所示。

多学一招：使用鼠标拖动设置渐变填充的倾斜角度

在“选项”栏右侧中的颜色块中使用鼠标拖动也可设置渐变颜色的倾斜角度。

（16）在茶几图形上绘制一个小一些的矩形，使用前面讲述的方法为其填充颜色，然后按照同样的方法为其他图形设置颜色，最终效果如图 4-2 所示。

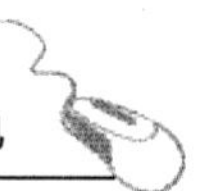

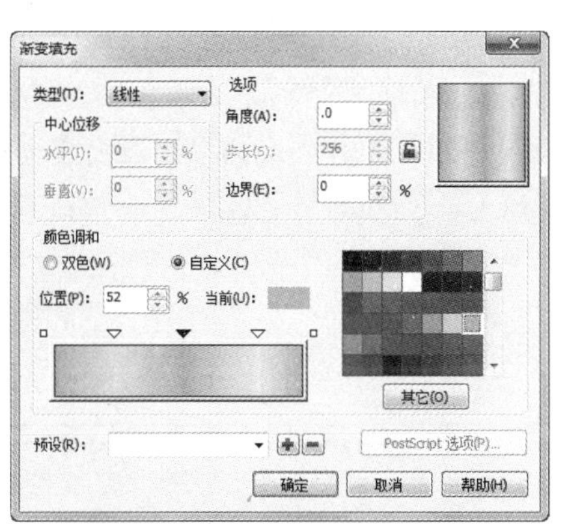

图 4-26　“渐变填充”对话框

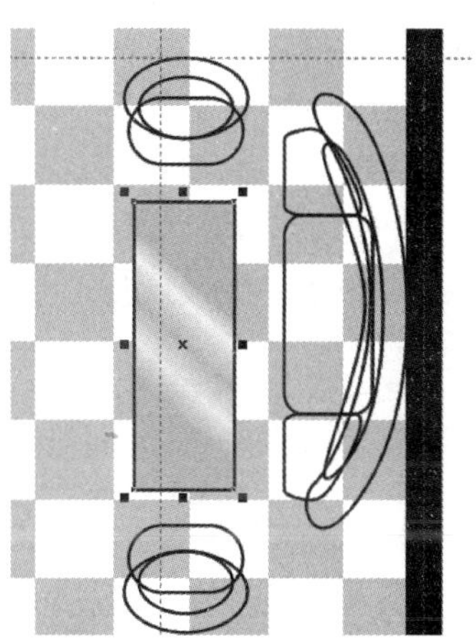

图 4-27　填充后的效果

本例讲解了房屋平面图的绘制，主要练习了轮廓线的设置、均匀填充、渐变填充和图样填充工具的使用方法。关于 CorelDRAW 中颜色的填充有以下几点使用技巧和注意事项。

在“均匀填充”对话框中提供了 3 种调色模式，包括模型模式、混合器模式和调色板模式。其中模型模式调色方式提供了完整的色谱，在“模型”下拉列表框中选择颜色模式。单击“混合器”选项卡，可通过组合其他颜色生成新的颜色，通过旋转色环或从“色度”下拉列表框中选择颜色的形状样式，单击色环下方的颜色块可以选择所需的颜色，拖动“大小”滑条可以调整颜色的数量，如图 4-28 所示。单击“调色板”选项卡，在“调色板”下拉列表框中可选择需要的调色板，如图 4-29 所示。

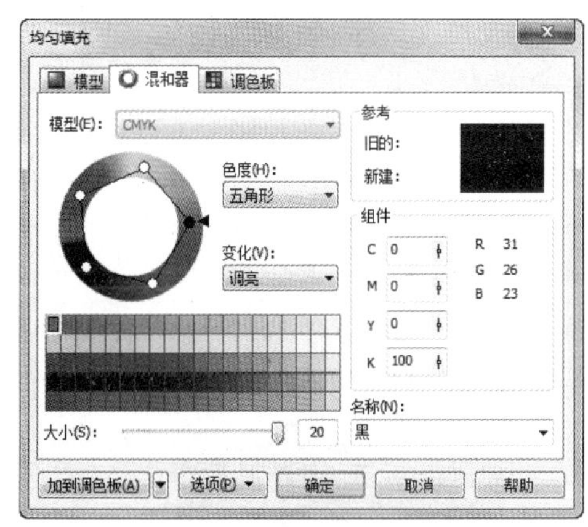

图 4-28　混合器模式

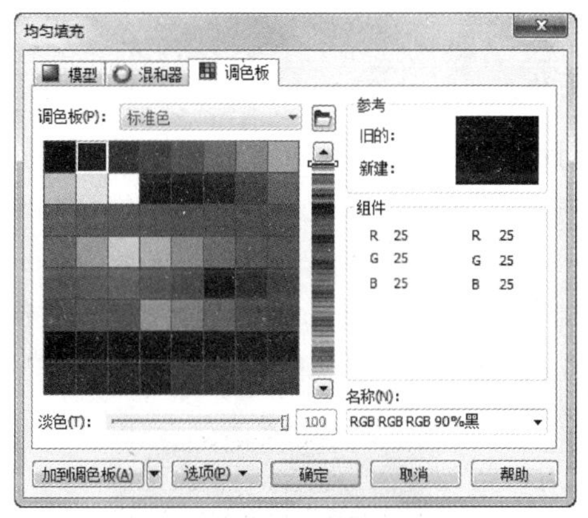

图 4-29　选择调色板

1．其他填充工具

下面对任务中未使用到的填充工具进行补充讲解。

- **PostScript 填充**：是利用 PostScript 语言设计的一种图样填充方式，它是建立在数学公式基础上的，但使用该填充会占用较多的系统资源，因此一般不常用。其方法为：选择工具箱中的填充工具，在弹出的菜单中选择“PostScript 填充”命令，可在打开的“PostScript 填充”对话框中设置相关参数。

- **底纹填充**：在选择对象后单击工具箱中的填充工具，在弹出的菜单中选择“底纹填充”命令，可在打开的“底纹填充”对话框中设置相关参数。在“底纹库”下拉列表框中可选择底纹库，在“底纹列表”列表框中可选择底纹样式。

多学一招：常用色值

对于一些比较常用的颜色要熟记其 CMYK 值，如白（C:0, M:0, Y:0, K:0）、黑（C:0, M:0, Y:0, K:100）和红（C:0, M:100, Y:100, K:0）等。

多学一招：清除填充内容和轮廓样式

选择图形对象后，按住工具箱中的填充工具不放，在弹出的菜单中选择“无”选项可清除填充内容；按住工具箱中的填充工具不放，在弹出的菜单中选择“无”选项可清除轮廓线样式。

2. 交互式填充

交互的意思是指可以即时观看操作的效果。交互式工具包括交互式填充工具和网状填充工具，下面将分别对其进行讲解。

- **交互式填充**：交互式填充和渐变填充相似，但通过交互式填充工具设置图形的填充更加方便快捷。选择一个图形，单击工具箱中的交互式填充工具，在图形中拖动即可填充，在其属性栏中可选择填充的类型和颜色等，也可直接将“颜色”泊坞窗中设置好的颜色块或调色板中的颜色块拖至填充线上，如图 4-30 所示。
- **网状填充**：使用交互式网状填充工具选择图形时，被填充对象上将出现分割网状填充区域的经纬线。用户选择其中的一个或多个节点后，可以分别为其填充不同的颜色，而且每个区域的大小可以随意设置，从而创造出自然而柔和的过渡填充效果。其方法为：选择需要填充的图形对象，在工具箱中选择交互式网状填充工具，此时在对象上将出现分割网状填充区域的经纬线，使用鼠标选择某个节点，对其填充不同的颜色即可，如图 4-31 所示。

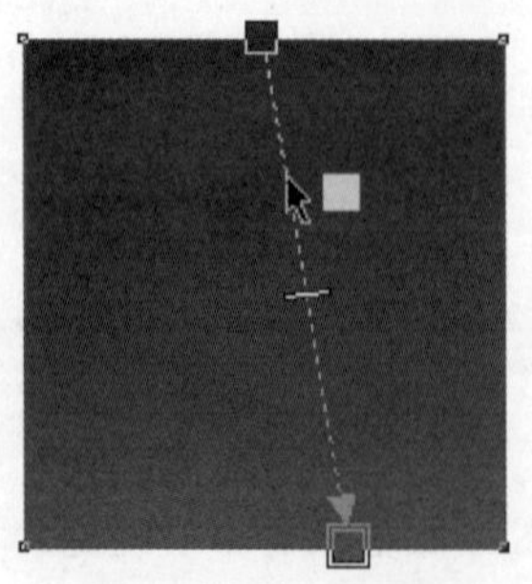

图 4-30 交互式填充

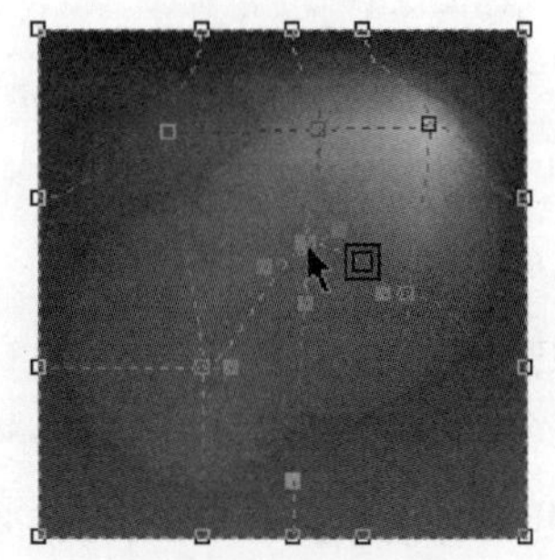

图 4-31 网状填充

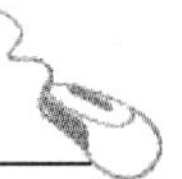

知识提示：交互式填充工具的功能

进行图案填充和纹理填充时，使用交互式填充工具可以直观地设置图案的位置、大小和倾斜等属性。

任务二　制作邀请卡

工作任务场景

经过上次房屋平面图的绘制，晓雪对轮廓线的知识已经有了新的了解。晓雪心想，上次的绘制过程中只是对轮廓线的粗细进行设置，要是想对轮廓线进行填色怎么办。老张告诉晓雪："当然可以根据需要对轮廓线设置颜色，不仅如此，还可以设置轮廓线的样式呢。正好这里有家幼儿园需要制作一张家长会的邀请卡，你不仅可以熟悉颜色的填充等知识，还可以学习新内容，如交互式调和和阴影等。"晓雪听后很开心，便积极地开始做制作前的准备工作了。

行业背景知识

日常生活中，较为正式的场合都是事先对邀请的人员发放邀请卡，如召开各种会议，举行各种典礼、仪式和活动，均可以使用。邀请卡也被视为我们平时接触的请柬，使用邀请卡，既可以表示对被邀请者的尊重，又可以表示邀请者对此事的郑重态度。因此，在设计款式和装帧上应美观、大方和精致，使被邀请者体会到主人的热情与诚意，并为此感到喜悦和亲切。

除了使用邀请卡外，还可以使用邀请函，邀请函是邀请亲朋好友、知名人士或专家等参加某项活动时所发的请约性书信，是现实生活中常用的一种日常应用写作文种。商务礼仪活动邀请函的主体内容符合邀请函的一般结构，由标题、称谓、正文和落款组成。但要注意在设计时应简洁明了，无太多文字。

小提示：邀请函和邀请卡的区别

邀请函和邀请卡的构成相似，只是邀请函多为简洁的书信形式。随着社会的发展，邀请卡和邀请函并没有什么特殊的区别。

工作任务分析

本任务要求为幼儿园制作家长会的邀请卡。设计时注意应符合其幼儿园的特征，不能太过形式化。制作完成后的最终效果展示如图 4-32 所示。要实现该效果，需要掌握以下软件技术要点：

（1）掌握设置轮廓线样式和颜色的方法。

（2）掌握使用调色板填充颜色的方法。

（3）掌握交互式调和工具和交互式阴影工具的使用。

（4）掌握设置交互式调和图形属性的方法。

素材对应

素材 **素材文件 \ 模块四 \ 邀请卡素材图形 .cdr**

效果 **效果文件 \ 模块四 \ 邀请卡 .cdr**

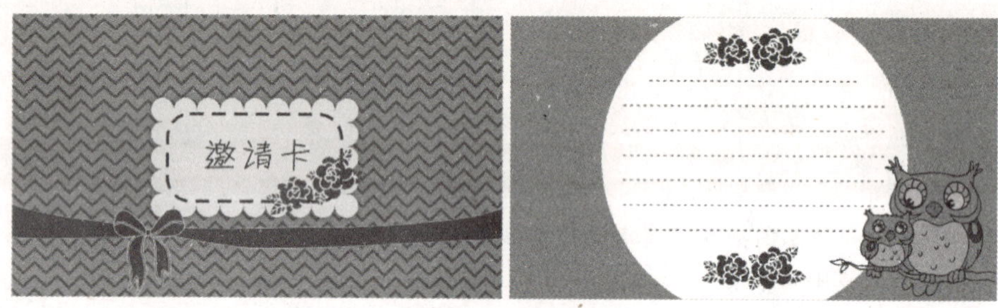

图 4-32　邀请卡效果

制作思路分析

完成本任务主要包括设置轮廓线、使用调色板填充，以及交互式调和与阴影 3 步操作，其具体思路（图 4-33）及要求如下：

（1）使用交互式调和工具与其他绘制工具制作邀请卡的背景。

（2）使用交互式阴影工具制作阴影。

（3）绘制轮廓线，并对其设置样式和颜色。

（4）添加文本并导入素材图形。

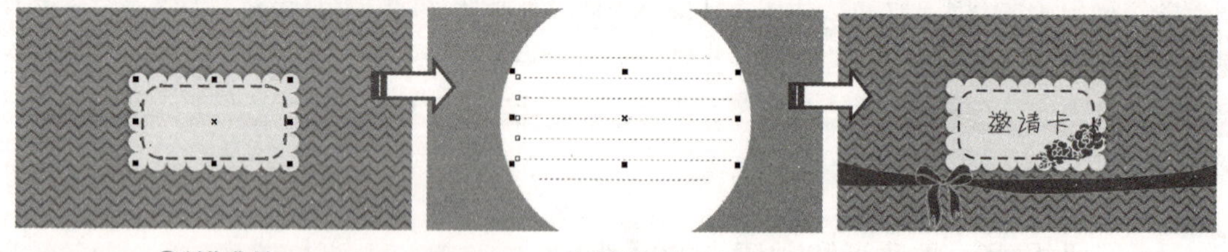

①制作背景　　②绘制虚线　　③完成制作

图 4-33　制作思路分析

操作一　交互式调和与阴影

新建图形文件，绘制矩形和圆形等图形，然后使用交互式调和工具和交互式阴影工具制作

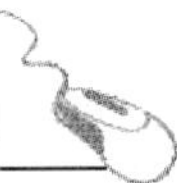

邀请卡的背景。

【详细步骤】

（1）新建图形文件，绘制大小为 180 mm×100 mm 的矩形，在调色板中单击冰蓝色块为其填充颜色。

（2）使用矩形工具 和椭圆形工具 绘制如图 4-34 所示的图形，并填充为浅黄。

（3）使用贝塞尔工具 在绘图区的空白位置处绘制折线图形，然后按住“Ctrl”键向下方拖动复制折线图形。

（4）选中折线图形，选择工具箱中的交互式调和工具 ，在折线图形上按住“Ctrl”键和鼠标左键不放并向上拖至折线图形上进行调和，释放鼠标后得到图 4-35 所示的效果。

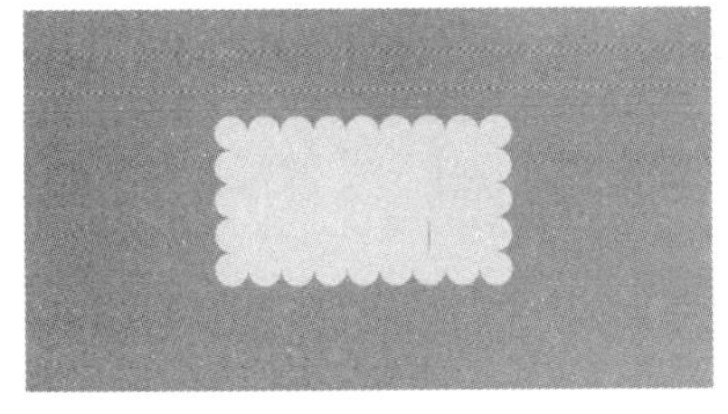

图 4-34　绘制矩形和圆形

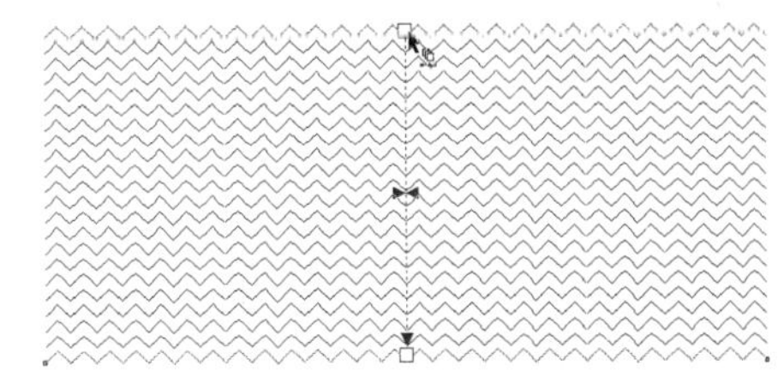

图 4-35　调和图形的效果

（5）选择绘制的矩形和圆形图形，按“Ctrl+G”键群组。选择工具箱中的交互式阴影工具 ，将鼠标从图形中间位置拖动，然后释放鼠标和按键，创建图 4-36 所示的阴影效果。

（6）在属性栏中的“阴影不透明度”和“阴影羽化”数值框 中输入 20 和 10，按“Enter”键应用设置，如图 4-37 所示。

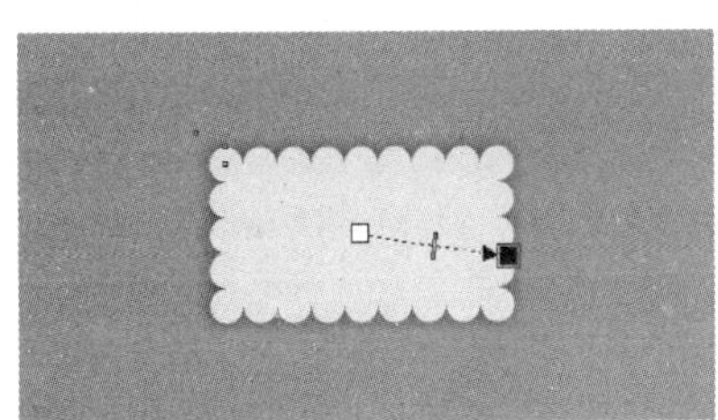

图 4-36　添加阴影

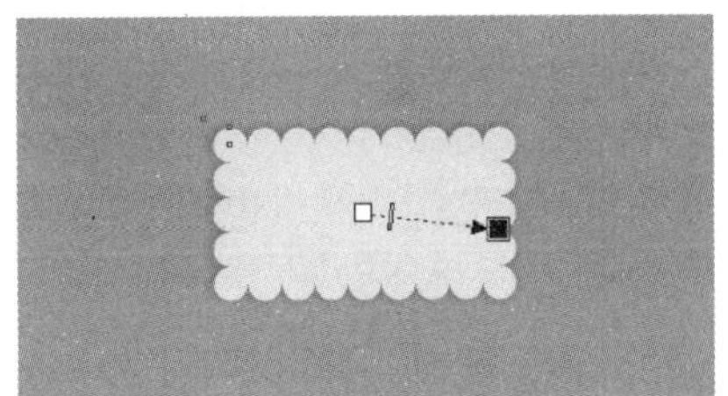

图 4-37　设置阴影效果

多学一招：清除调和与阴影效果

只要对图形应用了交互式工具组中的特殊效果，单击其属性栏中的 按钮即可清除。

操作二　设置轮廓线

下面对使用了交互式调和效果的折线图形设置相应的轮廓属性。

【详细步骤】

（1）选择折线图形，单击工具箱中的轮廓工具 不放，在展开的菜单中选择“轮廓颜色”

命令，或按“Shift+F12”键打开“轮廓颜色”对话框，在对话框中设置相应的颜色即可，效果如图 4-38 所示。

（2）按“F12”键打开“轮廓笔”对话框，在其中设置轮廓的粗细为 1 mm，选中“后台填充”和“按图像比例填充”复选框，单击 确定 按钮后效果如图 4-39 所示。

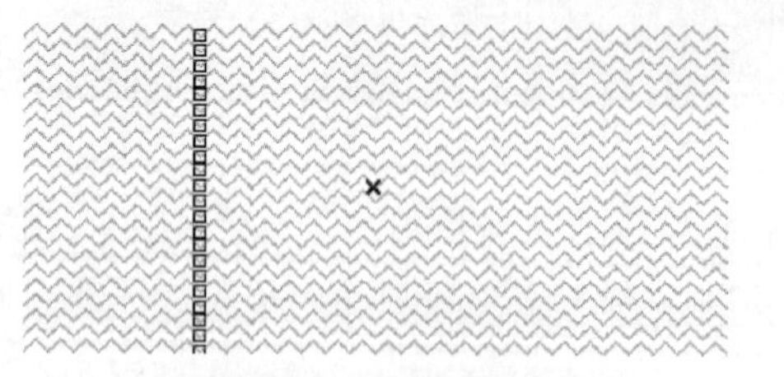

图 4-38　设置轮廓颜色

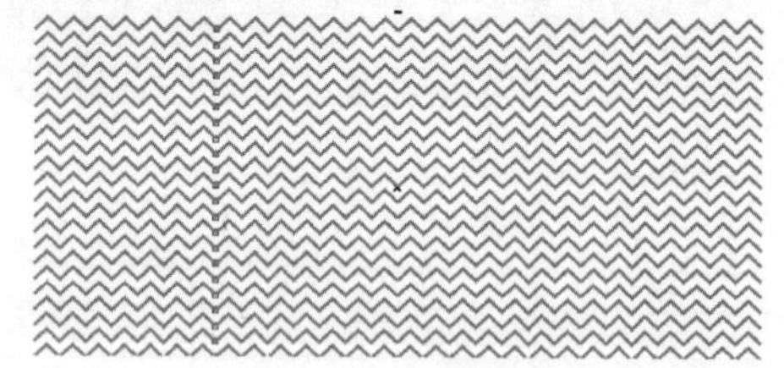

图 4-39　设置轮廓粗细

（3）将图形移到矩形的上方，选择【效果】→【图框精确裁剪】→【放置在容器中】菜单命令，然后单击矩形，将其放置到矩形中。

（4）在矩形中间绘制一个稍小的矩形，并转换为圆角矩形，在属性栏中设置粗细为 1 mm，然后打开“轮廓笔”对话框，在其中设置轮廓线的颜色，并在“样式”下拉列表框中选择一种虚线的样式，单击 确定 按钮后效果如图 4-40 所示。

（5）在矩形中间输入文本“邀请卡”，设置字体为“汉仪丫丫体简”，字号为 36 pt，颜色为蓝色，如图 4-41 所示。

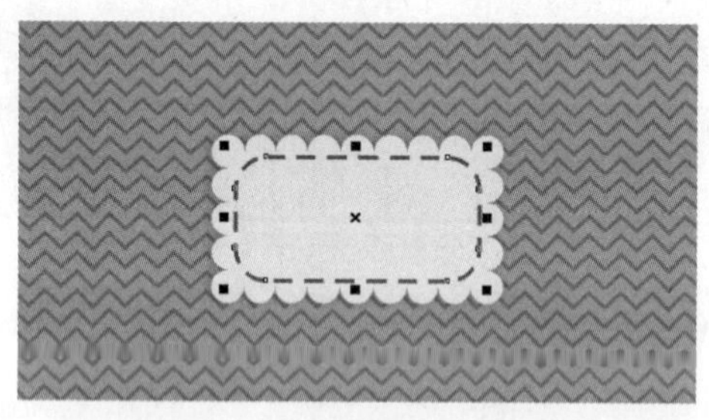

图 4-40　设置轮廓样式

图 4-41　添加文本

操作三　使用调色板填充

下面制作邀请卡的背面，填充颜色时使用调色板中的颜色进行填充，然后为邀请卡添加素材图形即可。

【详细步骤】

（1）绘制相同大小的矩形，并复制正面矩形的颜色。

（2）从中心绘制圆形，在调色板中选择白色块并单击左键，填充为白色，选择【效果】→【图框精确裁剪】→【放置在容器中】菜单命令，然后单击矩形，将其放置到矩形中，如图 4-42 所示。

（3）绘制直线，然后在属性栏中设置轮廓线的样式和粗细，利用鼠标右键单击调色板中的蓝色块，设置轮廓线的颜色。

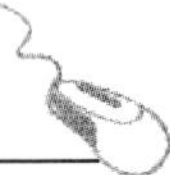

（4）复制直线，选择工具箱中的交互式调和工具 ，在折线图形上按住“Ctrl”键和鼠标左键不放并向上拖至折线图形上进行调和。

（5）在属性栏中的“步长或调和形状之间的偏移量”数值框 5 中输入 5，设置后的效果如图 4-43 所示。

图 4-42　绘制椭圆

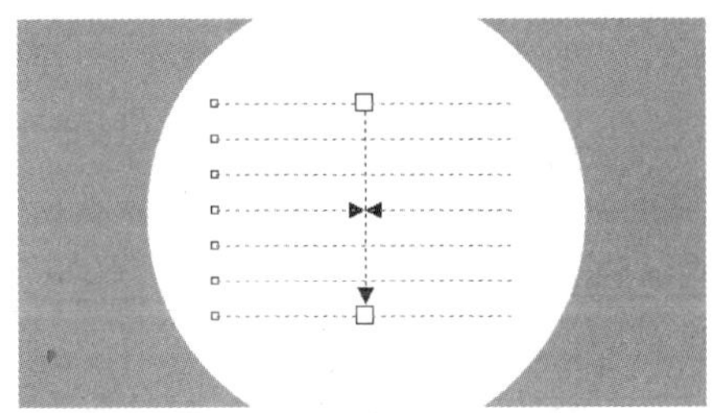

图 4-43　设置调和效果的偏移量

多学一招：通过微调按钮调整步长

单击“步长或调和形状之间的偏移量”数值框 5 右侧的微调按钮也可控制步长量。

（6）选择【排列】→【打散调和群组】菜单命令，或按“Ctrl+K”键打散调和的直线群组，然后选择中间的 5 条线，按住“Shift”键向两边拖动，调整线的长度，如图 4-44 所示。

（7）导入“邀请卡素材图形 .cdr”图形文件，单击属性栏中的“取消全部群组”按钮解散群组，选择需要的图形单击调色板中的颜色块填充颜色，按“Ctrl+G”键群组图形组，放置到相应的位置，如图 4-45 所示。

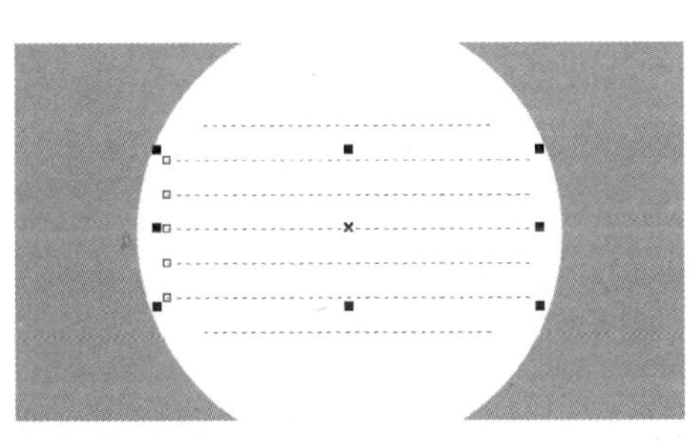

图 4-44　打散调和群组

图 4-45　导入素材图形

本任务主要讲解了交互式调和工具、交互式阴影工具的使用，以及设置轮廓线的样式和颜色等，轮廓线的样式主要通过“轮廓笔”对话框进行设置，颜色的填充主要通过调色板实现。下面对本任务中涉及的知识点进行补充讲解。

1. 交互式调和的类型

调和又称渐变或融合，是指把图形通过一定方式变成另外一种图形的平滑过渡效果，在两个图形对象之间会生成一系列的中间过渡对象。调和只能对矢量图产生效果，对于位图不能产生效果，包括形状和颜色轮廓的调和。

CorelDRAW X4 中的调和方式包括：直线调和、路径调和与复合调和等，实际运用中可以根据需要确定调和的类型。

- **直线调和**：直线调和指变形的图形对象沿直线变化，是使用调和工具在图形之间拖动而成的调和方式，可使用交互式调和工具和“调和”泊坞窗实现，如图 4-46 所示。
- **路径调和**：路径调和指图形对象沿着指定的路径进行调和，包括沿手绘线调和和沿路径调和，其中路径可以是图形、文本、符号和线条等。其方法为：任意绘制一条路径，然后选择已经创建好的调和对象，单击属性栏中的“路径属性”按钮，在弹出的菜单中选择“新路径”命令，将鼠标指针移到绘图区中，当指针变为形状，单击绘制的路径即可完成路径调和（也可利用鼠标右键将调和对象拖至路径上，释放鼠标在弹出的快捷菜单中选择“使调和合适路径”命令），如图 4-47 所示。
- **复合调和**：复合调和指两个以上的图形相互创建的调和，这样可以生成链状的系列调和。其方法为：创建两个图形对象之间的调和后，选择其中一个原始图的对象与任意其他图形对象创建调和，即可形成复合调和，如图 4-48 所示。

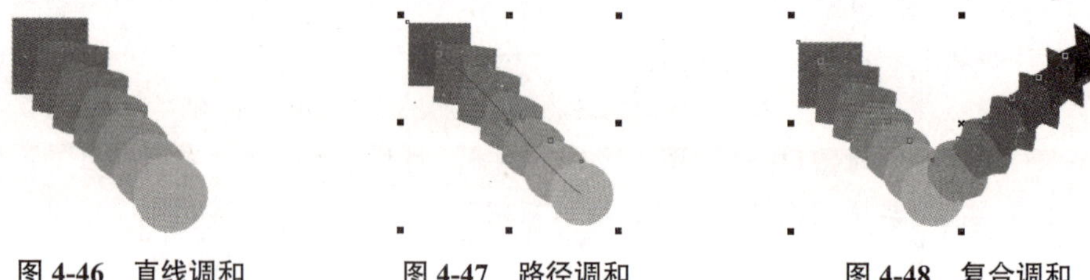

图 4-46 直线调和　　图 4-47 路径调和　　图 4-48 复合调和

通过如图 4-49 所示的属性栏可对调和对象进行设置。

图 4-49 交互式调和工具的属性栏

多学一招：改变调和对象的位置

拖动调和对象中的起始控制柄和结束控制柄，可以改变起始对象和结束对象的位置。

2. 交互式阴影工具的属性栏

为图形对象添加阴影效果后，可以通过其属性栏设置阴影的透明度、羽化、明暗程度和颜色等，如图 4-50 所示。

图 4-50 交互式阴影工具的属性栏

多学一招：拆分阴影

添加阴影效果后，在创建阴影上单击鼠标右键，在弹出的快捷菜单中选择“打散 阴影群组”命令将阴影与图形分离。

任务三　制作墙绘效果图

工作任务场景

这几天，公司负责的一个大的广告设计项目已基本完成，客户还在审稿中，所以工作时间比较轻松。晓雪准备进一步学习 CorelDRAW 软件中轮廓线和颜色填充的相关知识。老张看了看正在绘制一些花纹的晓雪，说：“你这绘制的花纹还是不错啊，要是喜欢，可以尝试绘制一幅墙绘效果图。”晓雪一听就来了兴致，正好利用这个机会练习绘制一幅森林气息的墙绘花纹，完成后还可以发表到自己的博客上炫一下。

行业背景知识

墙绘是指以绘制、雕塑或其他造型手段在天然或人工墙壁面上绘制的画。作为建筑物的附属部分，墙绘的装饰和美化功能使其成为环境艺术的一个重要方面。墙绘具备特有的场景适应能力，不论怎样的装修风格，在有墙面的地方总可设计出一款壁画来画龙点睛，为整体装饰效果增色添彩。墙绘主要适用于家庭、企业和店面等装饰，还适用于街道、小区外观形象等场合。图 4-51 所示为家庭墙绘。图 4-52 所示为楼房墙上的墙绘图案。

图 4-51　家庭墙绘

图 4-52　楼房墙上的墙绘图案

工作任务分析

本任务制作的墙绘风格属于简约风格，制作完成后的最终效果如图 4-53 所示。要实现该效果，需要掌握以下软件技术要点。

（1）巩固各种绘图工具的使用。

（2）掌握设置轮廓线的样式和端头的方法。

（3）掌握使用泊坞窗、滴管工具和交互式填充颜色的方法。

素材对应　效果文件 \ 模块四 \ 墙绘效果 .cdr

图 4-53　墙绘效果

制作思路分析

完成本任务主要包括绘制基本形状、设置轮廓线的样式和端头、使用泊坞窗和滴管工具填充颜色 3 步操作。其具体思路及要求如下，如图 4-54 所示。

（1）绘制图案的基本形状。

（2）对需要设置的轮廓线进行相应设置。

（3）为其他图形填充相应的颜色。

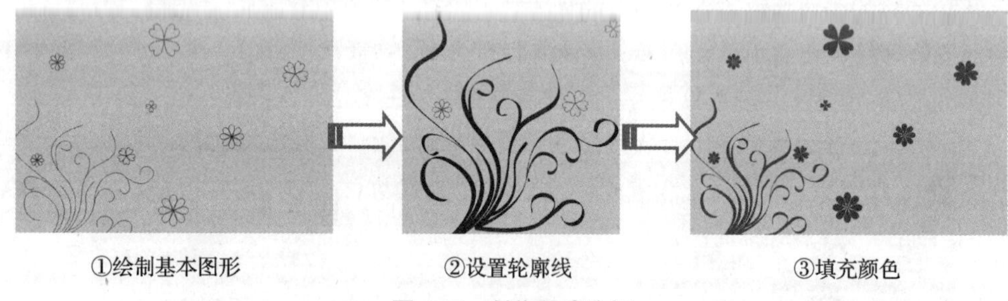

①绘制基本图形　②设置轮廓线　③填充颜色

图 4-54　制作思路分析

操作一　绘制基本形状

下面先新建一个图像文件，然后绘制墙绘的基本图形。

【详细步骤】

（1）新建图像文件，将页面设置为横向，然后双击矩形工具 绘制矩形。

（2）在调色板中单击朦胧绿色块，为矩形填充颜色，然后单击鼠标右键，在弹出的快捷菜

单中选择“锁定对象”命令，锁定矩形。

（3）使用贝尔塞工具绘制曲线的藤蔓图形，按“F10”键进行调整，效果如图 4-55 所示。

（4）使用基本形状工具绘制图 4-56 所示的花朵图形，然后复制多个图形，注意大小的比例调整。

图 4-55　绘制曲线

图 4-56　绘制花朵图形

操作二　设置轮廓线的样式和端头

绘制好基本形状后，接着对图形的轮廓进行设置。

【详细步骤】

（1）选择绘制的曲线段，在其属性栏中设置轮廓的粗细，注意按照需要设置，并不一定为同样的粗细。

（2）选择曲线图形，按“F12”键打开“轮廓笔”对话框，在其中的“角”栏中选中单选项，在“线条端头”栏中选中单选钮。

（3）在“书法”栏的“展开”和“角度”数值框中输入数值，或直接在“笔尖形状”框中按住鼠标左键不放拖动设置，如图 4-57 所示。单击 确定 按钮后的效果如图 4-58 所示。

（4）使用相同的方法对其他曲线图形进行设置，效果如图 4-59 所示。

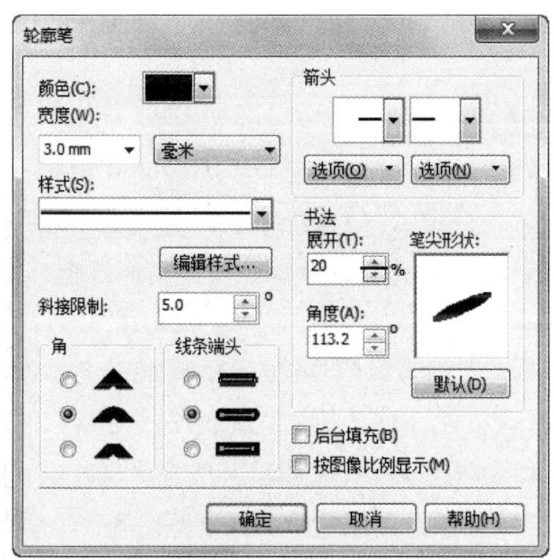

图 4 57　“轮廓笔”对话框

图 4-58　设置后的效果

图 4-59　全部效果

小提示："角"栏的针对对象

对于封闭的图形对象，通过"轮廓笔"对话框中的"角"栏可以设置对象的拐角样式，分别为尖角、圆角和平角。

小提示：取消书法轮廓效果

单击"轮廓笔"对话框的"书法"栏中的 默认(D) 按钮，可以取消书法轮廓效果，使其恢复默认状态。

操作三　使用"颜色"泊坞窗和滴管工具填充

完成对轮廓的设置后，下面对图形分别填充相应的颜色。

【详细步骤】

（1）单击工具箱中的填充工具，在弹出的菜单中选择"颜色"选项，或选择【窗口】→【泊坞窗】→【颜色】菜单命令，打开"颜色"泊坞窗。

（2）在"颜色"泊坞窗中单击"显示颜色查看器"按钮，显示颜色查看器。

（3）拖动滑块到绿色区域，在颜色选择框中单击所需要的绿色，选择需要填充颜色的轮廓线，单击 轮廓(O) 按钮，如图 4-60 所示。

（4）按"Shift"键选择其他曲线图形，为其设置相同的轮廓色，如图 4-61 所示。

（5）选择工具箱中的滴管工具，移动鼠标光标到曲线图形上，当鼠标指针变为形状时单击紫色汲取颜色，在"颜色"泊坞窗中可看到汲取的颜色值。

（6）按住工具箱中的滴管工具不放，在弹出的菜单中选择"颜料桶"选项，切换到颜料桶工具，移动鼠标光标至花朵图形上，当鼠标光标变为形状时单击鼠标，即可将吸管工具汲取的颜色填充到图形中，如图 4-62 所示。

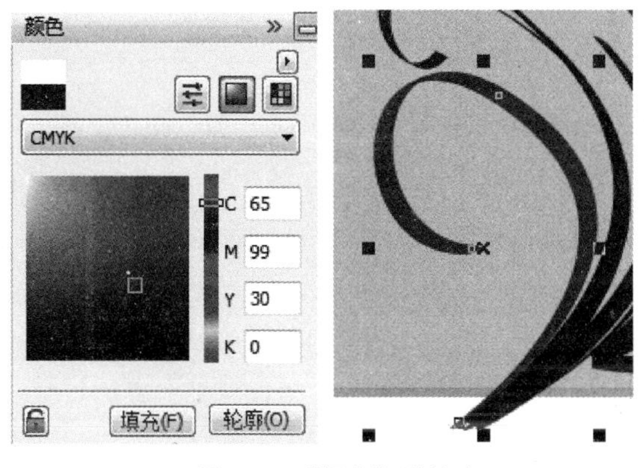

图 4-60　“颜色”泊坞窗

图 4-61　设置轮廓色

（7）使用相同的方法为其他花朵图形填充颜色，并取消轮廓线，然后解锁矩形，选择曲线图形，选择【效果】→【图框精确裁剪】→【放置到容器中】菜单命令，单击矩形，效果如图 4-63 所示。

图 4-62　使用颜料桶工具填充颜色

图 4-63　完成绘制

小提示：汲取位图的颜色

使用滴管工具 不仅可以汲取矢量图形的颜色，还可以汲取位图的颜色，其方法相同，只是需要注意在汲取颜色后，在“颜色”泊坞窗中要将颜色的模式更改为 CMYK。

本例讲解了墙绘图案的制作，主要练习了绘图工具、“轮廓笔”对话框、“颜色”泊坞窗和滴管工具的应用等。下面将补充设置轮廓颜色和轮廓样式的相关知识。

1．智能填充

智能填充工具 能方便地对任意两个或是多个对象重叠的区域进行填色。其方法为：选择工具箱中的智能填充工具 ，在其属性栏中设置填充的颜色、轮廓色和轮廓宽度等参数后，使用智能填充工具在图形对象上单击即可。

小提示：使用智能填充工具 的注意问题

使用智能填充工具 填充图形时不需要使用挑选工具选择需要填充的图形，且在填充图形时会复制所填充的图形。如果使用智能填充工具 多次单击需填充颜色的图形，将会生成多个该图形对象。

2. 自定义轮廓线型

用户除了可以在“轮廓笔”对话框中直接选择预设的轮廓线型外，也可以根据需要自定义图形的线型样式。在“轮廓笔”对话框中单击 编辑样式... 按钮，在打开的“编辑线条样式”对话框中设置即可。其中编辑条下方的两个锁型图标 分别表示起点循环位置和终点循环位置，右侧为滑块，表示线条样式的结尾，拖动滑块可在预览框中可查看效果，如图 4-64 所示。

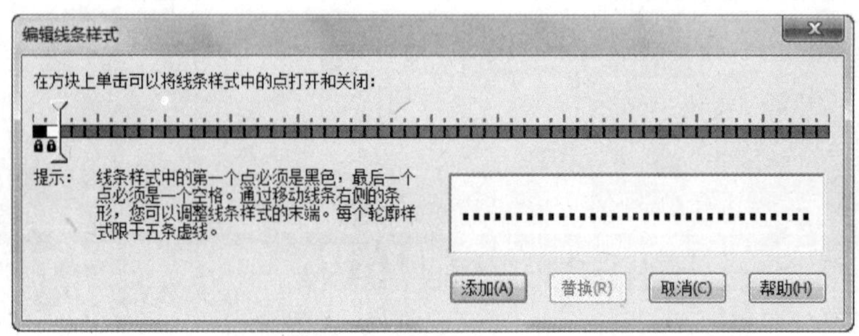

图 4-64 “编辑线条样式”对话框

编辑好所需线型样式后，单击 添加(A) 按钮，可以将新编辑的线型样式添加到“样式”下拉列表框中；单击 替换(R) 按钮，将替换原来在“样式”下拉列表框中选择的线条样式。

实训一 绘制装饰图案

本实训要求绘制一幅装饰图案，通过练习掌握设置图形的轮廓颜色和样式等操作。本实训的参考效果如图 4-65 所示。

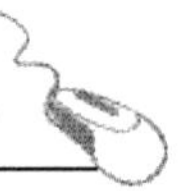

素材
对应　效果文件 \ 模块四 \ 装饰图案 .cdr

图 4-65　装饰效果

在设计领域中，常用 CorelDRAW 绘制各种装饰图案、艺术图案和地毯图案等。绘制时可以先在稿纸上绘制图样，再在 CorelDRAW 中利用贝塞尔工具、形状工具和钢笔工具等线条绘制功能进行绘制，然后设置填充色和轮廓样式，完成制作。

结合上面的目标和分析，本例的操作思路如图 4-66 所示。

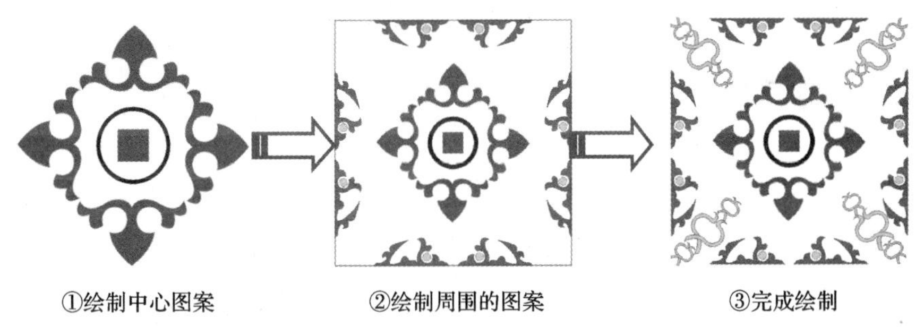

①绘制中心图案　②绘制周围的图案　③完成绘制

图 4-66　绘制装饰图案的思路

【步骤提示】

（1）新建图形文件，利用矩形工具绘制一个红色正方形，再用椭圆形工具绘制一个正圆，并设置轮廓宽度。

（2）使用贝塞尔工具绘制圆环四周的图案，并在属性栏设置轮廓线宽度，完成后将其填充为红色，然后进行复制和旋转操作。

（3）使用贝塞尔工具和椭圆形工具绘制周围的图案，并设置填充色和轮廓色。

（4）使用贝塞尔工具和形状工具绘制四周之间的图案，使用“轮廓笔”对话框设置轮廓线样式，完成后复制并旋转生成其他图案，完成制作。

实训二　绘制公司前台室内效果图

本实训通过使用图形的绘制、填充和轮廓编辑功能为公司制作前台室内效果图。通过本实训掌握渐变填充、图样填充工具和“轮廓笔”对话框等知识。其参考效果如图 4-67 所示。

素材 素材文件 \ 模块四 \ 公司标志 .ai
对应 效果文件 \ 模块四 \ 公司前台室内效果图 .cdr

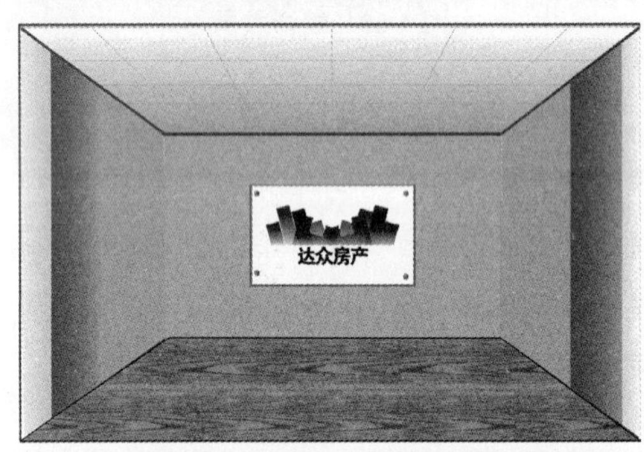

图 4-67　公司前台室内效果

公司的前台是一个企业、一个单位的脸面和名片。因此，在制作之前设计人员需要了解其公司的行业特征，准确把握客户要求，不能随意设计。其次，绘制时要考虑空间感，注意透视关系。本实训已提供公司的标志效果，设计时只需要绘制相关图形即可。

结合上面的目标和分析，本例的操作思路如图 4-68 所示。

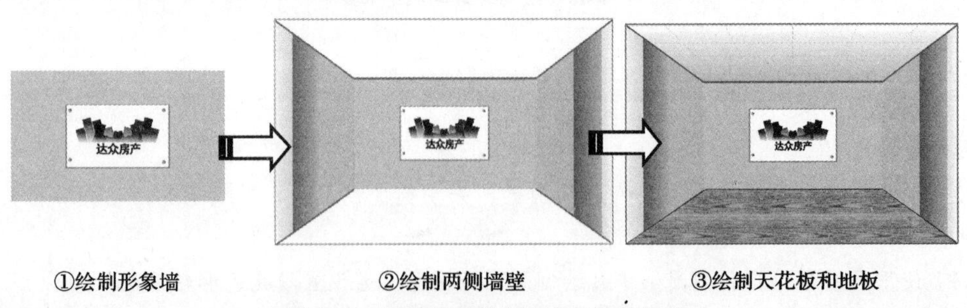

图 4-68　制作公司前台室内效果的思路

【步骤提示】

（1）新建图形文件，用矩形工具绘制一个矩形并设置轮廓色和轮廓宽度，绘制矩形后填充

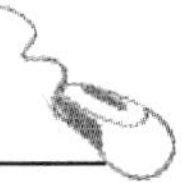

颜色作为形象墙，导入公司标志，并在4角上绘制4个小圆球图形。

（2）使用钢笔工具绘制两侧墙壁并进行渐变线性填充。

（3）用钢笔工具绘制天花板轮廓，然后进行渐变填充，再用手绘工具绘制一些线条并设置轮廓线宽度和颜色。

（4）用钢笔工具绘制地板轮廓，进行图样填充，再用手绘工具绘制两侧线条并设置轮廓线宽度和颜色，完成制作。

课后实践

（1）本实训要求使用椭圆形工具、均匀填充工具、渐变填充工具、“轮廓笔”对话框和轮廓线宽工具等制作图4-69所示的网页按钮效果。

素材对应　效果文件\模块四\网页按钮.cdr

（2）本练习将使用矩形工具、钢笔工具和形状工具绘制出各个图案的轮廓，然后使用各个填充工具和轮廓工具编辑其填充和轮廓色，可参考前面的任务三中的装饰图案的绘制方法，完成后的效果如图4-70所示。通过练习掌握图形填充和轮廓设置方法。

素材对应　效果文件\模块四\地毯图案.cdr

（3）本练习将使用钢笔工具、贝塞尔工具和形状工具，结合前面学习的渐变填充图形功能，绘制图4-71所示的口红效果。通过练习熟练掌握渐变填充工具及渐变颜色编辑的方法。

素材对应　效果文件\模块四\口红效果.cdr

图4-69　网页按钮效果

图4-70　地毯图案效果

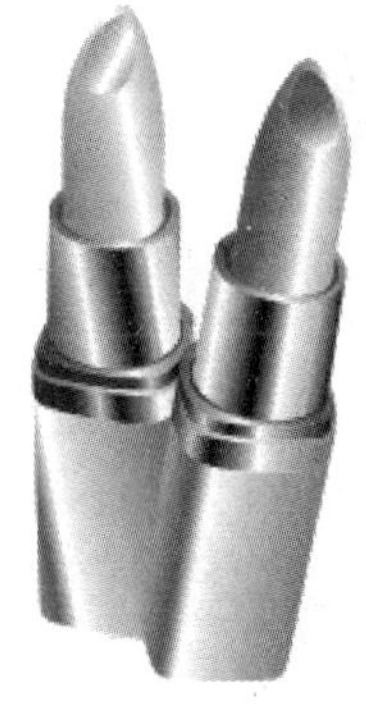

图4-71　口红效果

模块五　排列和组合对象

模块简介

在 CorelDRAW 中设计作品或绘图时，需要对图形对象进行基本操作，主要包括排列图形和组合图形，其中排列图形对象主要指图形的排列、对齐和分布的功能，主要用于设置图形对象的位置。而组合图形是图形绘制过程中最常用的操作之一，即将几个图形对象组成一个复合图形或者将一个复合图形解散为几个图形对象的操作。只有熟练地掌握这些基本操作，才能在 CorelDRAW X4 中快速地设计并绘制出满意的作品。本模块将具体介绍 CorelDRAW X4 中关于排列与组合图形对象的应用。

学习目标

本模块的知识学习目标如下：

- 熟练掌握图形对象的排列操作。
- 熟练掌握网格的设置和使用。
- 熟练掌握多个对象的对齐和分布操作。
- 熟练掌握图形对象的群组操作。
- 熟练掌握结合图形对象的方法。

本模块的技能学习目标如下：

- 能对图形对象进行排列操作。
- 能根据需要对齐和分布对象。
- 能熟练进行对象的群组和结合操作。

任务一　制作结婚请柬

这天，晓雪见老张还没有来工作，于是决定自己先练习。浏览公司图库里面的图片时正

好看到一张设计得很不错的请柬，晓雪就想自己也做一张。老张来的时候正好看到晓雪在埋头苦干，就来到晓雪的座位后面，只见晓雪正在用 CorelDRAW 制作图形呢。老张看到她每次排列图形时都去选择菜单，就对晓雪说："你这样每次都选择菜单排列图形是非常慢的，你可以记住排列图形的各个快捷键。"晓雪认为老张说的很有道理，自己需要快速熟练快捷键的使用才行。

行业背景知识

请柬，又称为请帖或简帖，是为了邀请客人参加某项活动而发的礼仪性书信。从撰写方法上说，不论哪种样式的请柬，都有标题、称谓、正文、敬语、落款和日期等。

结婚请柬是请柬的一种，是指即将结婚的新人所印制的邀请函。此邀请函上通常印有结婚日期和典礼及婚宴的举行时间，通常也会印上男女双方家长的名字。结婚请柬的寄出时间通常是婚礼前六周。随着电子信息的不断发展，为了方便通知好友，时下的电子请柬也较为常见。书写结婚请柬时，需要注意以下几点：结婚请帖姓名用全称（不能用任何小名、昵称或姓名的缩写）；家庭成员的顺序要写清；"和"字要出现；日期、星期和时间要写清；年份不必出现在请帖上；在请帖一角附上婚宴的信息（地点和时间顺序等或在卡里另附一页加以说明）。图 5-1 所示为个性的时尚结婚请柬。图 5-2 所示为传统的中式结婚请柬。

图 5-1　个性的时尚结婚请柬

图 5-2　中式结婚请柬

工作任务分析

本任务的目标是应用图形对象的相关知识制作结婚请柬。在制作之前，首先需要确认结婚请柬的风格是传统的中式风格还是时尚的欧式风格。除此之外，还需拟定好需要的文本，以免后期输入错误。

本任务的最终效果展示如图 5-3 所示。要实现该效果，需要掌握以下软件技术要点。

（1）巩固图形对象的基本编辑操作。

（2）巩固绘图工具的使用方法。

（3）掌握对象的各种排列方法。

（4）掌握网格的设置和使用方法。

素材 素材文件 \ 模块五 \ 人物 .cdr、图案 .cdr
对应 效果文件 \ 模块五 \ 结婚请柬 .cdr

图 5-3 结婚请柬效果

完成本任务主要包括添加装饰图形、对象的排列，以及网格的设置和使用 3 步操作。具体思路及要求如下，如图 5-4 所示。

（1）使用矩形工具绘制图形“囍”字。

（2）使用贝塞尔工具绘制图形，输入文本，完成后将其重新排列。

（3）导入素材图形，输入请柬的内容，并使用网格进行对齐。

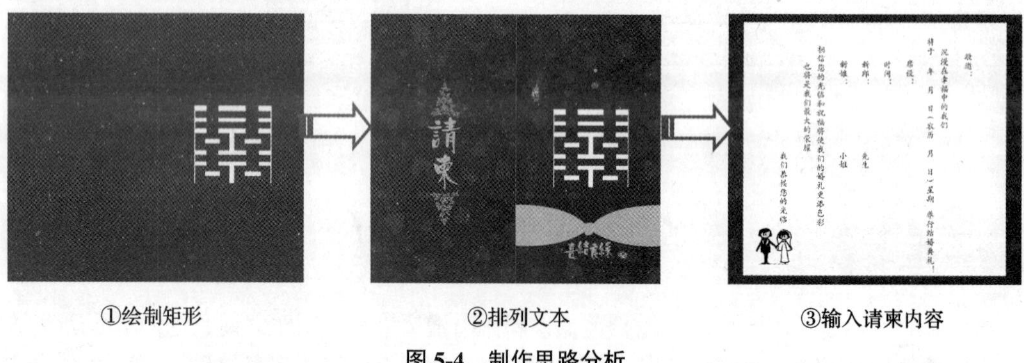

图 5-4 制作思路分析

操作一 添加装饰图形

新建图形文件，确定请柬的风格和大小后，添加需要的装饰图形。

【详细步骤】

（1）新建图形文件，在页面中绘制大小为 180 mm × 100 mm 的两个矩形，作为封面和封底。

（2）设置矩形的填充颜色为红色（C30，M100，Y100，K0），取消轮廓线。

（3）使用矩形工具 绘制一个“囍”的图形，并将其移至矩形的中心位置，然后沿中心点绘制一个正方形，如图 5-5 所示。

（4）使用中心的正方形去修剪封面的矩形，删除正方形后，选择“囍”图形和封面的矩形，将其焊接，如图 5-6 所示。

图 5-5　绘制图形

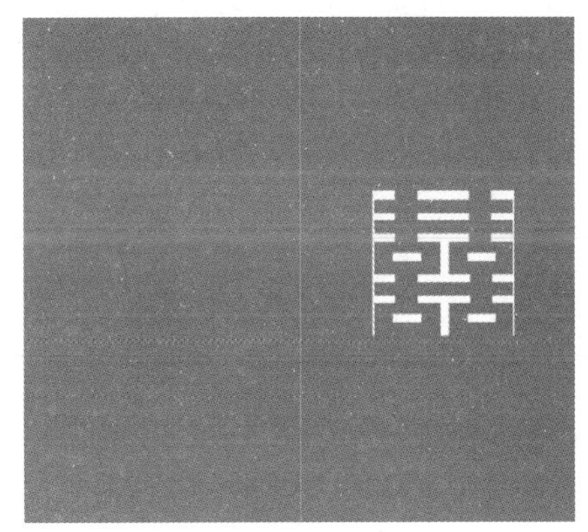

图 5-6　焊接图形

（5）使用基本形状工具 绘制心形图形，填充为红色（C29，M96，Y98，K1），并复制多个，注意各个心形图形的大小层次，如图 5-7 所示。

（6）选择所有的心形图形并复制一个移动到封底，选择【效果】→【图框精确裁剪】→【放置在容器中】菜单命令，单击矩形将封面上和封底上的图形放置到矩形中，如图 5-8 所示。

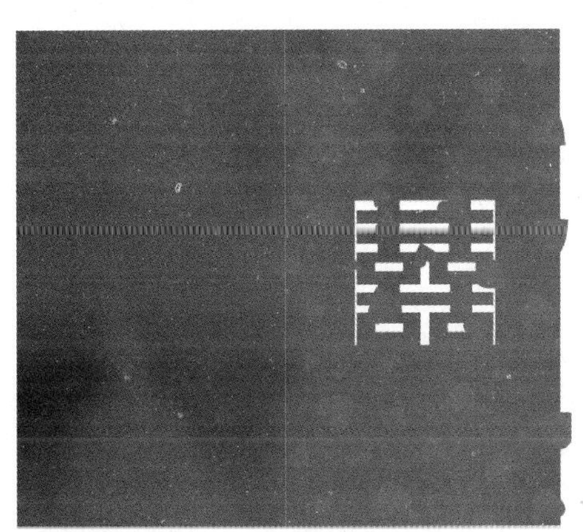

图 5-7　绘制心形图形

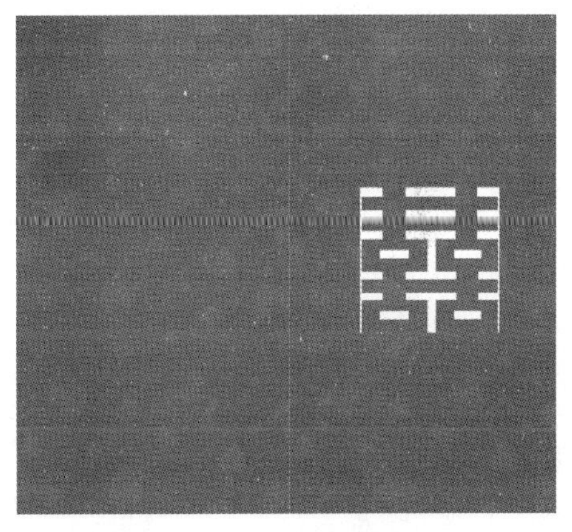

图 5-8　放置到容器中

小提示：分清封面和封底

无论是画册还是折页的 DM 单，除非是特殊的版式，否则其封面都在右侧，左侧为封底。

（7）使用贝塞尔工具绘制图形，填充颜色为调色板中的金色，取消轮廓线，如图 5-9 所示。

（8）使用文本工具输入“喜结良缘”，在属性栏中设置字体为“汉鼎繁中变”，字号为 36 pt，颜色为金色，按“Ctrl+K”键打散文本，然后再进行排列，如图 5-10 所示。

图 5-9　绘制图形

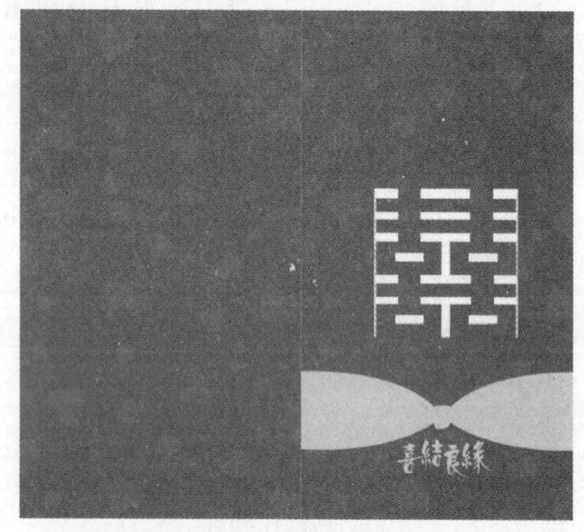

图 5-10　排列文本

操作二　对象的排列

完成封面的制作后，下面对封底进行设计。

【详细步骤】

（1）使用文本工具输入“请柬”，在属性栏中设置字体为“汉鼎繁中变”，按“Ctrl+K”键打散文本，然后选择单个文本，按图形的方法放大文本，颜色为金色，如图 5-11 所示。

（2）导入“图案 .cdr”文件，将其放置合适位置，如图 5-12 所示。

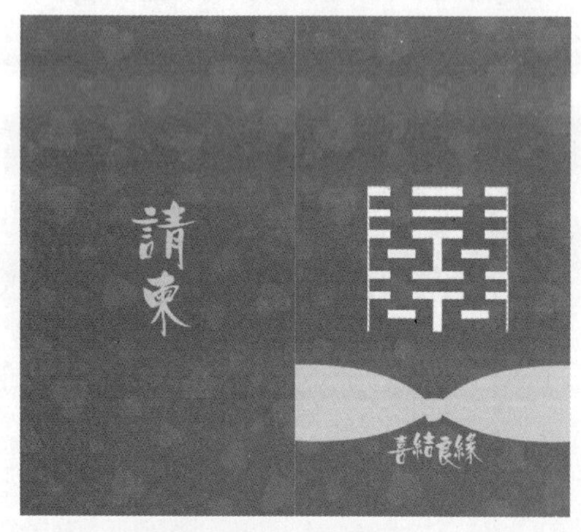

图 5-11　输入文本

图 5-12　导入素材文件

（3）复制封底的矩形图形，选择工具箱中的文本工具 字，单击属性栏中的“将文本更改为垂直方向”按钮 ▥，输入文本，设置字体为“方正楷体”，字号大小为 16 pt，如图 5-13 所示。

（4）按“Ctrl+G”键组合复制的两个矩形图形，沿中心绘制矩形，填充颜色为白色，取消轮廓线。

（5）选择【排列】→【顺序】→【向后一层】菜单命令，或按“Ctrl+Page Down”键，将矩形下移一层。此时，文本尚未显示完全，继续按“Ctrl+Page Down”键直到文本全部显示，如图 5-14 所示。

图 5-13　输入文本

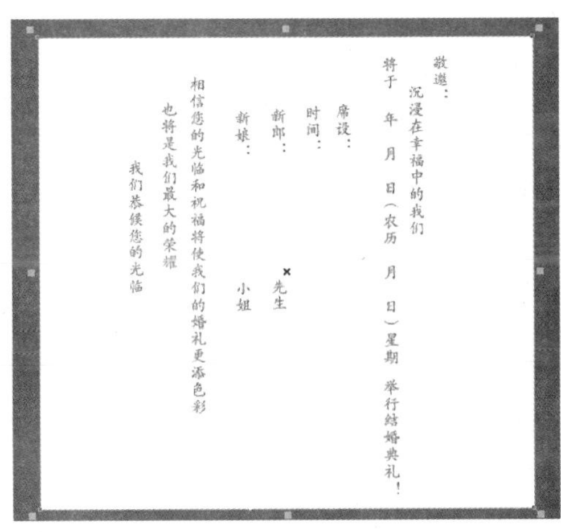

图 5-14　排列对象

操作三　网格的设置和使用

输入文本后，版面显得有些凌乱，此时可将网格显示出来，然后将文本与网格对齐，方便查看图形四周的距离，使绘图更加精确。

【详细步骤】

（1）选择【视图】→【网格】菜单命令，使网格显示在绘图工作区域上。

（2）选择【视图】→【贴齐网格】菜单命令或按“Ctrl+Y”键，移动文本，使之排列整齐，在移动的过程中会出现“网格”的提示信息，如图 5-15 所示。

（3）导入“人物 .cdr”图形文件，缩放其大小后，将其放置到合适位置，如图 5-16 所示。

多学一招：取消网格

默认状态下网格是不可见的，将网格显示出来之后，选择【视图】→【网格】菜单命令可以隐藏网格。无论网格是呈显示或隐藏状态，打印输出时都不会显示。

多学一招：贴齐网格

单击标准属性栏中的 贴齐 · 按钮，在弹出的菜单中选择“贴齐网格”命令，或在“选项”对话框中选择“网格”选项，选中“贴齐网格”复选框后单击 确定 按钮，也可贴齐网格。

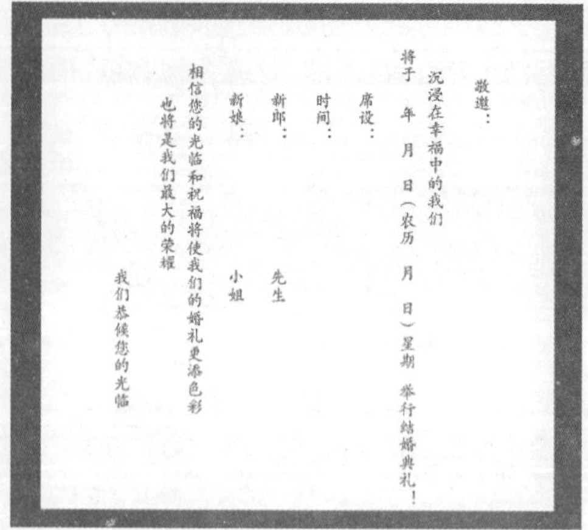

图 5-15 贴齐网格

图 5-16 导入素材

知识回顾拓展

本任务主要讲解了对象的排列和网格的使用等，下面对本例涉及的知识点进行补充讲解。

1. 排列对象

选择需要改变排列顺序的对象，选择【排列】→【顺序】菜单命令，在弹出的图 5-17 所示的子菜单中选择相应的命令即可。

顺序子菜单中各命令的含义如下：

到页面前面(F)	Ctrl+Home
到页面后面(B)	Ctrl+End
到图层前面(L)	Shift+PgUp
到图层后面(A)	Shift+PgDn
向前一层(O)	Ctrl+PgUp
向后一层(N)	Ctrl+PgDn
置于此对象前(I)...	
置于此对象后(E)...	
反转顺序(R)	

图 5-17 顺序子菜单

- **到页面前面**：将所选对象置于所有对象的最上方，快捷键为“Ctrl+Home”。
- **到页面后面**：将所选对象置于所有对象的最下方，快捷键为“Ctrl+End”。
- **到图层前面**：将所选对象置于该图层中所有对象的上方，快捷键为“Shift+Page up”。
- **到图层后面**：将所选对象置于该图层中所有对象的下方，快捷键为“Shift+Page Down”。
- **向前一层**：将所选对象向上移动一层，快捷键为“Ctrl+Page up”。
- **向后一层**：将所选对象向下移动一层，快捷键为“Ctrl+Page Down”。
- **置于此对象前**：将所选对象置于指定对象的上一层。
- **置于此对象后**：将所选对象置于指定对象的下一层。
- **反转顺序**：选择多个对象时，此命令将被激活，颠倒对象的排列顺序。

2. 网格的设置

选择【工具】→【选项】菜单命令，打开“选项”对话框，在该对话框中选择“辅助线”下面的“网格”选项。选中“频率”单选项后，可在下面的“频率”栏中设置网格的密度；选

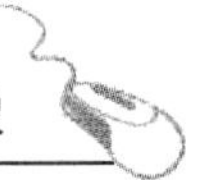

中“间距”单选项，可在下面的“间隔”栏中设置网格的间距；选中“按线显示网格”单选项后，可将网格设置为网格线显示；选中“按点显示网格”单选项后，可将网格设置为网点显示，如图 5-18 所示。

图 5-18　设置网格

任务二　制作包装盒的平面展开图

工作任务场景

这天老张一进公司就看到晓雪在用 CorelDRAW 制作图形。他就问晓雪：“你是想将这些图形对齐吗？”晓雪一听是老张的声音，便急忙说道：“是啊，我就是想将这些图形对齐，但用鼠标移动还是不能完全对齐。”老张一听哈哈大笑，说：“你这样手动对齐肯定不可能很精确，CorelDRAW 中提供了排列与分布功能，使用这些功能可以很方便地对图形对象进行操作。”晓雪一听心想居然还有这方法，于是便让老张教教她具体的方法。老张拿了一张单子过来，告诉晓雪：“正好这里有一家公司需要制作一个产品的包装盒，你在制作的过程中刚好就会用到这些知识。”

行业背景知识

一种商品能否有良好的销售业绩必须经过市场的检验。在整个市场营销过程中，包装担任着极为重要的角色。随着市场经济的不断发展和完善，包装设计遇到前所未有的挑战，驱使产品的包装把握大众的消费心理，朝着更加科学和高层次的方向发展。包装成为实际商业活动中市场销售的主要行为，不可避免地与消费者产生密切的关系。而作为包装设计者必须考虑到怎样才能引起消费者的注意，又如何进一步激发他们的兴趣，诱发他们采取最终的购买行为。只有掌握并合理运用消费心理规律才能有效地改进设计质量，在增加商品附加值的同时，提高销售效率。

包装盒是产品的重要组成部分，不仅在运输过程中起保护的作用，而且直接关系到产品的综合品质。不同的产品，其包装盒的设计也不同。制作与设计包装盒的时候，在色彩的把握上，要注意色彩与包装物的照应关系、色彩和色彩自身的对比关系，以及对包装盒材质有所了解。图 5-19 所示为饮料的包装盒。图 5-20 所示为茶叶的包装。

图 5-19　饮料包装盒

图 5-20　茶叶包装盒

本任务的要求是制作产品的包装盒，在制作之前，需要了解包装盒的大小尺寸。制作完成后的最终效果展示如图 5-21 所示。要实现该效果，需要掌握以下软件技术要点。

（1）掌握对齐与分布图形的操作。

（2）掌握使用度量工具添加标注线的方法。

素材　**素材文件 \ 模块五 \ 背景 .jpg、饼干 .psd**
对应　**效果文件 \ 模块五 \ 包装盒展开图 .cdr**

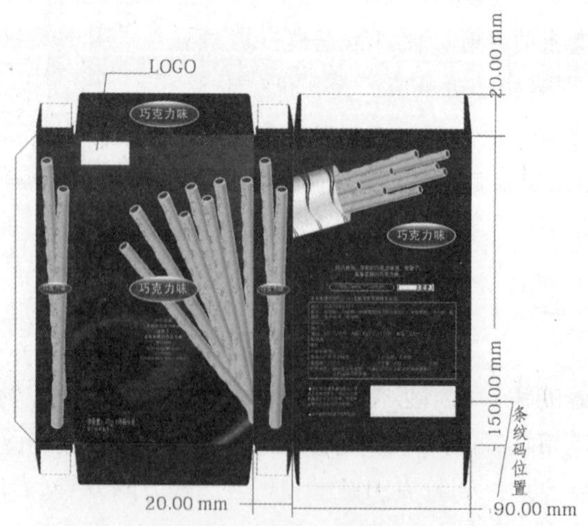

图 5-21　包装盒平面图效果

制作思路分析

完成本任务主要包括多个对象的对齐和分布、使用标注线，以及添加其他相关元素 3 步操作。其具体思路及要求如下，如图 5-22 所示。

（1）使用矩形工具绘制包装盒的平面展开图。

（2）添加标注线。

（3）添加背景和文本等元素。

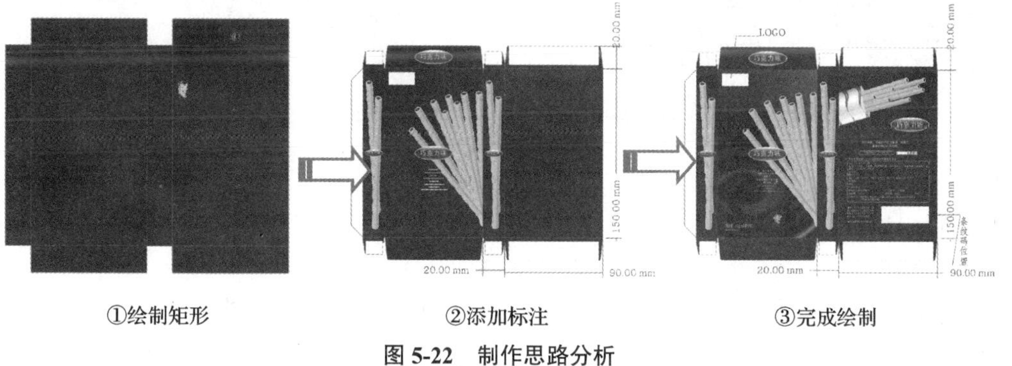

①绘制矩形　　②添加标注　　③完成绘制

图 5-22　制作思路分析

操作一　多个对象的对齐和分布

新建图形文件，然后使用矩形工具绘制出包装盒的几个面。在制作的过程中，注意图形对象的对齐和分布。

【详细步骤】

（1）新建一个图形文件，选择工具箱中的矩形工具，在页面上通过拖动鼠标创建一个矩形。将矩形填充为巧克力色（C73，M87，Y85，K50），取消轮廓线。

（2）在属性栏中设置矩形的大小为 90 mm × 150 mm，按“Enter”键，效果如图 5-23 所示。

（3）向左侧复制矩形，设置复制后的矩形宽度为 20 mm，将节点对齐后选择绘制的两个矩形镜像复制，然后单击属性栏中的“水平镜像”按钮，效果如图 5-24 所示。

图 5-23　绘制矩形

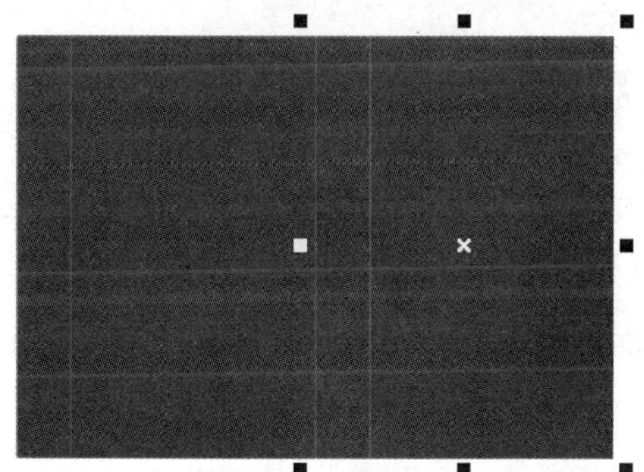

图 5-24　复制矩形

（4）使用相同的方法在矩形上方绘制矩形，大小为 90 mm × 20 mm，然后复制 3 个并放置到合适位置，如图 5-25 所示。

（5）包装盒上下的矩形作为包装盒的盖子，需要做进一步的调整，使用贝塞尔工具绘制一个三角形，然后使用其修剪矩形，如图 5-26 所示。

图 5-25　绘制矩形

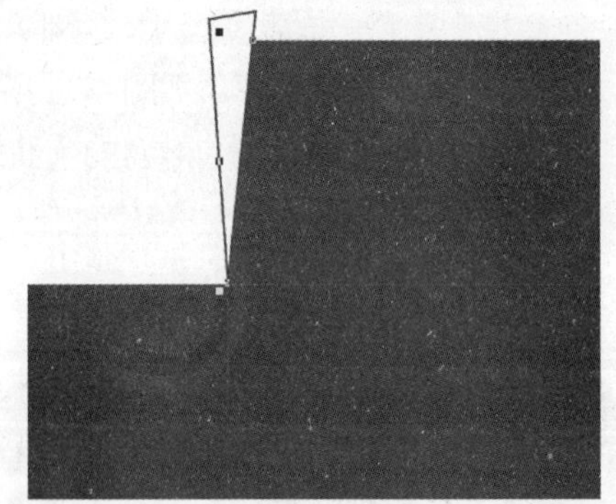
图 5-26　修剪图形

（6）删除三角形，绘制一个大小为 20 mm×20 mm 的矩形，将其移至刚修剪的矩形边缘对齐。

（7）使用正方形修剪矩形，单击属性栏中的“打散”按钮打散图形，如图 5-27 所示。删除选择左上侧的小图形，如图 5-28 所示，选择剩余的图形，将其焊接，如图 5-29 所示。

图 5-27　绘制圆角矩形

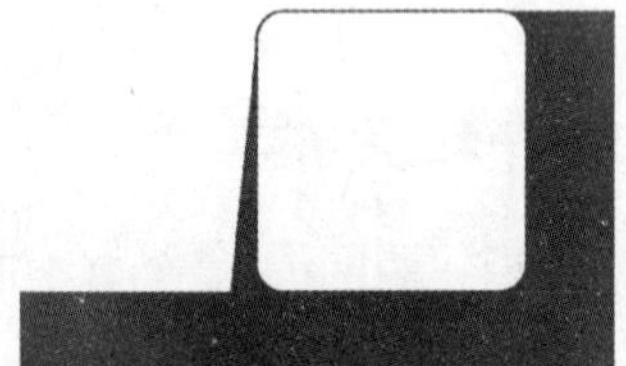
图 5-28　打散图形

图 5-29　焊接图形

（8）使用相同的方法对矩形的另一边和其他 3 个矩形进行调整，效果如图 5-30 所示。

（9）使用相同的原理绘制如图 5-31 所示的效果，完成包装盒平面图的绘制。

图 5-30　调整其他矩形

图 5-31　包装盒的平面绘制

（10）使用椭圆形工具绘制椭圆，填充为黄色，继续在上面绘制一个椭圆，使用交互式填充工具填充为白色、巧克力色（C59，M96，Y95，K19）、巧克力色（C59，M96，Y95，K19）和白色，取消轮廓线，如图 5-32 所示。

（11）使用文本工具 字 输入文本“巧克力味”，在属性栏中设置字体为“方正黑体”，字号为 20 pt，颜色为白色，然后将其移至中心处，如图 5-33 所示。

图 5-32　绘制椭圆

图 5-33　输入文本

（12）继续使用文本工具 字 输入其他文本，在属性栏中设置字体为“方正黑体”，字号为 5 pt，颜色为白色，按“F10”键调整文本的间距，如图 5-34 所示。

（13）输入完其他文本后，对其复制设置后的文本属性，输入英文文本，字体为“AvantGarde Bk BT”，字号为 5 pt，颜色为白色，按“F10”键调整文本的间距，如图 5-35 所示。

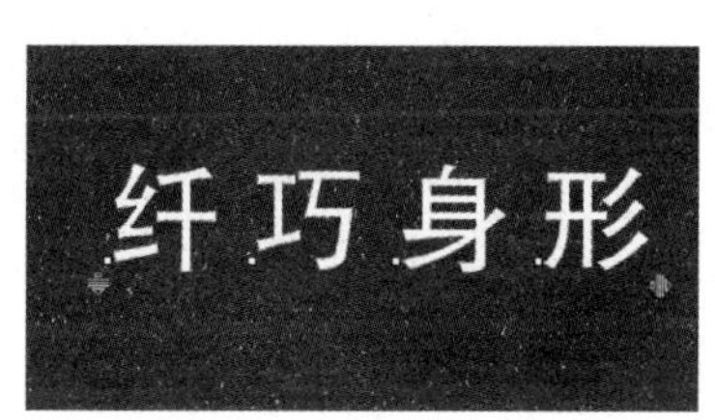

图 5-34　调整文本间距

图 5-35　输入其他文本

（14）选择味道的文本和图形，按“Ctrl+G”键群组，然后单击封面的矩形，按“C”和“E”键垂直水平对齐文本，如图 5-36 所示。

（15）选择下方的文本，确定第一行和最后一行的文本位置，选择【排列】→【对齐和分布】→【对齐和分布】菜单命令，打开“对齐和分布”对话框，单击“分布”选项卡，选中竖排的“间距”复选框，如图 5-37 所示，单击 应用 和 关闭 按钮后的效果如图 5-38 所示。

多学一招：对齐对象的参照物选择

在对齐对象时，选择对象的方法不同，对齐的参照物也不同，这对于马上要讲的分布对象也是一样的。采用框选的方法选择对象时，参照物是被选择对象中最底层的对象；而按住【Shift】键加选对象时，参照物是最后一次选择的对象。需要注意的是，对齐对象时，参照物是不会移动的。

图 5-36　垂直水平对齐

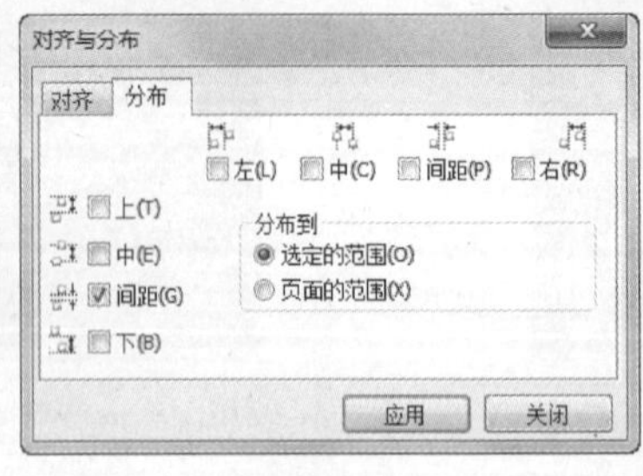

图 5-37　“对齐与分布”对话框

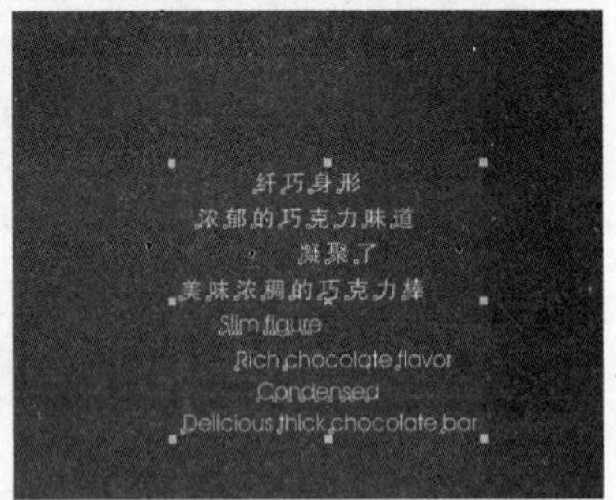

图 5-38　分布后的效果

（16）保持文本的选中状态，按“C”键垂直居中对齐后，单击矩形，按“C”键对齐矩形。

多学一招：快速打开“对齐与分布”对话框

按下“Alt”键不放的同时单击三次“A”键，可以快速打开“对齐与分布”对话框。对齐和分布对象的操作可以同时进行，且不会彼此影响。

（17）导入“饼干.psd”素材文件，然后对其缩放和旋转操作并复制多个，选择所有的饼干图形，选择【效果】→【图框精确裁剪】→【放置到容器中】菜单命令，单击矩形放置到矩形中，如图 5-39 所示。

（18）按住“Ctrl”键调整文本的位置，然后在左上侧绘制一个白色的矩形作为产品的 LOGO 位置，如图 5-40 所示。

图 5-39　导入素材

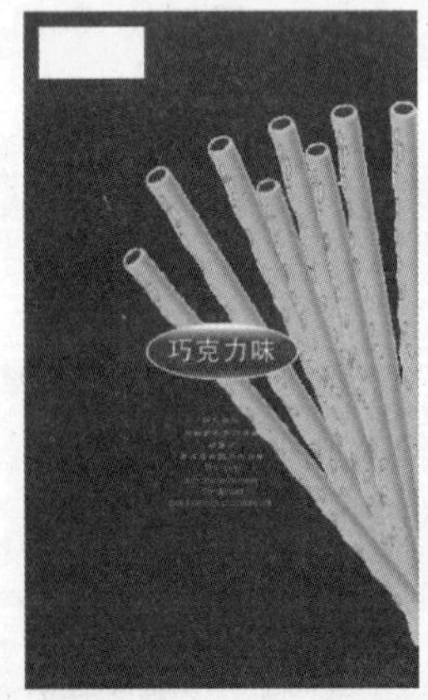

图 5-40　移动文本

（19）继续导入“饼干.psd”素材文件，对其缩放和旋转操作并复制多个，然后放置到盒子的两侧。

（20）复制巧克力味的图形和文本，复制到盒子的顶盖和两侧处，注意两侧处的要稍小一些，然后将其垂直水平对齐各个放置位置处的矩形，如图 5-41 所示。

（21）使用矩形工具绘制如图 5-42 所示的位置矩形，颜色为白色，取消轮廓线，然后将其分别放置在相应的矩形中。

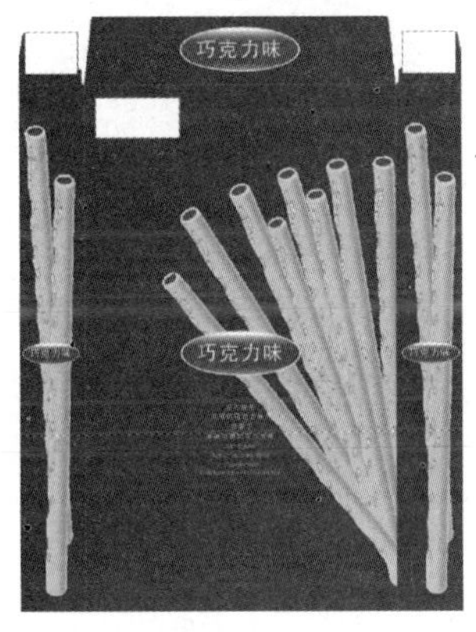

图 5-41　复制图形

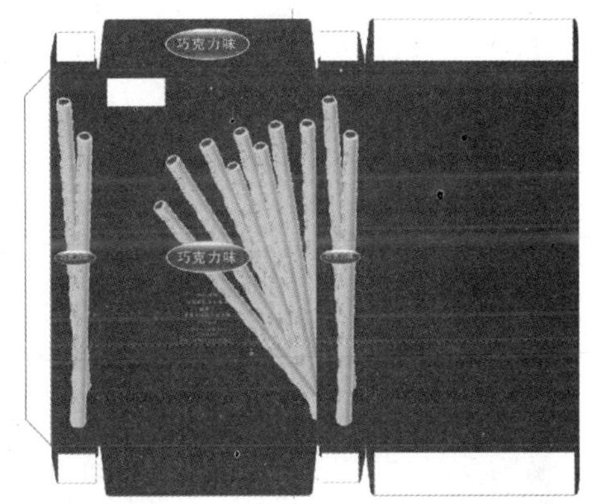

图 5-42　绘制矩形

操作二　使用标注线

为了便于清楚显示包装盒的大小，下面使用度量工具为其添加标注线。

【详细步骤】

（1）选择工具箱中的度量工具 ，在其属性栏中单击“自由度量工具”按钮 ，将鼠标指针移到图形对象的上端单击鼠标左键确定度量标注线的起点，然后将鼠标移到图形对象的下端单击鼠标左键，确定标注线的终点，如图 5-43 所示。

（2）将鼠标指针移到标注线的中间，单击鼠标左键完成度量标注线的绘制，继续绘制其他度量标注，效果如图 5-44 所示。

图 5-43　确定起点和终点

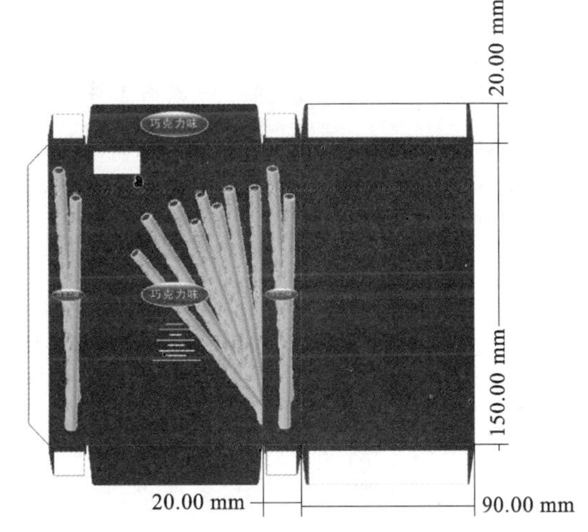

图 5-44　绘制的标注线

（3）在属性栏中单击“标注工具”按钮，在需要标注的位置处单击确定标注线的起始点，这里单击图形中的白色矩形。然后将鼠标指针移到其他位置单击，确定第一段标注线的终点，即第二段标注线的起点。

（4）将鼠标指针水平移动一段距离，在需要输入标注文本的位置单击鼠标，在出现的文本插入点输入文本“LOGO”，如图 5-45 所示。

（5）在需要标注的位置处单击确定标注线的起始点，然后移动鼠标指针到合适的位置双击确定结束点，在出现的插入点处输入注释文本“条纹码位置”，如图 5-46 所示。

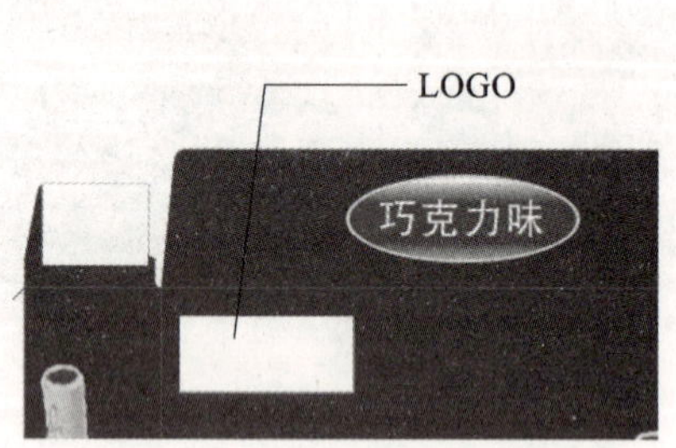

图 5-45　添加折线标注

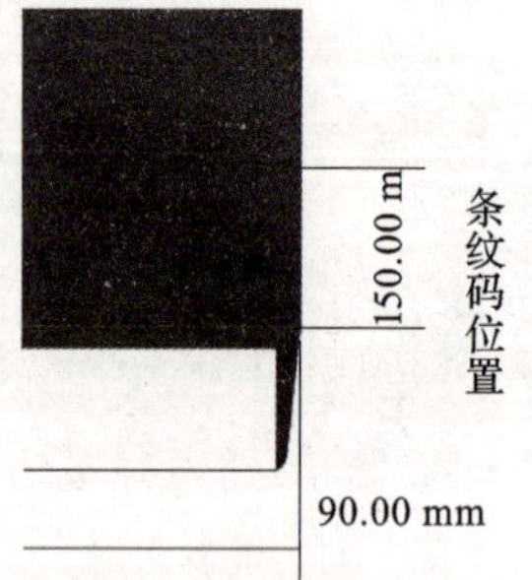

图 5-46　添加直线标注

小提示：修改文本属性

绘制标注线后，可以使用挑选工具选择标注文本，然后在其属性栏中修改文本的字体和字号。

操作三　添加其他元素

经过操作二的操作后，包装盒已经基本绘制完成了，接下来便是添加文本和背景图片。

【详细步骤】

（1）使用椭圆形工具绘制椭圆，填充为灰色、白色和灰色，然后使用贝塞尔工具绘制图形，并使用交互式填充工具填充图形，颜色为灰色、白色、灰色、白色和灰色，如图 5-47 所示。

（2）在图形上使用贝塞尔工具绘制图形，并填充为巧克力色（C59，M96，Y95，K19），然后将其置入到刚绘制的图形中，如图 5-48 所示。

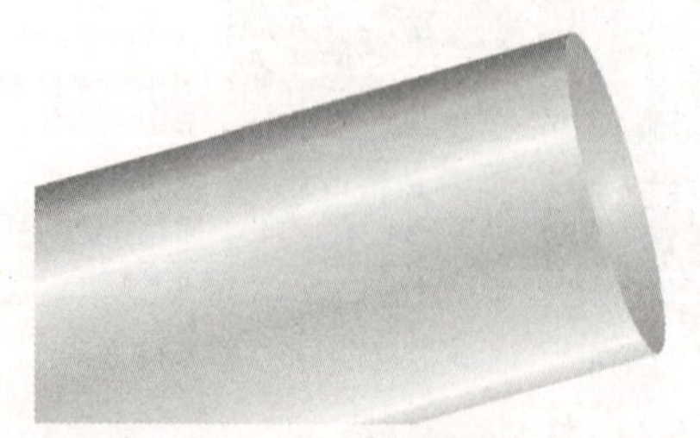

图 5-47　绘制图形

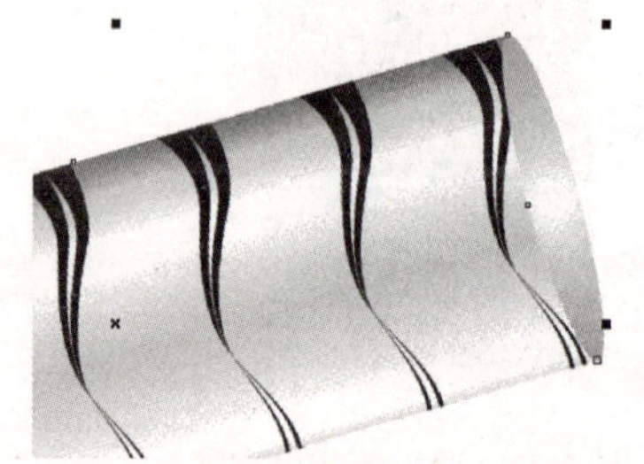

图 5-48　置入到图形中

（3）复制多个饼干图形，分别对其进行缩放和旋转，然后将其放置到椭圆形图形上方，并放置到封底的矩形中，如图 5-49 所示。

（4）导入“背景 .jpg”素材图片，将其放置到盒子的封面矩形中，然后在矩形上单击鼠标右键，在弹出的快捷菜单中选择“编辑内容”命令，进入到矩形中调整图片的大小和位置，并按“Ctrl+Page Down”键放置在最下层，完成后单击鼠标右键，在弹出的快捷菜单中选择“结束编辑”命令，效果如图 5-50 所示。

（5）使用文本工具输入封底的文本，然后使用矩形工具绘制矩形等图形，文本的属性可任意设置，这里就不再一一具体说明，颜色为白色，如图 5-51 所示。

（6）复制巧克力味的文本和图形到封底文本上方，然后在封面的左下角输入净含量的文本，属性任意，颜色为白色，如图 5-52 所示。

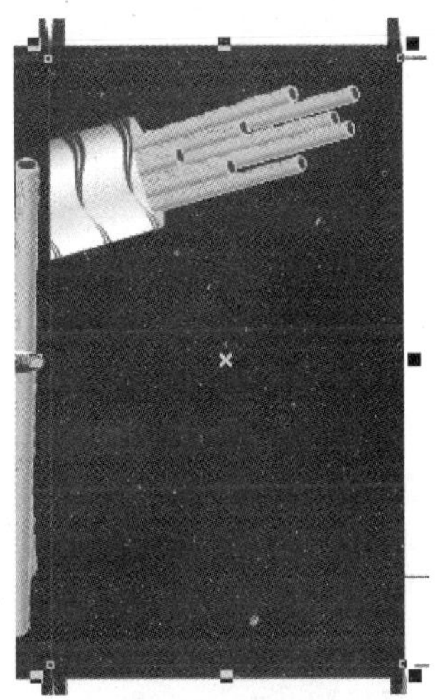

图 5-49　复制图形

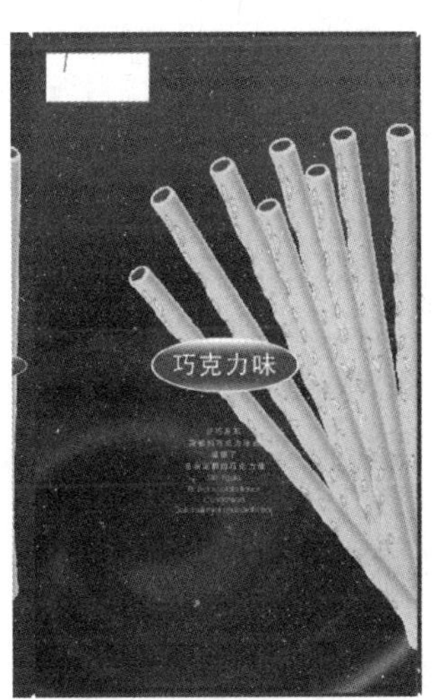

图 5-50　导入背景图片

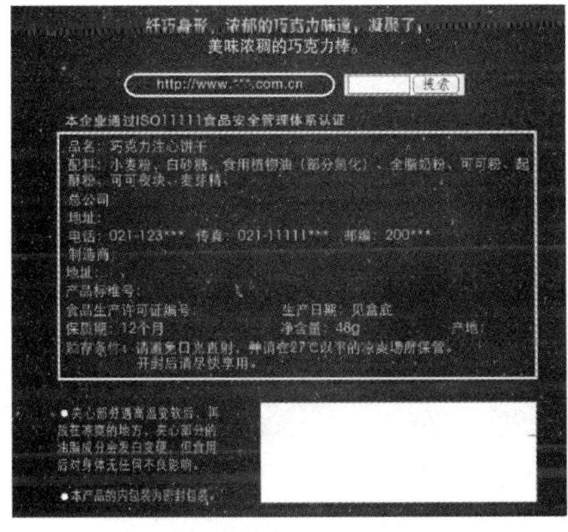

图 5-51　输入相关文本

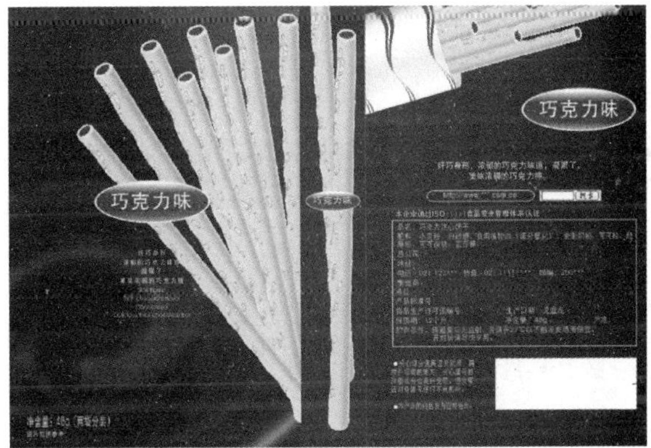

图 5-52　输入净含量文本

本任务主要运用了对象的对齐与分布以及度量工具的使用等，需要注意的是，在图形的制

作过程中，要充分运用快捷键来实现对象的对齐与分布等，这样才能提高工作的效率，增强对软件的熟悉度。

下面对本例中未讲解到的知识点进行补充讲解。

1. 对齐对象

对齐对象是指将多个对象以一个对象为参照物进行对齐，如以一个对象的顶端、底端或中心对齐等。在 CorelDRAW X4 中可以通过属性栏对话框和“对齐与分布”两种方式来实现对齐对象操作，在前面已经接触过网格对齐、辅助线对齐、对象对齐和动态导线对齐，这里不再具体讲解。

用挑选工具选择两个或两个以上的对象，选择【排列】→【对齐和分布】→【对齐和分布】菜单命令，打开如图 5-53 所示的“对齐与分布”对话框，在该对话框中的“对齐”选项卡中选择所需的对齐选项，然后单击 应用 按钮，再单击 关闭 按钮即可。

“对齐与分布”对话框中“对齐”选项卡中各选项的含义如下：

- **“上”复选框**：使所选对象的顶端对齐在同一水平线上。
- **“中”复选框**：使所选对象的中心对齐在同一水平线上。
- **“下”复选框**：使所选对象的底端对齐在同一水平线上。
- **“左”复选框**：使所选对象的左边缘对齐在同一垂直线上。
- **“中”复选框**：使所选对象的中心对齐在同一垂直线上。
- **“右”复选框**：使所选对象的右边缘对齐在同一垂直线上。
- **“对齐对象到”下拉列表框**：选择多个对象要对齐的参照对象。
- **“用于文本来源对象”下拉列表框**：将所选多个对象对齐文本的基点。

多学一招：快速对齐图形对象

除使用对话框来对齐对象外，选择【排列】→【对齐和分布】菜单命令，在弹出的菜单中选择相应的命令也可对齐对象。“L”键为左对齐；“R”为右对齐；“T”键为顶端对齐；“B”键为低端对齐；“E”键为水平居中对齐；“C”键为垂直居中对齐；按“P”键则在页面居中位置对齐，对单个图形对象同样适用。

2. 分布对象

在“对齐与分布”对话框中单击“分布”选项卡，如图 5-54 所示。各选项的含义如下：

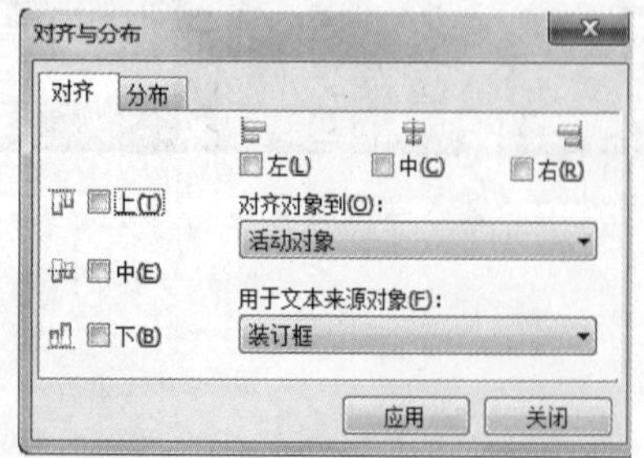

图 5-53 “对齐与分布”对话框

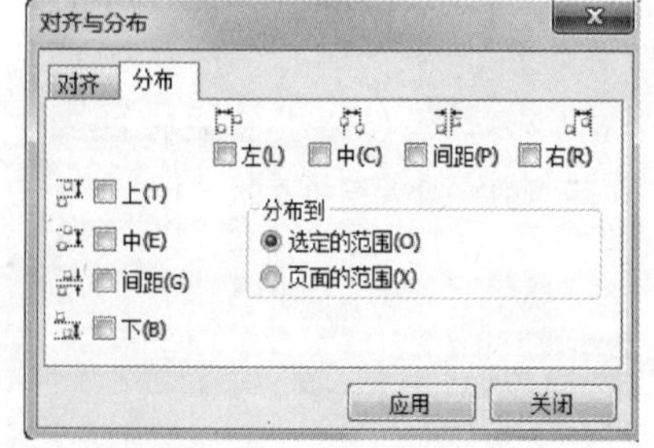

图 5-54 “分布”选项卡

- **“上”复选框：**以对象的顶端为基准等间距分布。
- **“中”复选框：**以对象的水平中心为基准等间距分布。
- **“间距”复选框：**按对象之间的水平间隔等间距分布。
- **“下”复选框：**以对象的底端为基准等间距分布。
- **“左”复选框：**以对象的左边缘为基准等间距分布。
- **“中”复选框：**以对象的垂直中心为基准等间距分布。
- **“间距”复选框：**按对象之间的垂直间隔等间距分布。
- **“右”复选框：**以对象的右边缘为基准等间距分布。
- **“分布到”栏：**用于设置对象分布的参考范围，但必须与竖列或横排结合使用。

3. 度量工具

度量工具主要用于为工程图和平面效果图等标注尺寸和角度等。尺寸标注是工程图中必不可少的部分，不仅可以显示对象的长度和宽度等尺寸信息，还可以显示出对象之间的距离，这样便能为实施设计方案提供准确的依据。

度量工具的属性栏如图 5-65 所示，其中主要有自动度量工具、垂直度量工具、水平度量工具、倾斜度量工具、标注工具以及角度量工具，操作方法都相似，各项工具含义如下：

图 5-55　度量工具的属性栏

- **自动度量工具：**可随鼠标指针的移动创建水平或垂直的尺度线，按“Tab”键可以在水平、垂直和倾斜度量工具之间进行切换。
- **垂直度量工具：**可标注对象的纵向尺寸。
- **水平度量工具：**可标注对象的水平尺寸，但不管标注时确定的标注点的位置如何，总是取决于标注对象的水平尺寸。
- **倾斜度量工具：**可标注对象的倾斜距离的角度。
- **标注工具：**可通过绘制旁引线来为对象添加注解。
- **角度量工具：**可标注对象的角度。

多学一招：修改文本位置

在属性栏中单击“文本位置下拉式对话框”按钮，在弹出的面板中可选择相应的选项来更改标注中文本的位置。

任务三　制作 X 展架

工作任务场景

这天，晓雪上班后，被老张叫到办公桌前，老张告诉她："晓雪你也看见了，公司这段时间都比较忙，大家都在做各自的设计工作，你也已经差不多对 CorelDRAW 有所熟悉了，之前的一家咖啡店还需要制作一个 X 展架，展架的尺寸是 60 cm×160 cm。"晓雪一听就来了兴致，又可以接触一项新的工作，于是对老张说："放心吧，我一定会认真完成这次工作的。"正当晓雪准备去收集资料时，老张喊住了她，说道："公司以前有些做得不错的例子，你可以先参考参考"。

行业背景知识

X 展架是一种用作广告宣传的且背部具有 X 型支架的展览展示用品，又名产品展示架、促销架、便携式展具和资料架等。X 展架是根据产品的特点，设计与之匹配的产品促销展架，使产品醒目地展现在公众面前，从而加大对产品的宣传广告作用。在新品推出或节日促销时，将产品的 X 展架摆放在门口，对于提升在卖场的品牌形象，营造节日气氛，提高销量都有很大的帮助。

X 展架（如图 5-56 所示）已被广泛地应用于大型卖场、商场、超市、展会、公司和招聘会等场所的展览展示活动。其种类繁多，因此在设计之前一定要根据客户的要求进行制作，其常见的尺寸有 25 cm×42 cm（桌面台式尺寸）、60 cm×160 cm 和 80 cm×180 cm（常规尺寸）。

图 5-56　X 展架

综上所述，本任务制作的 X 展架的尺寸为 60 cm×160 cm，制作完成后的最终效果如图 5-57

所示。要实现该效果，需要掌握以下软件技术要点。

（1）巩固图形的绘制方法。

（2）掌握群组和结合对象的方法。

（3）掌握辅助线的设置和使用。

素材对应　**素材文件\模块五\咖啡标志 .cdr、图片 1.jpg、图片 2.jpg、图片 3.jpg、图片 4.jpg**
效果文件\模块五\X 展架 .cdr

图 5-57　X 展架效果

制作思路分析

完成本任务主要包括辅助线的使用与设置、群组对象和结合对象 3 步操作。其具体思路及要求如下，如图 5-58 所示。

（1）设置辅助线。

（2）填充背景，将导入的图片放置到圆形中。

（3）导入标志图形，并输入文本完成制作。

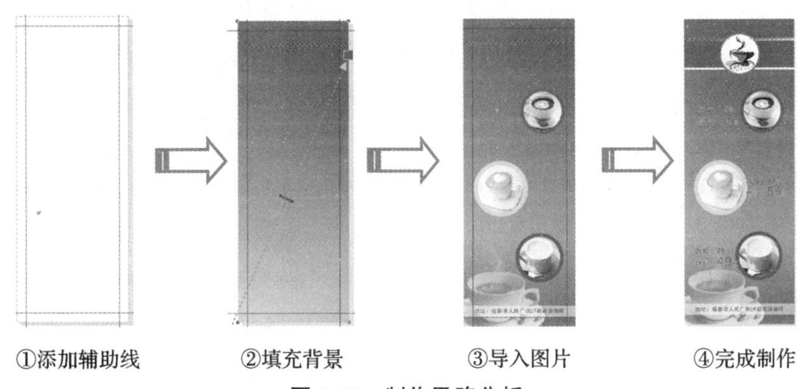

图 5-58　制作思路分析

操作一　辅助线的设置和使用

新建一个图形文件，在设置页面大小后使用辅助线标出页边距。

【详细步骤】

（1）新建图形文件，在属性栏中设置单位为厘米，设置页面为 60 cm × 160 cm。

（2）在垂直标尺上按住鼠标左键不放并拖动至绘图区中适当位置释放鼠标，即可创建出一条垂直的辅助线，然后在属性栏中的“对象位置”数值框 x: 5.0 cm 中输入数值，精确辅助线的位置。垂直辅助线创建后的效果如图 5-59 所示。

（3）根据相同的方法创建水平的辅助线，注意输入精确数值，如图 5-60 所示。

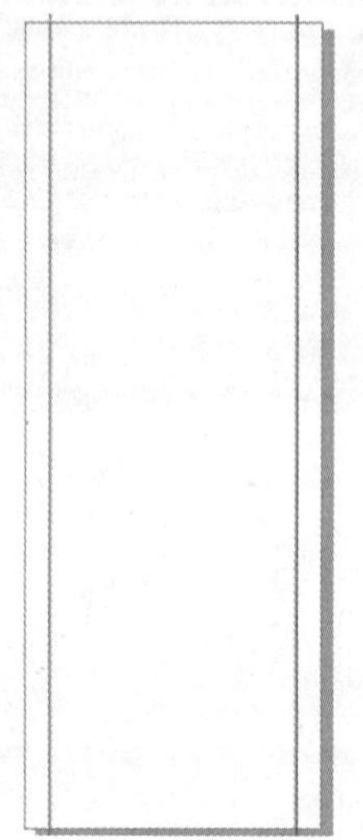

图 5-59　创建垂直辅助线

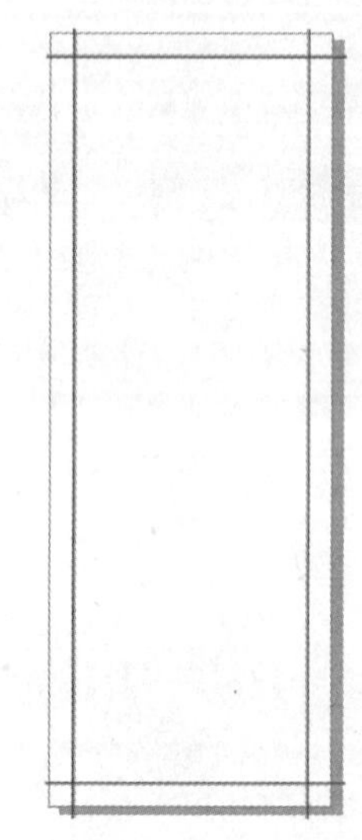

图 5-60　创建水平辅助线

（4）在每条辅助线上单击鼠标右键，在弹出的快捷菜单中选择“锁定对象”命令，将该辅助线锁定。

小提示：解锁辅助线

锁定的辅助线不能被移动。在已锁定的辅助线上单击鼠标右键，在弹出的快捷菜单中选择“解除对象锁定”命令，即可将其解锁。

操作二　结合对象

接下来制作 X 展架的大致结构。

【详细步骤】

（1）双击矩形工具□绘制矩形，使用交互式填充工具将其填充为咖啡色（C51，M86，Y94，K10）到橘黄（C2，M38，Y80，K0）的线性填充，取消轮廓线，如图 5-61 所示。

（2）使用椭圆形工具○按住“Ctrl”键绘制两个圆形，将外面的圆填充为咖啡色（C51，M86，Y94，K10）。

（3）选择绘制的两个圆形，然后单击属性栏中的“结合”按钮或按“Ctrl+L”键结合图形，如图 5-62 所示。

（4）取消轮廓线，然后将圆形缩小到合适大小，并复制两个放置在相应的位置，将中间的圆形填充为橘黄（C2，M38，Y80，K0），如图 5-63 所示。

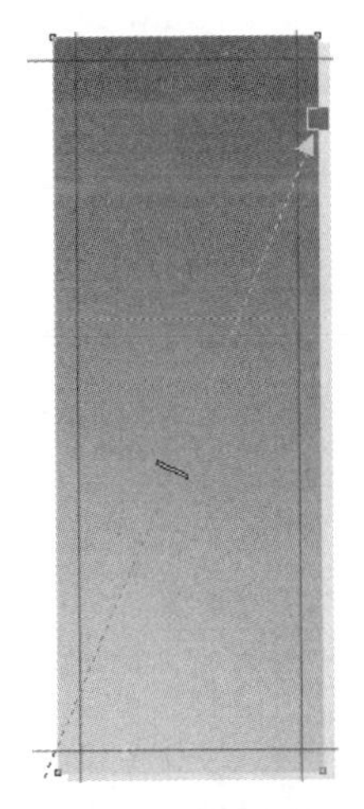

图 5-61　填充矩形

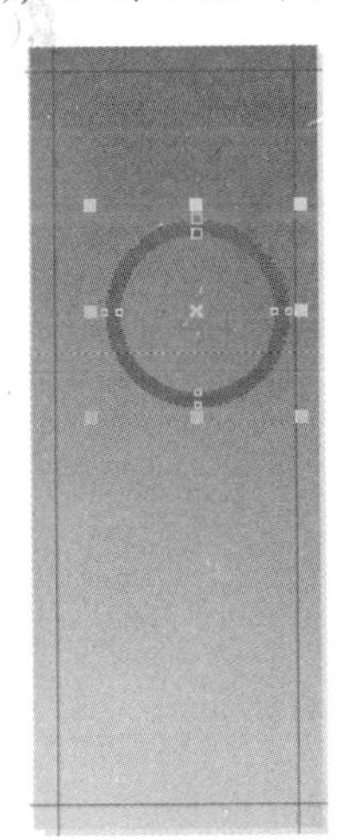

图 5-62　结合图形

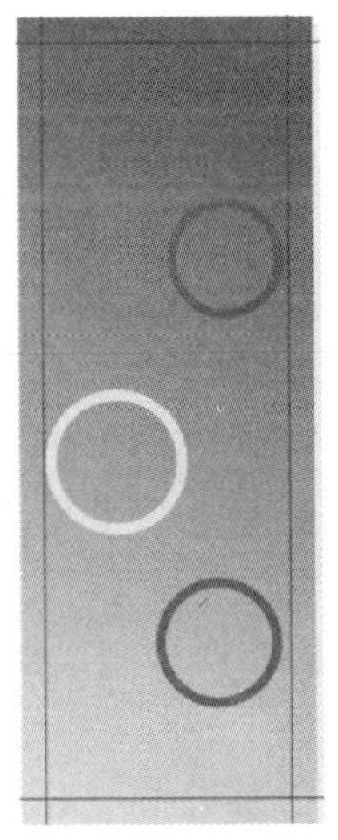

图 5-63　复制图形

（5）导入“图片 1.jpg”素材文件，放大图片后使用交互式透明工具在图片上拖动，然后选择【效果】→【图框精确裁剪】→【放置在容器中】菜单命令，单击矩形放置到矩形中，如图 5-64 所示。

（6）选择圆环，单击属性栏中的“打散”按钮打散图形，导入“图片 2.jpg”、“图片 3.jpg”、“图片 4.jpg”素材文件，缩放其大小后，将其分别放置在中间的圆形图形中，如图 5-65 所示。

（7）在 X 展架的下方绘制一个白色的矩形，使用交互式透明工具设置透明度为标准，然后在上方输入文本，设置字体为“方正黑体”，字号为 80 pt，颜色为黑色，注意使文本与矩形中心对齐，如图 5-66 所示。

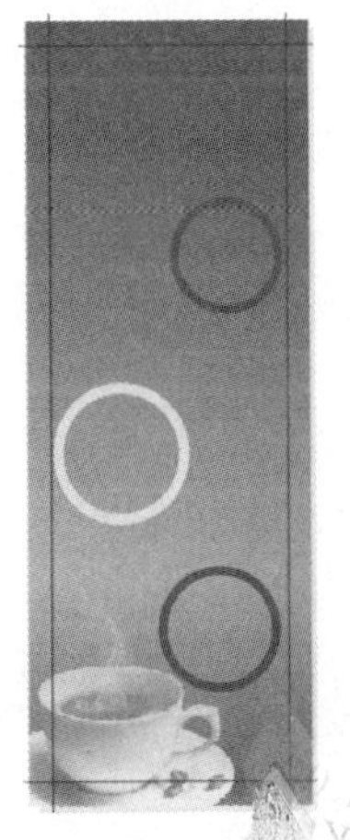

图 5-64　设置图片的透明度

图 5-65　导入其他图片

图 5-66　输入文本

操作三　群组对象

下面为其添加相关文本，然后导入咖啡标志图形。

【详细步骤】

（1）使用矩形工具 和椭圆形工具 绘制图形，填充外面的矩形和圆形颜色为咖啡色（C51，M86，Y94，K10）和绿色，里面的矩形和圆形颜色为白色。

（2）导入“咖啡标志.cdr”图形文件，缩放其大小后将其放置在圆形上，保持标志图形的选择状态，选择白色的圆形，按“C”和“E”键对齐，然后选择两个圆形和标志图形，选择【排列】→【群组】菜单命令群组图形，如图 5-67 所示。

（3）选择临近的两个矩形，按“Ctrl+G”键或单击属性栏中的“群组”按钮 群组图形，选择刚刚群组的标志图形和矩形图形，按“C”和“E”键对齐，如图 5-68 所示。

图 5-67　群组图形

图 5-68　对齐图形

（4）使用文本工具 输入相应的文本，设置字体为“方正黑体”，字号根据实际情况设置，颜色为黑色和咖啡色（C51，M86，Y94，K10），轮廓设置如图 5-69 所示。

（5）在黑色文本上绘制一条红色轮廓的斜线，然后分别将一组的文本进行群组，如图 5-70 所示。

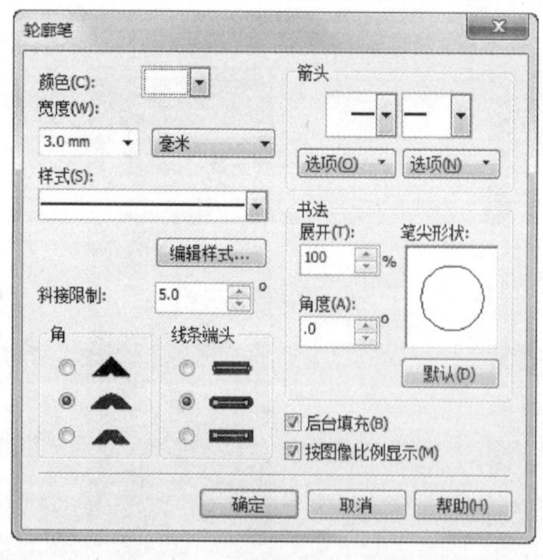

图 5-69　“轮廓笔”对话框

图 5-70　输入文本后的效果

（6）使用相同的方法输入其他价格文本，最终效果如图 5-57 所示。

知识 回顾 拓展

本任务主要运用了对象的结合和群组等相关知识，应着重掌握群组对象、结合对象和拆分对象的方法。下面对本例涉及的知识进行相关补充讲解。

1．辅助线的基本操作

将鼠标光标移到辅助线上并单击选择辅助线，被选择的辅助线呈红色显示，未选择的则呈蓝色显示。选中辅助线后，用户可根据需要对辅助线进行移动和旋转操作。在使用 CorelDRAW 绘图的过程中，有时需要使用大量的辅助线，这时就需要对辅助线进行复制，同时也可以将多余的辅助线删除。其具体的操作方法如下。

- **移动辅助线**：将鼠标光标移到被选择的辅助线上，当其变成↕形状时，按住左键不放并拖动到适当的位置即可移动辅助线。
- **旋转辅助线**：再次单击选中辅助线后，被选择的辅助线进入旋转模式。将鼠标光标移到辅助线两端的旋转柄↕上，按住左键不放并拖动即可旋转辅助线。
- **复制辅助线**：按住鼠标左键拖动辅助线到适当位置后，再单击鼠标右键，即可复制该辅助线。
- **删除辅助线**：选择不需要的辅助线，按“Delete”键即可将其删除。

小提示：辅助线的设置

双击某条辅助线打开“选项”对话框，在“选项”对话框中的左侧选择“辅助线”选项，在其中可对辅助线的颜色等进行设置。

2．取消群组

如果不需要群组对象，可以取消群组。取消群组操作是群组对象的逆操作。在 CorelDRAW 中，还可以取消全部群组。取消群组是指取消某一个图形对象的群组，而取消全部群组则可以一次性取消所有群组。取消群组的方法有以下几种。

- 选择群组对象后，选择【排列】→【取消群组】或【排列】→【取消全部群组】菜单命令。
- 在群组对象上单击鼠标右键，在弹出的快捷菜单中选择“取消群组”或“取消全部群组”命令。
- 选择群组对象，单击属性栏中的“取消群组”按钮或按“Ctrl+U”键，或“取消全部群组”按钮。

3．结合和拆分对象

除操作中使用的方法外，在选择多个图形对象后，选择【排列】→【结合】菜单命令，或在选择的多个图形对象上单击鼠标右键，在弹出的快捷菜单中选择“结合”命令，也可结合对象；选择结合的图形对象，选择【排列】→【拆分】菜单命令，或在选择的结合对象上单击鼠标右键，在弹出的快捷菜单中选择“拆分”命令，也可拆分对象。

实训一　制作酸奶包装盒

实训目标要求

本实训要求制作酸奶的外包装盒平面图，完成后的最终效果如图 5-71 所示。通过练习进一步掌握本模块讲解的相关知识。

素材对应　素材文件 \ 模块五 \ 卡通 2.psd、奶牛 .psd

效果文件 \ 模块五 \ 酸奶包装盒 .cdr

图 5-71　酸奶包装盒效果

设计包装盒的第一步是必须了解包装盒的尺寸，一般设计人员在制作之前，客户都会提供包装盒相关的信息，如盒子的尺寸、必须出现的相关元素等，制作包装盒时，还需对其材质有所了解。

了解关于包装盒设计的相关专业知识后便可开始设计与制作了，根据上面的目标，本例的操作思路如图 5-72 所示。

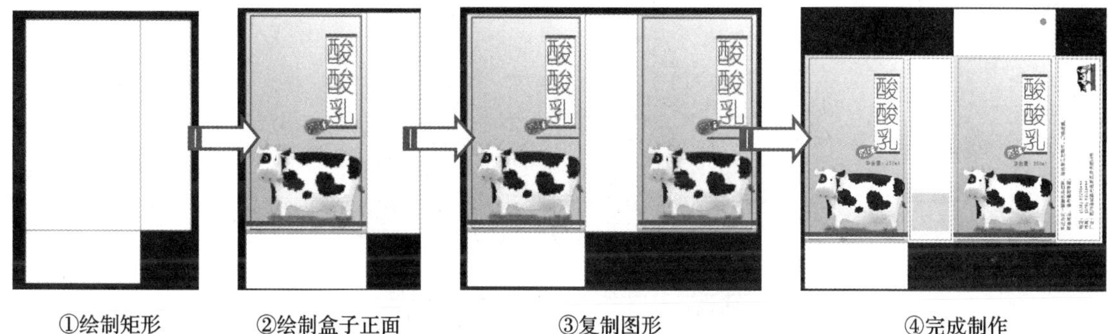

①绘制矩形　②绘制盒子正面　③复制图形　④完成制作

图 5-72　制作酸奶包装盒的思路

【步骤提示】

（1）新建一个图形文件，选择工具箱中的矩形工具，在页面中创建一个矩形，设置其大小为 90 mm×160 mm。

（2）继续绘制其他矩形，其大小分别为 40 mm×160 mm（作为盒子的侧面）和 90 mm×40 mm（作为盒子的顶面）。

（3）使用交互式工具填充盒子的正面矩形，导入“卡通 2.psd”素材文件，将其放置到相应位置。

（4）使用矩形工具绘制矩形，在上面输入文本，设置字体为“方正细圆”，放大文本，设置颜色为绿色，然后对齐矩形。

（5）使用贝塞尔工具绘制图形，填充颜色后输入文本，字体为“华文琥珀”，颜色为白色，轮廓为绿色，粗细为 0.35 mm。

（6）完成正面的绘制后全部群组并复制一个到相应位置。

（7）复制其他矩形分别放置在相应位置，导入“奶牛 .psd”素材文件，缩放大小后放置到相应位置，输入文本，并设置相应的属性，注意按“Enter”键换行，若不满意文本之间的行距大小，可按“Ctrl+K”键打散文本，然后再进行分布对齐。

实训二　制作汽车招贴广告

实训目标要求

本实训要求利用组合、拆分，以及对齐与分布的相关知识制作汽车招贴广告，通过练习掌握拆分、对齐与分布图形的操作。本实训的参考效果如图 5-73 所示。

素材 素材文件 \ 模块五 \ 汽车 .psd
对应 效果文件 \ 模块五 \ 汽车招贴广告 .cdr

图 5-73 汽车招贴广告效果

实训思路分析

招贴广告主要由图形、色彩和文字 3 部分组成，而文字部分作为一种特殊的书面写作表达形式，肩负着招贴广告传达文字信息的重要任务。要注意简洁性、准确性与创意性是招贴广告写作的主要特点。

本实训已提供汽车的素材图形，涉及的知识点有贝塞尔工具、椭圆工具和图形的群组与对齐，以及图形轮廓的设置等，制作时要注意文本的摆放效果。

结合上面的目标和分析，本例的操作思路如图 5-74 所示。

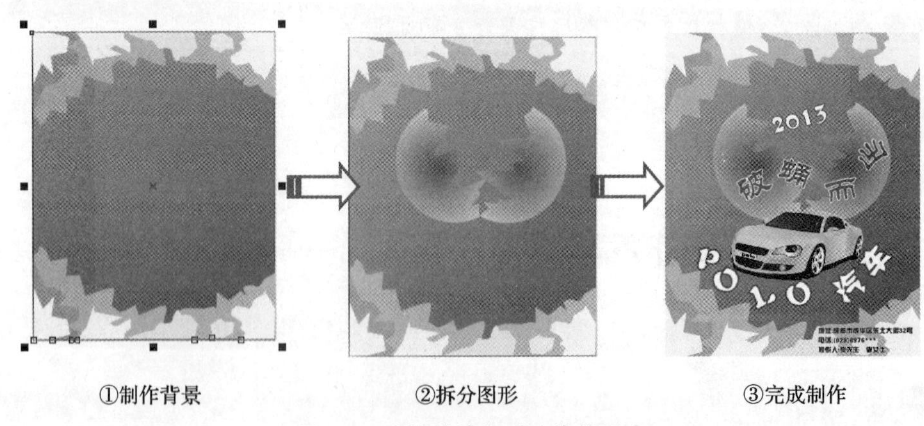

图 5-74 制作汽车招贴广告的思路

【步骤提示】

（1）使用矩形工具绘制一个矩形，设置大小为 210 mm × 260 mm，按“P”键对齐页面，按

“F11”键打开“渐变填充”对话框，在其中设置线性渐变颜色为从粉蓝到红色的渐变。

（2）使用贝塞尔工具结合形状工具在矩形的上方绘制一条封闭的曲线，并填充为深黄色，取消轮廓线。

（3）用相同方法在封闭曲线上绘制更多的色块并进行填充，其填充值分别为淡黄、浅黄、白黄和秋菊红。

（4）将所绘制的色块全部选中，按“Ctrl+G”将其群组，然后复制并垂直镜像，选中镜像的图形，再选中矩形，按“B”键将其底端对齐。

（5）利用椭圆形工具绘制圆，设置从白色到红色的渐变填充，取消轮廓线，使用手绘工具绘制一条曲线，使用曲线去修剪圆形，然后按“Ctrl+K”键拆分，并进行一定角度的旋转。

（6）输入相关文本，并在属性栏中设置字体和字号，分别对文本设置相应的轮廓线，按“Ctrl+K”键拆分文本，旋转一定的角度。

（7）在下方输入信息的相关文本，设置相应属性后选择全部图形，按“Ctrl+G”键群组。

课后实践

（1）根据提供的素材，运用矩形工具、轮廓笔工具、文本工具、交互式透明工具和“群组”命令等，制作如图 5-75 所示的茶叶包装效果。

素材　素材文件 \ 模块五 \ 山水画 .jpg
对应　效果文件 \ 模块五 \ 茶叶包装 .cdr

图 5-75　茶叶包装

（2）根据提供的素材，利用图形对象的相关知识，制作如图 5-76 所示的儿童书籍封面效果。

素材 素材文件 \ 模块五 \ 小女孩 .psd

对应 效果文件 \ 模块五 \ 儿童书籍封面 .cdr

图 5-76　儿童书籍封面效果

模块六　编 辑 文 本

模块简介

文本的输入与编辑是 CorelDRAW X4 的重要功能之一。运用 CorelDRAW X4 来绘制矢量图形时还需要灵活掌握文本的输入与编辑。文本的输入与编辑包括：在图形中输入文本、设置字体格式、段落格式、文本适合路径和插入符号，以及插入条形码等。本模块将以 3 个任务来介绍在 CorelDRAW X4 中输入与编辑文本的相关知识。

学习目标

本模块的知识学习目标如下：

- 掌握输入文本的基本操作。
- 掌握设置文本属性的方法。
- 掌握美术字和段落文本的输入方法。
- 熟练掌握文本的基本格式设置。
- 掌握导入文本的方法。
- 熟练掌握文本的高级排版设置。

本模块的技能学习目标如下：

- 能输入文本。
- 能根据需要设置文本的属性。
- 能设置文本的格式。
- 能在段落文本和美术字之间转换。

任务一　制作会展入场券

工作任务场景

今天，老张到公司后，发现晓雪已经打开 CorelDRAW X4 进行练习。于是老张走到晓雪的身后想看看晓雪对软件的熟悉程度如何。此时晓雪正照着文案输入文本，老张看到晓雪在输入文本时每次都要按“Enter”键换行，显得非常麻烦。于是告诉她：“晓雪，你这样输入文本太不方便了，后期在设置字体和字号时也不方便，如果要输入大量的文本，那么在开始时可采用段落的形式来创建，这样设置属性时更加方便。”晓雪一听还有这种方法，就拜托老张教她，老张直接站在旁边开始指导晓雪完成文字的输入操作。

行业背景知识

入场券，“券”的古代意思为契据，分为两半，双方各执其一，现代指票据或作凭证的纸片。因此入场券指的便是进入比赛、演出、会议，以及展览会等公共活动场所的入门凭证。印有或注明时间、座次、票价和持券者应注意的事项，同时也喻指参加某种活动的资格。

综上所述，设计人员在制作入场券之前，首先需要了解入场券中必须标明的文本信息，然后再进行版式设计。如图 6-1 所示为 2008 年北京奥运会篮球比赛入场券。

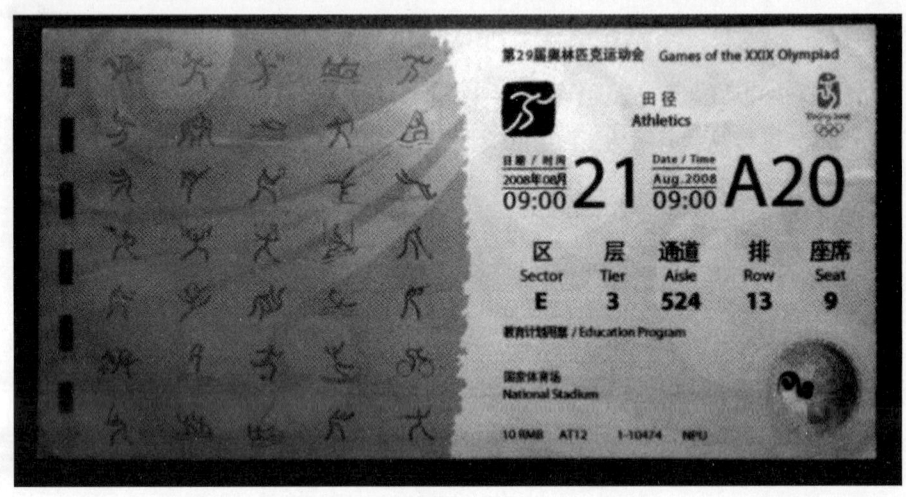

图 6-1 2008 年北京奥运会篮球比赛入场券

工作任务分析

本任务的目标是制作一张入场券，设计人员在制作之前要清楚需要输入的相关文本信息，本任务中的入场券较为简单，无票价和时间等信息。

本任务的最终效果如图 6-2 所示。实现该效果，需要掌握以下软件技术要点。

（1）掌握文本工具的使用方法。

（2）掌握输入文本和段落文本的方法。

（3）掌握字体属性的设置方法。

素材 素材文件 \ 模块六 \ 花纹 .cdr
对应 效果文件 \ 模块六 \ 入场卷 .cdr

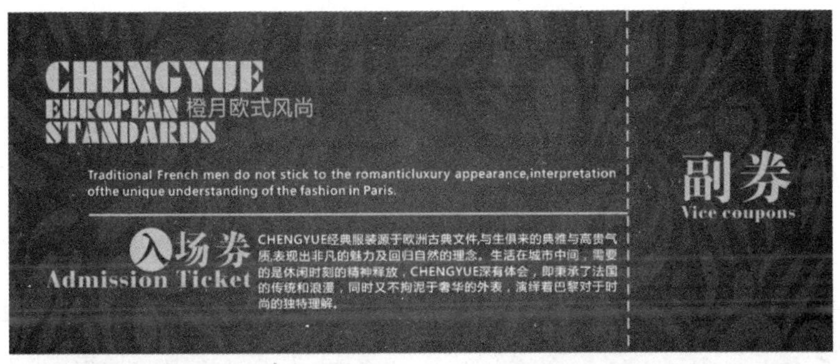

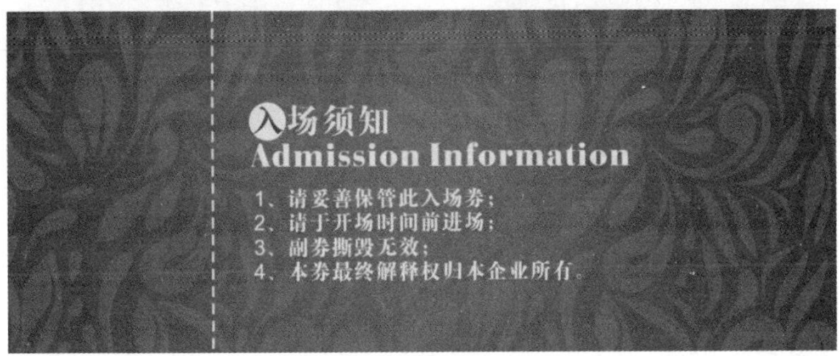

图 6-2　入场券效果

完成本任务主要包括制作背景、输入美术字文本和设置文本属性 3 步操作。具体思路及要求如下，如图 6-3 所示。

①制作背景　　②输入文本　　③设置文本属性

图 6-3　制作思路分析

（1）绘制入场券的基本结构，然后导入素材花纹。

（2）在入场券的正面和背面分别输入相应文本。

（3）针对不同的文本，设置相应的属性。

操作一　创建文本

新建一个图形文件，绘制 200 mm × 80 mm 的矩形。完成入场券基本结构的制作后，分别在其正面和背面输入相应文本。

【详细步骤】

（1）新建图形文件，绘制大小为 200 mm×80 mm 的矩形，并填充颜色为红色（C10，M100，Y90，K0）到暗红（C50，M100，Y100，K0）的射线渐变，取消轮廓线，如图 6-4 所示。

（2）导入“花纹. cdr”素材文件，设置其颜色为比矩形颜色稍暗一些的射线渐变。然后选择【效果】→【图框精确裁剪】→【放置在容器中】菜单命令，单击矩形，将花纹图形放置在其中，如图 6-5 所示。

图 6-4　填充矩形

图 6-5　导入素材图形

（3）在矩形左侧 50 mm 处绘制一条竖线，设置轮廓颜色为金色，粗细为 0.5 mm，样式为虚线。

（4）连同竖线一起复制，将复制后的竖线移动到矩形右侧 50 mm 处。

（5）选择工具箱中的文本工具 字，在绘图区中单击鼠标定位文本插入点，输入“副券”文本，使用相同的方法输入其他美术字。

（6）再次选择工具箱中的文本工具 字，在绘图区中使用鼠标拖动绘制文本输入框，在其中单击鼠标定位插入点，再输入相应的文本即可，输入后的文本如图 6-6 所示。

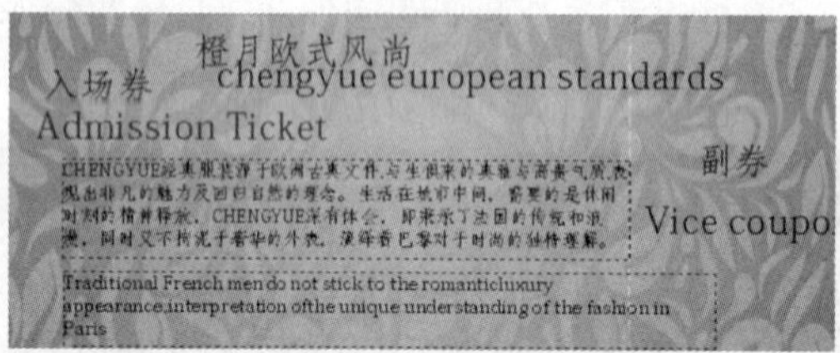

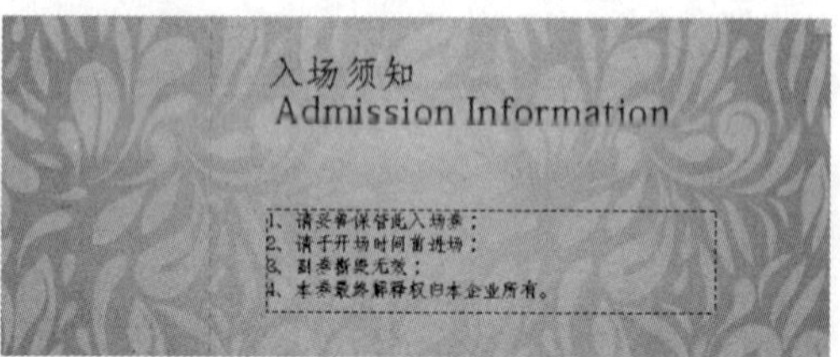

图 6-6　输入的文本

操作二　设置字体属性

输入完文本后，便可对文本的属性进行设置。

【详细步骤】

（1）选择输入的“副券”文本，在右侧的“对象属性”泊坞窗中单击 A 选项卡，并在其中设置字体为“方正大标宋简体”，大小为 38 pt，颜色为金色。

（2）选择“副券”文本下的英文文本，在属性栏中设置其字体为“BauerBodni Blk BT”，字号为 12 pt，颜色为金色，如图 6-7 所示。

（3）选择其他的美术字文本，设置中文字体为“方正大标宋简体”和“微软雅黑”，设置英文字体为“BauerBodni Blk BT”和“DekoBlackSerial”，字号大小可根据需要按照图形的缩放进行调整，颜色都为金色，如图 6-8 所示。

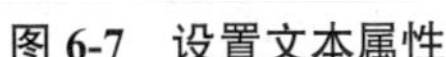

图 6-7　设置文本属性

图 6-8　设置其他美术字的属性

小提示：打开“对象属性”泊坞窗

在 CorelDRAW 中若没有打开“对象属性”泊坞窗，可选择【窗口】→【泊坞窗】→【属性】菜单命令，或按“Alt+Enter”键，也可在任意对象上单击右键，在弹出的快捷菜单中选择“属性”命令。

（4）选择第 3 行的英文文本，选择【文本】→【更改大小写】菜单命令，在打开的对话框中单击选中“大写”单选项，单击 确定 按钮，如图 6-9 所示。

（5）按“Ctrl+K”键将文本打散，然后分别对单个单词进行缩放大小的调整，将其分别放置在合适的位置，效果如图 6-10 所示。

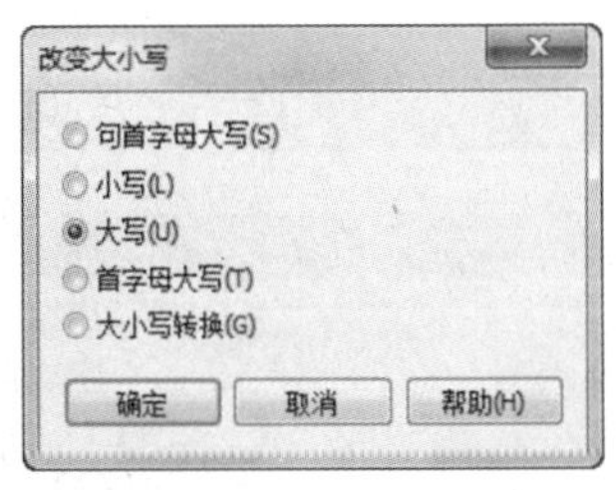

图 6-9　更改文本的大小写

图 6-10　打散文本

（6）选择带有文本框的段落文本，在属性栏中设置入场券正面的字体为“微软雅黑”，字号为 8 pt，颜色为白色。设置背面的字体为“方正大标宋简体”，字号为 16 pt，颜色为金色，如图 6-11 所示。

（7）按“Shift”键选择正面的两个文本框，在属性栏中单击“水平对齐”按钮，在弹出的面板中选择“全部调整”选项，将段落文本按两端对齐，然后分别选择各个文本框，将鼠标移至文本框周围的节点处，当其变为双向箭头时拖动鼠标，调整文本框的大小。

小提示：切换挑选工具

在文本工具状态中不能按“空格”键切换为挑选工具，只能单击工具箱中的挑选工具来进行切换。

（8）使用相同的方法对背面的文本框进行调整，这里不用设置其对齐方式，如图 6-12 所示。

图 6-11　设置段落文本的属性

图 6-12　调整文本框大小

（9）将“入场券”等文本放置到左下方，并调整其大小。完成后在上方绘制一条直线，轮廓颜色为金色，粗细为 0.5 mm，如图 6-13 所示。

（10）使用椭圆形工具绘制圆形，填充颜色为金色，取消轮廓线，然后将其放置在文本下方，放置圆形处的单个文本将其颜色更改为暗红（C50,M100,Y100,K0），然后将文本置于上层，最后按相同的方法在背面中创建图形，如图 6-14 所示。

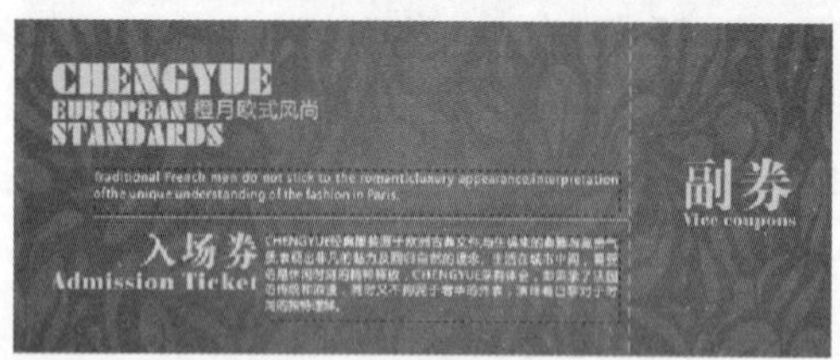

图 6-13　绘制直线

图 6-14　绘制圆形

小提示：转曲文本

输入段落文本后，文字周围有文本框的虚线效果，这个虚线框是不会被打印的。如果觉得影响视觉效果，可按“Ctrl+Q”键将文字转曲，便可以不显示文本框。

本任务主要运用了文本工具的相关知识，包括输入美术字文本和段落文本，以及设置文本的属性等。

下面对设置文本属性进行补充讲解。

1. 文本对齐方式

设置文本对齐有多种方式，常用的包括通过属性栏和“段落格式化”泊坞窗进行设置。

- 通过属性栏设置文本对齐的方法非常简单，即先选择需要对齐的文本，然后单击属性栏中的“水平对齐”按钮，在弹出的面板中选择相应的选项即可。
- 使用“段落格式化”泊坞窗设置文本对齐的方法是，先选择需要对齐的文本，再选择【文本】→【段落格式化】菜单命令打开“段落格式化”泊坞窗。在该泊坞窗中单击“对齐”效果栏的按钮展开其选项，在“水平”和“垂直”下拉列表框中选择对齐方式即可。

2. 美术字文本和段落文本的转换

美术字文本和段落文本各有优缺点，在实际操作中应根据需要选择不同的文本输入方式，这样有助于提高工作效率和制作出所需的效果。在 CorelDRAW X4 中可以在美术字文本和段落文本之间进行转换。

- **将美术字文本转换为段落文本**：选择美术字文本，选择【文本】→【转换到段落文本】菜单命令；或在所选的美术字文本上单击鼠标右键，在弹出的快捷菜单中选择“转换到段落文本”命令。
- **将段落文本转换为美术字文本**：选择段落文本，选择【文本】→【转换到美术字】菜单命令；或在所选择的段落文本上单击鼠标右键，在弹出的快捷菜单中选择“转换到美术字”命令。

任务二　制作海报

工作 任务场景

经过这两天对文本的了解，晓雪已经对相关的基本知识有所掌握。今天上班后，晓雪正准备练习前两天掌握的知识时，被老张叫到办公桌前，老张告诉她：“晓雪，前面已经给你讲解了文本的一些基本知识，制作相对简单的设计作品已经绰绰有余了。若遇到一些复杂的文本操作，便不能满足需求。今天你练习制作一张海报吧，我会给你讲解文本的其他相关操作方法。”晓雪听后才知道原来文本的知识还有很多没有学习，于是在老张的指导下开始了搜索所需素材的工作。

行业背景知识

海报是戏剧、电影等演出或球赛等活动的招帖广告，属于广告宣传的一种形式。海报是人们极为常见的一种广告形式，多用于电影、戏剧、比赛以及文艺演出等活动。海报中通常要写清楚活动的性质、活动的主办单位、时间和地点等内容。海报的语言要求简明扼要，形式要做到新颖美观。

海报是众人皆知的广告宣传手段，无论是企业宣传某种商品，还是社团策划某种活动，在准备阶段都会向众人张贴一张相关的海报。由于海报的形式种类繁杂，时至今日，在制作上并没有特殊的要求。但若是电影、演出或活动的海报，其中一定要具体真实地写明活动的地点、时间，以及主要内容。文中可以用些鼓动性的词语，但不可夸大事实。海报文字要求简洁明了，篇幅要短小精练。海报的版式可以做些艺术性的处理，以吸引观众。

工作任务分析

本任务要求制作宣传海报，设计人员在制作之前可先对海报需要的信息进行整理。制作完成后的最终效果如图 6-15 所示。要实现该效果，需要掌握以下软件技术要点。

（1）巩固文本工具的使用。

（2）掌握设置段落文本属性的相关操作方法。

（3）掌握添加字符符号的方法。

素材 素材文件 \ 模块六 \ 图 1.psd、图 2.psd
对应 效果文件 \ 模块六 \ 海报 .cdr

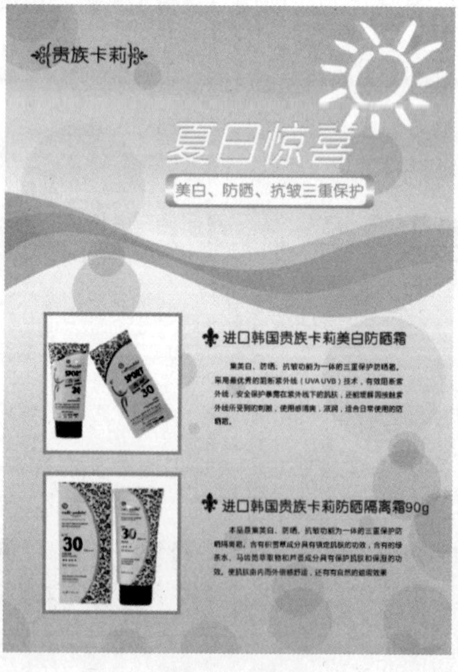

图 6-15 海报效果

制作思路分析

完成本任务主要包括制作海报背景、输入美术字和段落文本、设置文本格式以及添加字符4步操作。具体思路及要求如下，如图6-16所示。

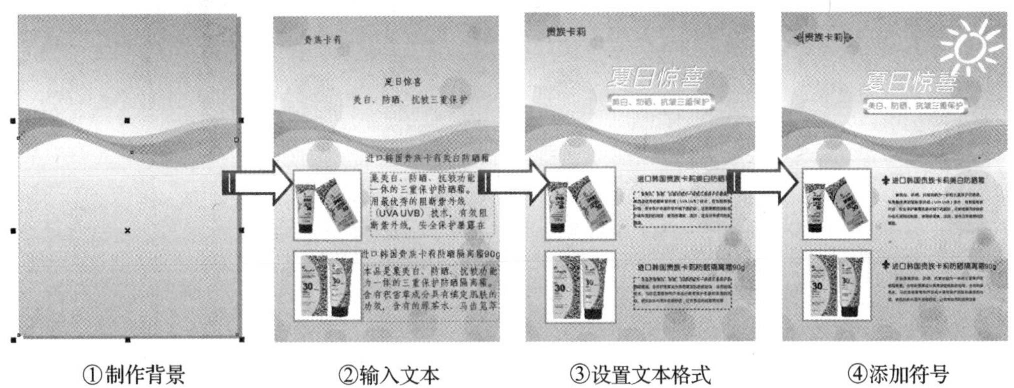

①制作背景　②输入文本　③设置文本格式　④添加符号

图 6-16　制作思路分析

（1）绘制相关图形，并填充合适的颜色，然后使用交互式透明工具添加透明效果。

（2）导入素材图片，然后输入文本。

（3）设置文本的相应属性，包括字体、字号、颜色和行距等。

（4）插入需要的字符符号，完成制作。

操作一　制作海报背景

新建图形文件，然后绘制海报的背景。

【详细步骤】

（1）新建图形文件，双击矩形工具 绘制矩形，然后将其填充为朦胧绿（调色板中的颜色）到白色的渐变。

（2）使用贝塞尔工具 绘制封闭的图形，将其填充为水蓝色（C36，M1，Y9，K0），取消轮廓线，然后使用交互式透明工具 在图形中拖动，如图6-17所示。

（3）继续绘制一个图形，设置与之前图形相同的属性后，使用交互式透明工具 在图形中拖动设置透明效果，其透明方向与之前的图形要有所不同，如图6-18所示。

（4）群组这两个曲线图形，选择【效果】→【图框精确裁剪】→【放置在容器中】菜单命令，然后单击矩形，放置到矩形中。

（5）在下方绘制一个矩形并调整，最后按“Ctrl+Q”键将其转曲，按“F10”键切换到形状工具，然后在上方的线条上添加节点并调整，如图6-19所示。

（6）使用贝塞尔工具 绘制封闭的曲线图形，将其填充为水蓝色（C36，M1，Y9，K0），透明度为标准，然后选择【效果】→【图框精确裁剪】→【放置在容器中】菜单命令，单击下方的图形，放置到其中，如图6-20所示。

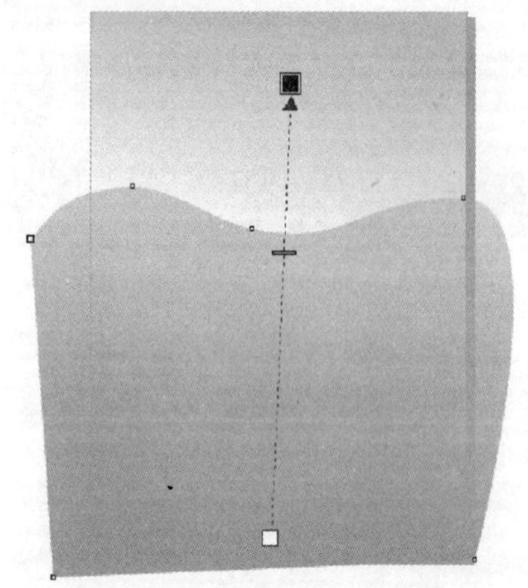
图 6-17　绘制图形

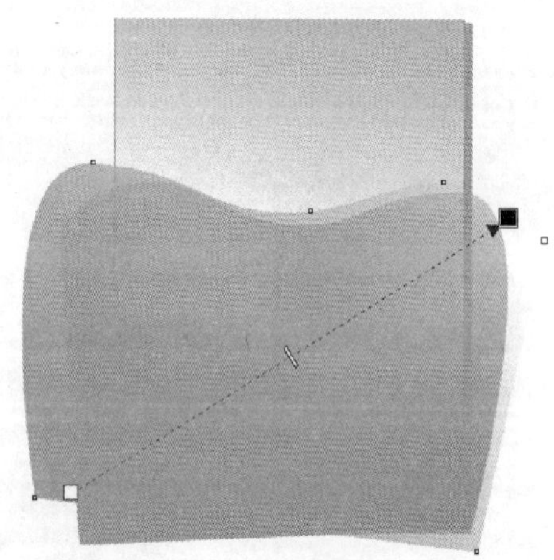
图 6-18　设置透明效果

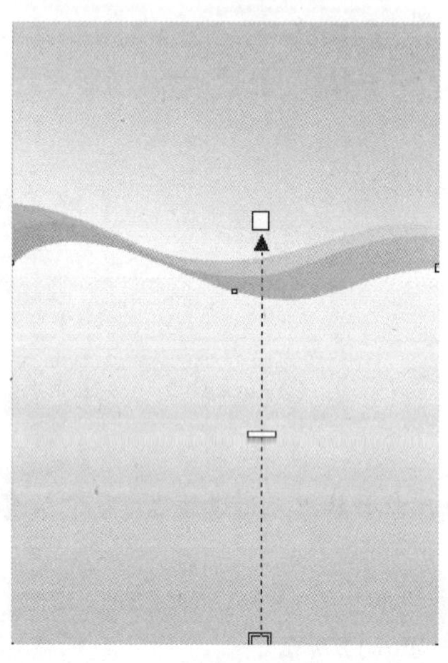
图 6-19　填充图形

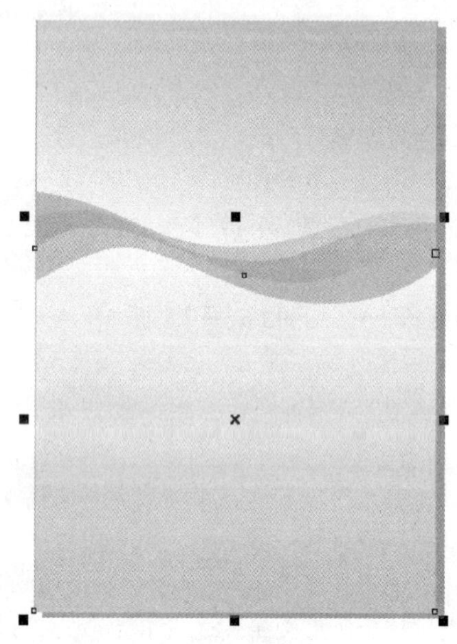
图 6-20　放置到图形中

（7）绘制圆形，填充颜色为淡黄（C1，M15，Y52，K0）和水蓝色（C36，M1，Y9，K0），然后设置其透明度，复制多个圆形，注意大小、颜色和透明度的层次，将超出页面的圆形放置在相应的图形中，如图 6-21 所示。

（8）绘制矩形，填充为白色，轮廓为水蓝色（C36，M1，Y9，K0），粗细为 1.5 mm，然后向下复制一个。

（9）导入“图 1.psd”和“图 2.psd”素材文件，缩放其大小，然后将其放置在矩形上方，如图 6-22 所示。

图 6-21　绘制圆形

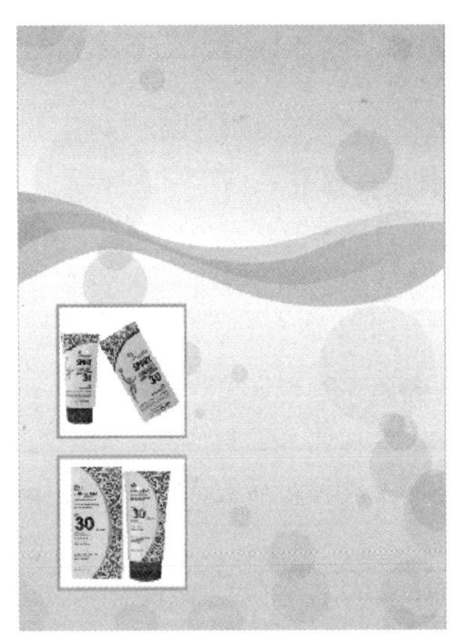

图 6-22　导入素材

操作二　输入美术字和段落文本

完成背景的制作后，下面输入文本信息。

【详细步骤】

（1）选择工具箱中的文本工具 字，在绘图区中单击鼠标定位文本插入点，输入“贵族卡莉”文本，再使用相同的方法输入其他美术字。

（2）再次选择工具箱中的文本工具 字，在绘图区中按住鼠标拖动绘制文本输入框，在其中单击鼠标，定位插入点，输入相应的文本即可，输入后的文本如图 6-23 所示。

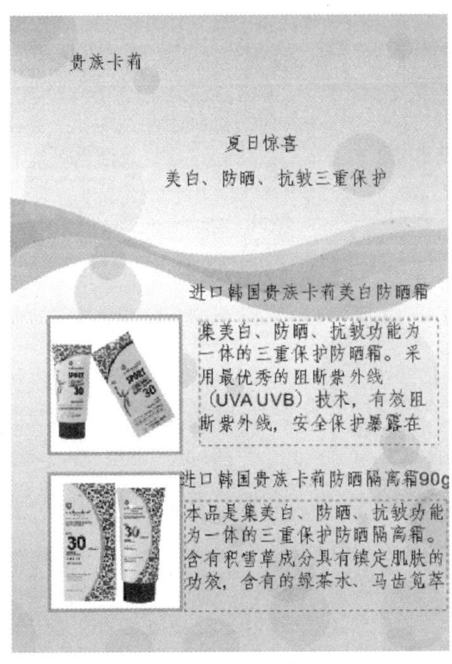

图 6-23　输入文本

操作三　设置文本格式

下面对输入的美术字文本和段落文本设置相应的格式。

【详细步骤】

（1）选择“贵族卡莉”文本，在右侧的“对象属性”泊坞窗中设置字体为“方正准圆简体”，颜色为深蓝。选择其他美术字，设置相同的字体，如图 6-24 所示。

（2）选择“夏日惊喜”文本，放大文本并复制，将上面一层的文本颜色设置为白色，下面一层的颜色设置为浅橘红。

（3）选择文本并群组，再次单击文本，其中间将出现倾斜控制柄“ ↔ ”和“↕”，将鼠标指针移到倾斜控制柄上，指针变为 ⇌ 时，按住“Ctrl”键拖动鼠标将文本倾斜 15°，如图 6-25 所示。

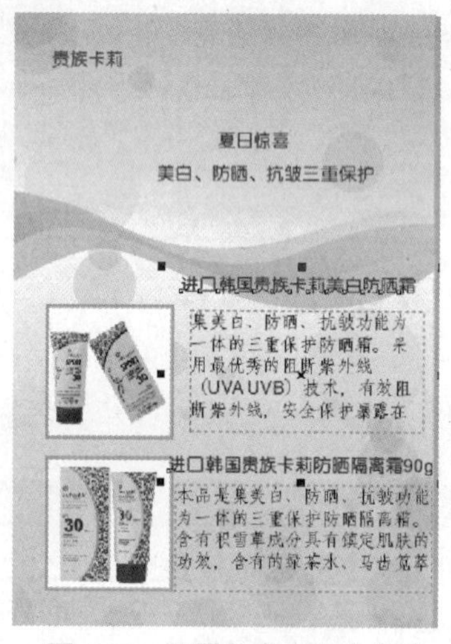

图 6-24　设置美术字文本格式

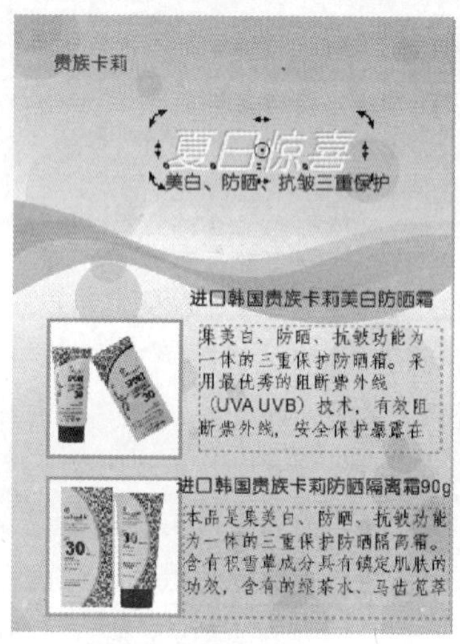

图 6-25　倾斜文本

多学一招：倾斜对象

选择【排列】→【变换】→【倾斜】菜单命令，打开“变换”泊坞窗。在“变换”泊坞窗的“倾斜”栏中输入水平和垂直数值，然后单击 应用 按钮即可。

小提示：通过“变换”泊坞窗编辑对象

在“变换”泊坞窗中不仅可倾斜对象，还可对图形对象进行其他编辑，如旋转、镜像和缩放等。

（4）绘制圆角矩形，填充颜色为浅橘红、白色和浅橘红的线性渐变，继续在上方绘制一个圆角矩形，颜色为白色，群组图形，取消轮廓线。

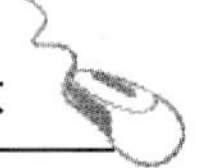

（5）选择下方的文本，设置颜色为水蓝色（C36，M1，Y9，K0），将其放置到圆角矩形上方，调整位置后的效果如图 6-26 所示。

（6）选择页面下方的美术字文本，调整其大小后，将其颜色设置为深蓝，如图 6-27 所示。

图 6-26 绘制矩形

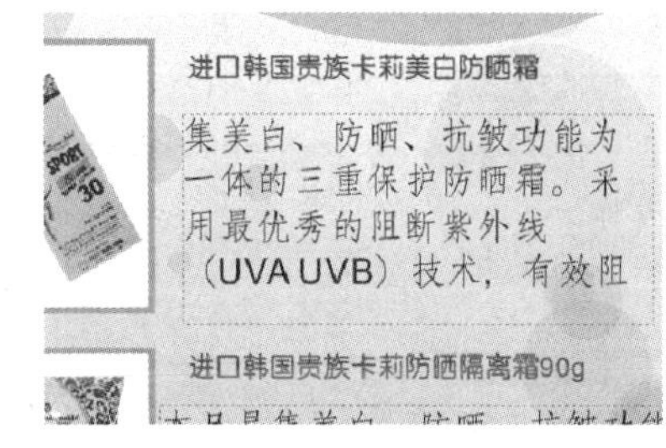

图 6-27 设置文本颜色

（7）选择段落文本，选择【文本】→【段落格式化】菜单命令，打开“段落格式化”泊坞窗，在“对齐”栏中的“水平”下拉列表框中选择“全部调整”选项。

（8）在“对象属性”泊坞窗中设置字体为“微软雅黑”，字号为 9 pt，然后调整文本框的大小，如图 6-28 所示。

（9）在“段落格式化”泊坞窗中的“间距”栏中设置行距为 150%，在“缩进量”栏中设置首行缩进为 7 mm，如图 6-29 所示。

（10）为下方其他的段落文本复制设置后的段落文本属性。

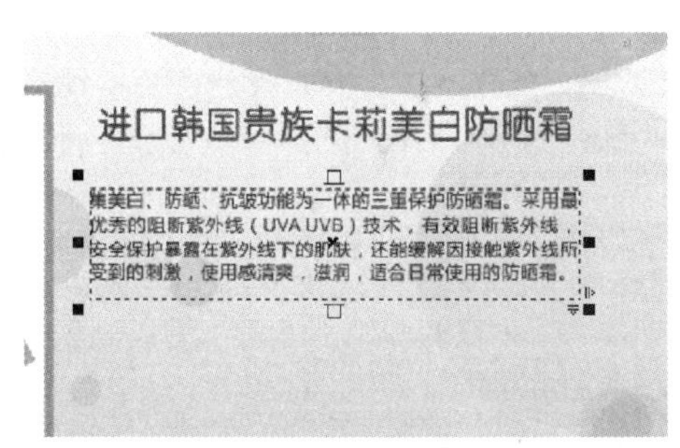

图 6-28 设置文本字体和字号

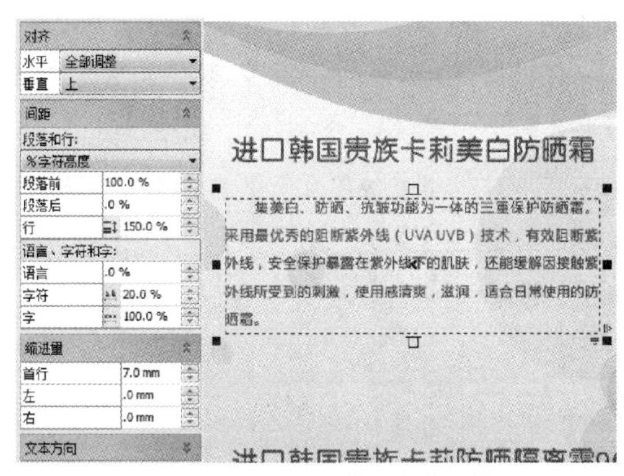

图 6-29 设置段落文本的属性

多学一招：使文本适合框架

选择需要进行调整的文本，选择【文本】→【段落文本框】→【按文本框显示文本】菜单命令，可让文本适合于文本框的大小。

操作四 插入字符

完成对文本格式的设置后，下面在海报中添加图形字符。

【详细步骤】

（1）选择【文本】→【插入符号字符】菜单命令，或按“Ctrl+F11”键打开“插入字符”泊坞窗，在“字体”下拉列表框中选择有图形符号的字体，然后在下面的列表框中选择所需的图形符号，如图 6-30 所示。单击 插入(I) 按钮或直接拖至绘图区中。

（2）将字符图形填充为深蓝，取消轮廓线，缩放其大小后移动到相应位置，如图 6-31 所示。

（3）使用相同的方法插入其他字符，填充相应的颜色，取消轮廓线，调整后的效果如图 6-32 所示。

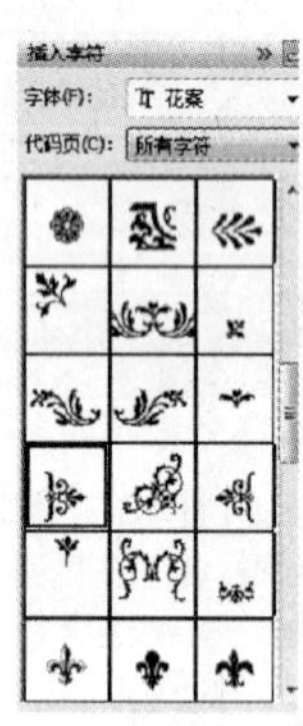

图 6-30 “插入字符”泊坞窗

图 6-31 设置字符颜色

图 6-32 插入的其他字符

多学一招：添加文本符号

用文本工具在绘图页面中需要插入符号的文本位置单击鼠标左键，会出现一个文本插入点，再选择【文本】→【插入字符】菜单命令，打开“插入符号字符”泊坞窗，在其中选择所需的文本符号，单击 插入(I) 按钮即可。

本任务主要讲解了文本格式的设置，包括美术字的格式设置和段落文本的格式设置，下面对操作中未讲解到的知识进行补充讲解。

1. 格式化段落文本

要对文本进行格式化操作，可以在“段落格式化”泊坞窗中进行，其中包括设置文本对齐、设置间距、设置缩进以及设置文本方向等。这些也可在属性栏中进行设置，如图 6-33 所示为文本工具的属性栏，在其中可设置文本的对齐方式、项目符号和首字下沉等。

图 6-33 文本工具的属性栏

- **设置文本间距：**使用形状工具选择需要调整的文本，这时文本中每个字符左下角都将出现字符节点，并且在整个文本的左下角出现行距调整箭头，右下角出现字距调整箭头。左右拖动字距调整箭头，可以增加或减少字符之间的距离。上下拖动行距调整箭头，可以增加或减少每行之间的距离。

多学一招：设置文本位置

使用形状工具选中字符中的节点时，除了可以设置文本的间距外，还可以移动文本的位置。

- **设置文本方向：**选择需要改变排列方向的文本，然后单击属性栏中的“将文本更改为垂直方向”按钮，将文本的排列方向改变为垂直排列，再次单击“将文本更改为水平方向”按钮，可以将其转换为水平排列。
- **设置分栏：**选择需要分栏的文本，选择【文本】→【栏】菜单命令，打开“栏设置”对话框可设置相应属性。
- **设置首字下沉：**将鼠标指针定位到需要设置首字下沉效果的段落文本中，选择【文本】→【首字下沉】菜单命令，打开“首字下沉”对话框，在其中单击选中“使用首字下沉”复选框，在“外观”栏中可设置下沉字数及首字下沉后的空格。

2. 链接段落文本

在 CorelDRAW X4 中可以将多个段落文本进行链接，并且可以指定文字流动的方向，对链接后的文本进行编辑。

链接文本的优势就是当调整某一个文本时，与之链接的其他文本框中的文本将会自动发生变化，而文本内容不会发生改变。创建链接文本的方法为：选择输入的段落文本，包括溢出和未溢出的段落文本，用鼠标左键单击文本框下方的“□”图标，将鼠标移至页面中的其他地方，这时鼠标光标呈“▤”状，拖曳鼠标绘制一个文本框，此时绘制的文本框与之前所选的段落文本框之间就创建了链接，如图 6-34 所示。

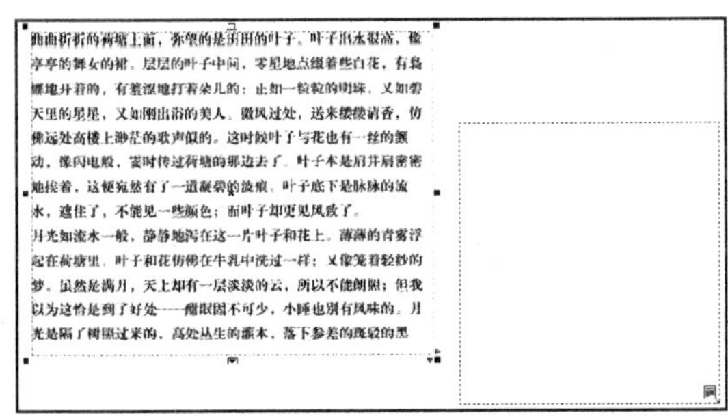

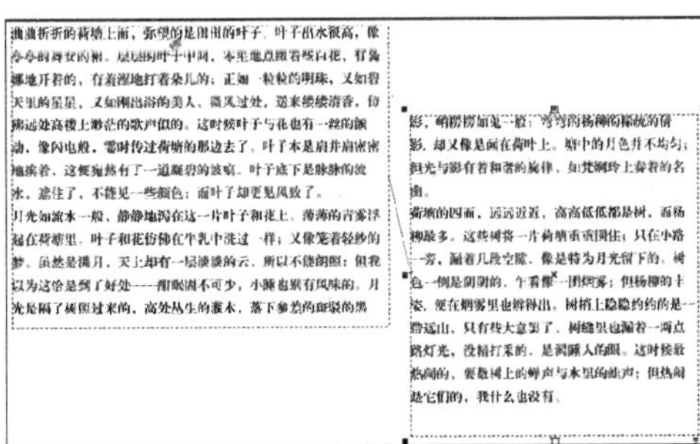

图 6-34　链接文本

小提示：创建链接文本时的注意问题

当创建链接文本时，缩小其中的某个文本框，溢出的文本将流向与之链接的另一个文本框。如果将其中的某一个链接文本框删除，文字将自动流向另一个链接文本框。

任务三　制作折页宣传单

工作任务场景

这几天，公司负责的一个大的广告设计项目已基本完成，客户还在审稿中，所以工作时间比较轻松。这天晓雪上班后，老张找到晓雪告诉她："客户还需要我们制作一张三折页的宣传单，你现在对这个软件也比较熟悉，这份工作就交给你来完成。"晓雪一听就来了兴致，正在琢磨今天要做些什么，现在好了，终于可以做一张单子了。晓雪正要去准备需要的文本和素材图片时，老张叫住晓雪说："制作完成后给我审查一下。"

行业背景知识

宣传单俗称传单。一般分为两大类，一类主要作用是推销产品、发布一些商业信息和寻人启事；另外一类是义务宣传，如宣传义务献血等。通常印刷厂印刷的宣传单是用 157 克双铜纸拼版印刷而成。尺寸规格一般为 A4 纸大小，即 210 mm × 285 mm。

三折页的宣传单和单页的制作方法相同，都是由主题、广告语、设计主图、LOGO、正文和联系方式组成。只是单页的宣传单是全部结合在一起，而三折页的宣传单则是将其内容拆分开来分折页进行设计。一般三折页宣传单的大小规格没有固定，可根据内容的多少和设计的美观等综合因素进行考虑。

工作任务分析

本任务制作的宣传单是关于茶品的，由于篇幅的原因，这里只制作宣传单的一页，即展开后的封面、封底和中间页 3 个页面。制作完成后的最终效果如图 6-35 所示。要实现该效果，需要掌握以下软件技术要点。

（1）掌握文本排版的方法。

（2）掌握文本与路径的使用方法。

（3）了解条形码的插入方法。

素材　素材文件 \ 模块六 \ 宣传单素材

对应　效果文件 \ 模块六 \ 宣传单 .cdr

图 6-35　宣传单效果

制作思路分析

完成本任务主要包括导入文本、设置文本段落格式和设置文本效果 3 步操作。具体思路及要求如下，如图 6-36 所示。

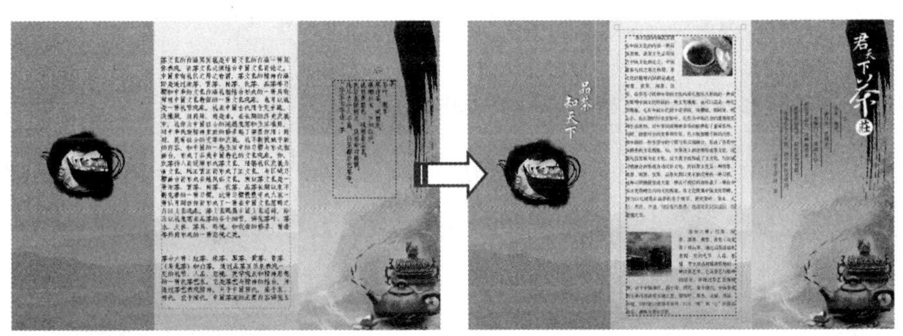

①绘制背景和导入文本　　②设置文本属性和效果

图 6-36　制作思路分析

（1）绘制宣传单的背景效果，并导入文本。

（2）设置文本的格式。

（3）设置文本绕图，并绘制边框图形。

操作一　导入文本

下面先新建一个图像文件，绘制完背景后导入文本。

【详细步骤】

（1）新建一个图形文件，设置其页面方向为横向，页面大小为 300 mm×210 mm，并将其保存为“宣传单 .cdr”。

（2）选择工具箱中的矩形工具 ，在绘图区中绘制 3 个大小相等的矩形。

（3）将两边的矩形填充为土黄色（C18，M26，Y45，K0），取消轮廓线，如图 6-37 所示。

（4）导入“背景 .jpg”素材图片，缩放至合适大小后放置到右侧的矩形处，使用交互式透明工具设置透明效果，如图 6-38 所示。

图 6-37　填充矩形

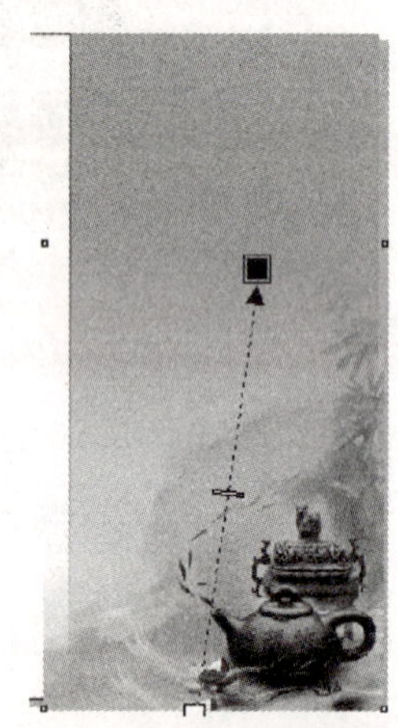

图 6-38　设置透明效果

（5）选择【效果】→【图框精确裁剪】→【放置在容器中】菜单命令，单击矩形后放置到矩形中。导入“墨 .psd”素材文件，按照相同的方法将其放置在当前矩形中，如图 6-39 所示。

（6）使用导入图片的方法导入“一字至七字诗 .txt”文本文档，此时鼠标变为 形状，在页面中单击即可将文本导入到 CorelDRAW 中，导入后的文本自动为段落文本。

（7）选择导入的段落文本，单击属性栏中的“将文本更改为垂直方向”按钮 ，将文本的排列方向改为垂直排列，然后调整文本框，如图 6-40 所示。

图 6-39　导入图片

图 6-40　导入文本

（8）将中间的矩形和左侧的矩形结合，然后导入“山 .psd”素材图片，将其透明度设置为70，缩放至合适大小后将其放置在矩形中，如图 6-41 所示。

（9）拆分矩形，将中间的矩形填充为土黄（C5，M5，Y21，K0），取消轮廓线，如图 6-42 所示。

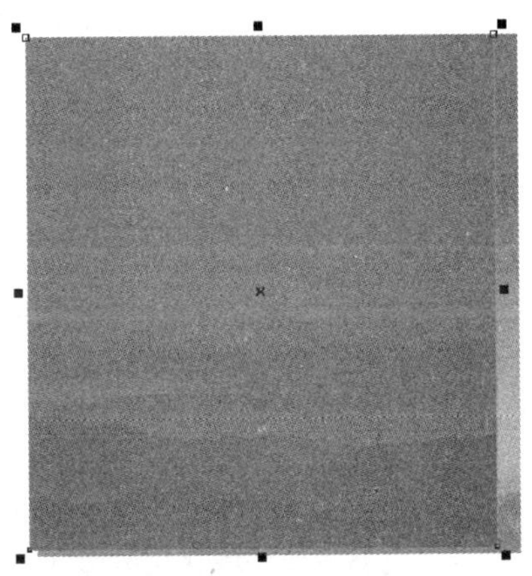

图 6-41　结合图形

图 6-42　拆分图形

（10）导入“墨 1.psd”和“茶壶 .psd”素材文件，缩放大小后放置在相应位置，然后群组并将其与矩形垂直对齐，如图 6-43 所示。

（11）导入“正文 .txt”文本文档，将其放置到中间的矩形处，如图 6-44 所示。

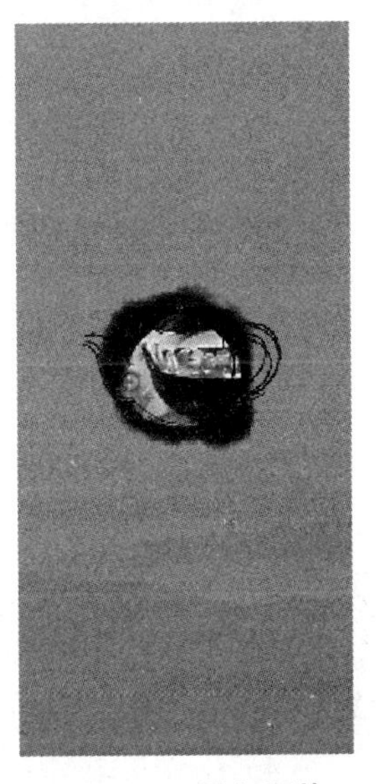

图 6-43　导入图片

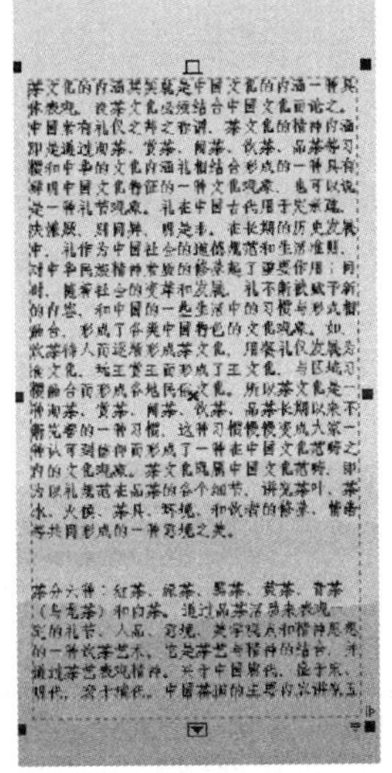

图 6-44　导入文本

小提示：折页宣传单的文本注意问题

在制作折页宣传单时，折痕的位置最好不要放置文本，且文本与折痕处要保持一定的边距。

操作二 设置文本段落格式

下面对导入的文本设置段落格式。

【详细步骤】

（1）选择宣传单封面上的段落文本，设置其字体为“方正书宋繁”，字号为 12 pt。

（2）将段落文本转换为美术字，按“Ctrl+K”键打散文本，然后绘制竖线，设置粗细为 0.3 mm，复制竖线，并按间距分布。

（3）调整文本位置，完成分布文本，选择文本和竖线，按“Ctrl+G”键群组，缩放整体大小后的效果如图 6-45 所示。

（4）在上方输入“茶”文本，设置其字体为“经典繁行书”，颜色为白色，按“Ctrl+Q”键转曲文本，按“F10”键调整节点，然后放大文本图形，效果如图 6-46 所示。

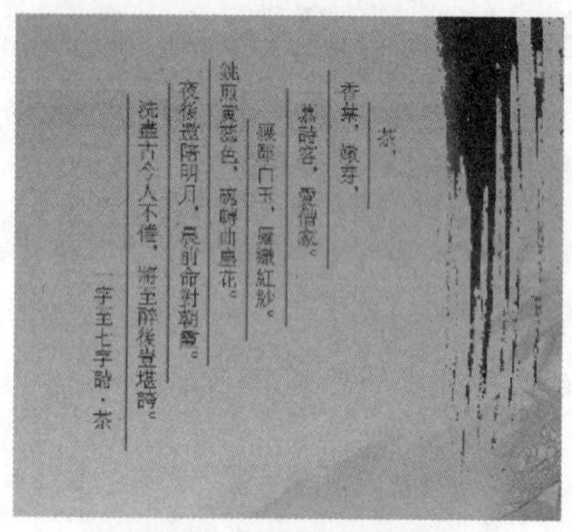

图 6-45 设置文本属性

图 6-46 转曲文本

（5）继续输入文本，设置字体为“汉仪行楷繁”，颜色为白色，然后按“Ctrl+K”键打散文本，最后进行再排列，如图 6-47 所示。

（6）绘制圆形，然后使用文本“庄”修剪圆形，将其填充为白色，如图 6-48 所示。

（7）在宣传单封底输入文本，设置字体为“汉仪行楷繁”，颜色为黑色，按“F10”键调整文本的字距。

（8）复制一层，将复制后的文本颜色设置为白色，如图 6-49 所示。

图 6-47 输入文本

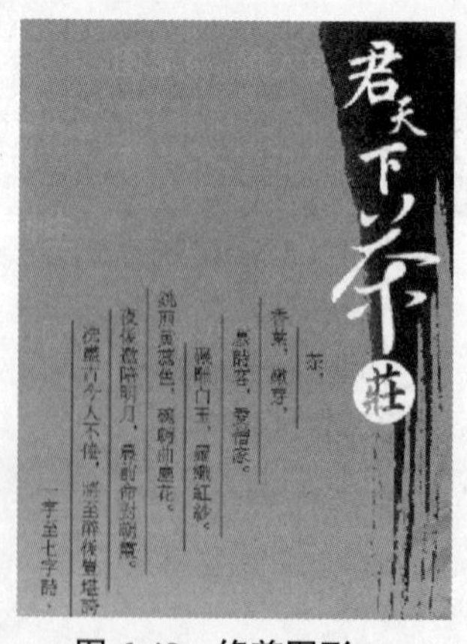

图 6-48 修剪图形

图 6-49 复制文本

（9）在文本右侧绘制一条竖线，轮廓颜色为土黄（C5，M5，Y21，K0），如图 6-50 所示。

（10）选择中间的段落文本，在“段落格式化”泊坞窗中设置相关属性，如图 6-51 所示。

（11）将字体设置为“方正书宋简”，字号为 10 pt，如图 6-52 所示。

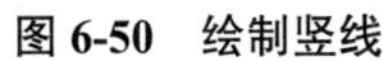

图 6-50　绘制竖线

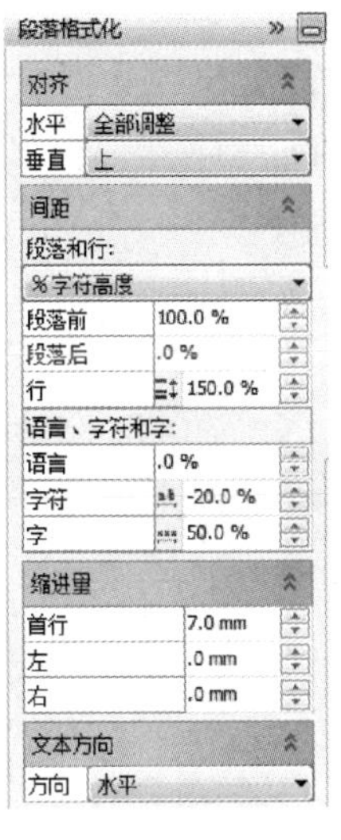

图 6-51　“段落格式化”泊坞窗

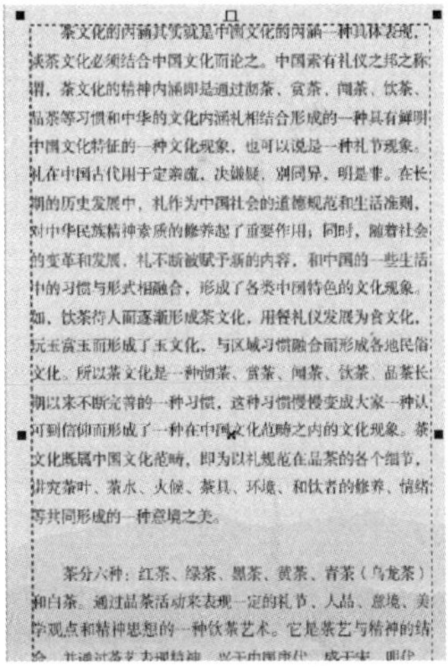

图 6-52　设置字体字号

（12）调整文本框后，将其与矩形垂直居中对齐。

操作三　设置文本效果

下面为段落文本设置相关效果。

【详细步骤】

（1）导入“茶 1.jpg”素材图片，选择图片，缩放至合适大小后，单击属性栏中的“段落文本换行”按钮，在打开的面板中选择“跨式文本”选项，设置“文本换行偏移”为 5 mm，如图 6-53 所示。

（2）导入“茶 2.jpg”素材图片，按照相同的方法设置文本绕图，如图 6-54 所示。

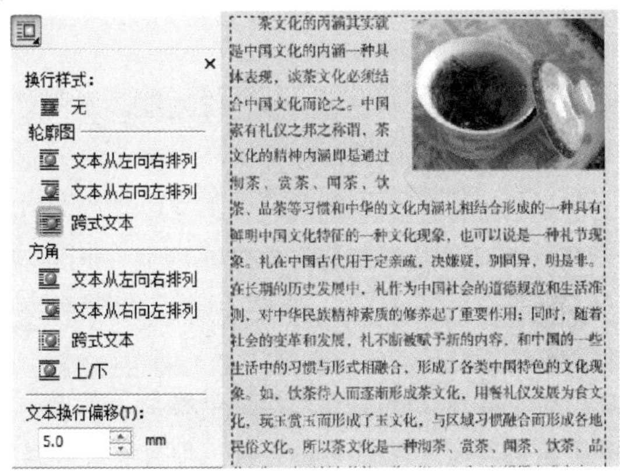

图 6-53　设置文本饶图效果

图 6-54　导入图片

（3）此时设置文本饶图效果后，文本有溢出，选择段落文本，设置字号为 9 pt，然后调整图片的大小，如图 6-55 所示。

（4）使用矩形工具绘制装饰的边框图形，轮廓颜色为土黄（C18，M26，Y45，K0），粗细为 0.5 mm，如图 6-56 所示。

图 6-55 调整文本框

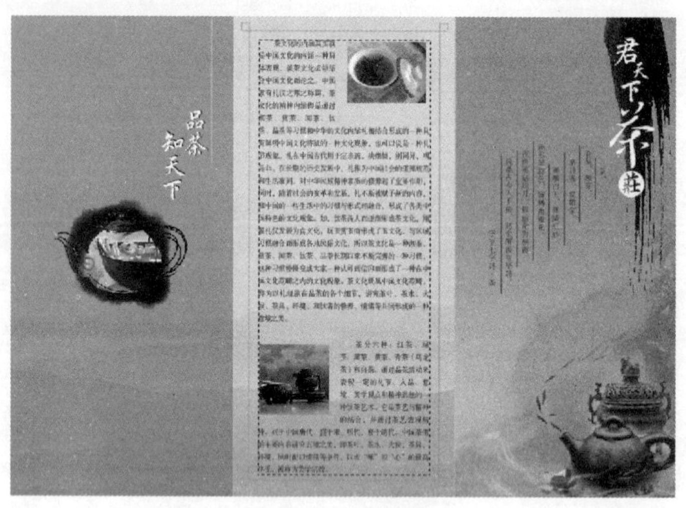

图 6-56 绘制边框

小提示：轮廓粗细的注意问题

在绘制图形时，轮廓粗细不能为默认的发丝，可设置为 0.25 以上的粗细，这样在打印输出时才能显示。

本任务应着重掌握导入文本和设置文本格式的相关知识。下面对路径文本和插入条形码等知识进行相关补充讲解。

1. 文本与路径

在 CorelDRAW X4 中除了可以编辑文本，还可以对文本进行一些特殊处理，如将文本转换为路径、使文本适合路径和设置内置文本等。下面分别进行讲解。

- 将文本转换为路径：将文本转换为路径有两个非常重要的作用，一是后面打印和输出章节中要讲到的“文字转曲”，即将文字转换为曲线，这样便于在其他计算机中正常显示字体效果；二是通过将文字转换为路径后，为文字制作特殊效果。按“Ctrl+Q”键将文本转换为路径后，使用形状工具可以对路径进行编辑。
- 使文本适合路径：选择一段文字，然后选择【文本】→【使文本适合路径】菜单命令，将鼠标指针移到需要沿此排列的路径中当鼠标呈“I字”状时单击左键，即可将文字沿该路径排列。也可使用右键拖曳文本到路径中，在弹出的快捷菜单中选择“使文本适合路径”命

令创建。如图 6-57 所示为文本路径的属性栏。

图 6-57　文本路径的属性栏

小提示：分离文本和路径

使文本沿路径排列后，选择【排列】→【打散在一路径中的文本】菜单命令，可以将文本和路径进行分离。

- 设置内置文本：选择需要输入文本的封闭路径，在工具箱中选择文本工具，然后将其移至封闭路径中。当鼠标指针呈“I”状时单击鼠标左键确定文本插入点，再输入文本即可。

多学一招：将已有的文本添加到封闭路径中

用鼠标右键选择已输入的文本，将其拖动到封闭路径中后释放鼠标，在弹出的快捷菜单中选择“内置文本”命令即可将文本置于封闭路径中。

2. 插入条形码

在制作包装或者书籍封面时，需要为其插入条形码。CorelDRAW X4 中内置有多种条形码样式，用户可以根据需要选择不同的样式。

插入条形码的方法为：选择【编辑】→【插入条形码】菜单命令，打开如图 6-58 所示“条码向导”对话框。在对话框的“从下列行业标准格式中选择一个”下拉列表框中根据需要选择一种行业标准格式，然后在下面的文本框中输入数字，根据提示依次单击 下一步 按钮即可。

图 6-58　“条码向导”对话框

实训一　制作会员卡

本实训要求为一家名为“天才宝宝”的母婴用品店制作一个 VIP 会员卡，店名要突出，体现卡片的类别为积分卡，要有“VIP”字样。本实训的参考效果如图 6-59 所示。

素材　**素材文件 \ 模块六 \ 卡通 .ai**
对应　**效果文件 \ 模块六 \ 会员卡 .cdr**

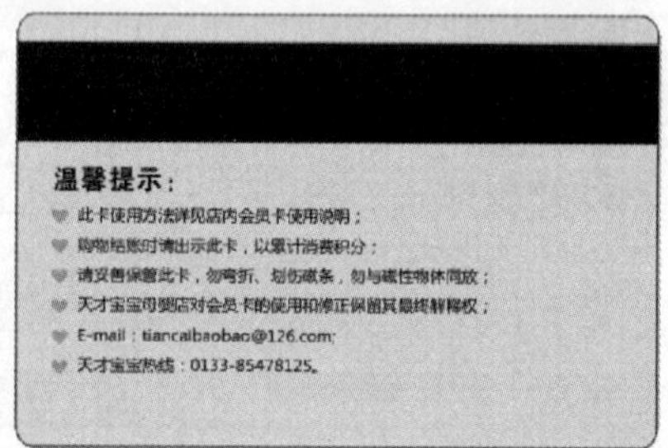

图 6-59　积分卡效果

实训思路分析

设计卡片的第一步必须了解卡片的尺寸，市场上的积分卡、名片（标准）、会员卡、优惠卡、IC 卡，以及银行卡等矩形卡片和各种磁卡基本上都是一个尺寸的，通常长 85.60 mm、宽 53.98 mm、厚 1 mm。该尺寸大小是由 ISO7810 定义的，银行卡和 IC 卡基本都采用该尺寸，同时卡片一般都是圆角的矩形。为了方便设计与制作，大部分卡片设计时都设置为成品尺寸长 85 mm、高 55 mm，或长 86 mm、高 54 mm。

除名片、IC 卡和银行卡等卡片外，设计会员卡、VIP 卡片时也可根据设计需要和客户需要对尺寸进行调整，但需有一个调整范围，否则后期不便于印制。了解关于卡片设计的相关专业知识后便可开始设计与制作了，根据上面的目标，本实训的操作思路如图 6-60 所示。

【步骤提示】

（1）新建图形文件，将其保存为“会员卡 .cdr”，然后绘制两个圆角为 10，大小为 85 mm×55 mm 的矩形。

①绘制背景　　②编辑文本　　③段落文本设置

图 6-60　制作积分卡片的思路

（2）绘制矩形，填充为相应的颜色，然后将其放置在矩形中，并设置合适的透明度，作为会员卡的背景。

（3）使用贝塞尔工具绘制曲线，填充颜色后复制一个，设置复制后图形的透明度，完成后同样放置在矩形中。

（4）输入“天才宝宝”文本，设置相应的字体，然后按“Ctrl+Q”键转曲，按“F10”键调整节点，完成后设置轮廓线。

（5）在“天才宝宝”文本左侧输入“母婴店”文本，设置其相应属性后，在下方绘制 3 个圆形，并填充颜色。

（6）在会员卡背面填充相应的颜色后绘制黑色矩形，然后在下方输入段落文本，设置文本的相应属性，注意设置行距和间距。

（7）在段落文本前绘制心形图形，填充为粉色，取消轮廓线，然后复制多个。

（8）输入其他相关文本，并设置相关的文本格式。

（9）导入“卡通 .ai”素材文件，将其放置在相应的位置。

实训二　制作水果店宣传单

本实训要求利用文本工具制作一个水果店的宣传单，完成后的最终效果如图 6-61 所示。通过本实训掌握文本工具的使用和设置段落文本的方法及添加项目符号的操作等。

素材 素材文件 \ 模块六 \ 水果 .jpg、水果 1.png、水果 2.png、水果 3.png
对应 效果文件 \ 模块六 \ 水果店宣传单 .cdr

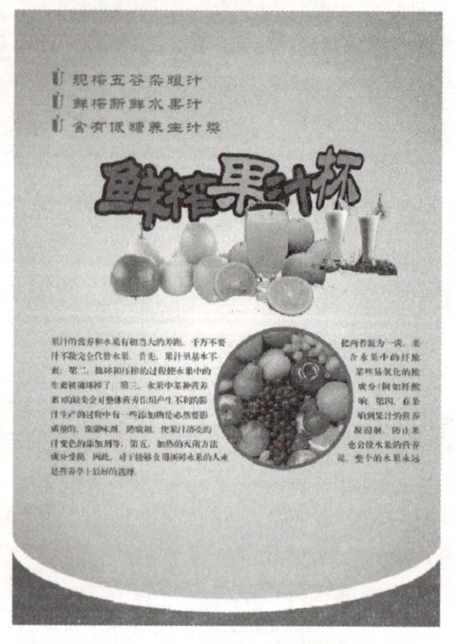

图 6-61　水果店宣传单

宣传单主要作用是为了提升店面形象，更好地展示产品和服务，说明产品的相关特点。现在已广泛运用于展会招商宣传、房产招商楼盘销售、学校招生、产品推介、旅游景点推广、特约加盟、推广品牌提升、宾馆酒店宣传、使用说明和上市宣传等。通过媒体广告向需要做宣传的企业进行宣传，将会取得较好的推广作用。

本实训已提供了宣传单需要的素材图形，制作时只需要对宣传单的版面和文本进行设计即可。结合上面的目标和分析，本实训的操作思路如图 6-62 所示。

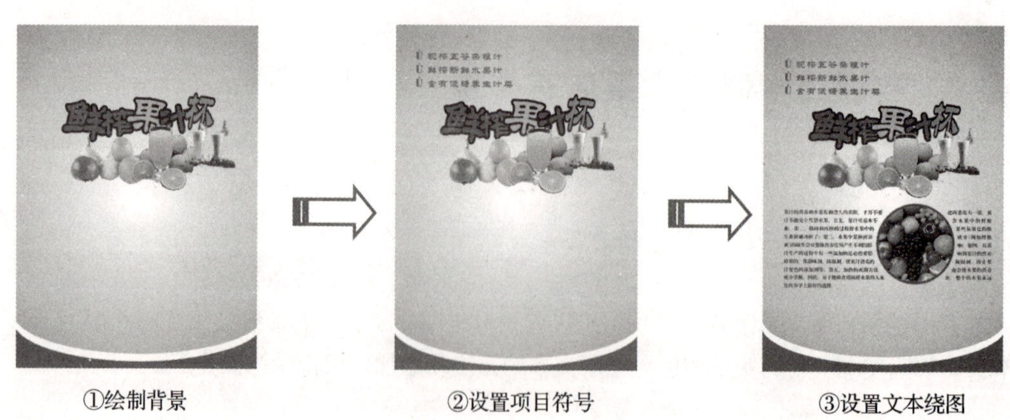

图 6-62　水果店宣传单的操作思路

【步骤提示】

（1）新建一个图形文件，用矩形工具绘制一个矩形并填充颜色，再绘制一个稍小的矩形，填充为红色。

（2）使用椭圆工具绘制一个椭圆形，再复制一个同等大小的椭圆，然后将椭圆相减，填充为白色，并导入素材图片。

（3）使用文本工具输入水果店的店名，然后将文本拆分，单字进行格式设置，并调整位置和角度，完成后为文本设置黑色的轮廓线。

（4）使用文本工具，输入段落文本，然后设置段落格式，并设置文本绕图效果。

（5）使用文本工具输入文本，然后添加项目符号。

课后实践

（1）本练习要求使用文本工具和填充工具等来制作一张简单的画展海报，完成后的最终效果如图 6-63 所示。通过本实训掌握文本工具的使用和文本属性的设置，包括字体大小、文本方向、填充颜色和字符间距等。

素材　素材文件 \ 模块六 \ 山水图片 .jpg、梅 .psd、墨 .psd
对应　效果文件 \ 模块六 \ 画展海报 .cdr

（2）本练习将使用文本工具输入文本，然后再选取输入的文本，设置文本格式等，完成后的最终效果如图 6-64 所示。

素材　素材文件 \ 模块六 \ 祥云 .ai、灯笼 .psd、灯笼 1.psd
对应　效果文件 \ 模块六 \ 门票 .cdr

图 6-63　海报效果

图 6-64　门票效果

模块七 处 理 位 图

模块简介

CorelDRAW 作为矢量图的编辑软件，也可以对位图进行处理。包括导入位图、链接位图、转换位图、裁剪位图、调整位图颜色和使用位图颜色遮罩，以及为位图添加特效滤镜等知识。本模块将以 3 个操作任务介绍编辑与处理位图的相关知识。

学习目标

本模块的知识学习目标如下：

- 了解导入位图和链接位图的基本操作。
- 掌握转换位图的操作方法。
- 熟练掌握裁剪位图和调整位图颜色等操作。
- 熟练掌握使用位图颜色遮罩的方法。
- 掌握特效滤镜效果的应用。

本模块的技能学习目标如下：

- 能导入位图。
- 能对位图进行基本编辑。

任务一 制作餐馆 DM 单

工作任务场景

晓雪进入公司已有很长一段时间，在工作中也学到了许多东西，对矢量软件 CorelDRAW X4 也有了一定认识。今天上班时，晓雪正在努力完成老张上周交给她的工作——制作一份 DM 单，客户已经提供了图片，制作起来并不是很困难，晓雪想要调整一下图片的颜色，可怎么也找不到调整图片颜色的方法。正准备去请教老张时，老张正好出来接水，晓雪问了老张这个问题，老张便对晓雪仔细讲解了在 CorelDRAW X4 中对位图的相关处理方法。

行业背景知识

DM 是指 direct mail advertising，译为“直接邮寄广告”，即通过邮寄和赠送等形式，将宣传单送到消费者手中、家里或公司所在地。但随着市场的不断发展，DM 单的形式有了广义和狭义之分。广义包括广告单页，如商场超市散布的传单以及肯德基和麦当劳的优惠券等；狭义的仅指装定成册的集纳型广告宣传画册，页数在 20 页至 200 页不等。不能出售，不能收取订户发行费，只能免费赠送。

DM 单的制作形式不限，在制作时设计人员要透彻了解商品，充分考虑其折叠方式、尺寸大小和实际重量等，主题口号一定要响亮，能吸引消费者的眼球。

除此之外，还需对 DM 单的尺寸和纸张类型有所了解，通常使用的是 16 开的尺寸（210 mm × 285 mm）和 8 开的尺寸（420 mm × 285 mm），非标准的尺寸可能会造成纸张的浪费。在纸张类型上，一般可分为 A 级铜版纸和 B 级铜版纸，其中每种铜版纸又可分为 105 克、128 克和 157 克 3 种。

工作任务分析

本任务的目标是利用编辑和处理位图的相关知识制作一份餐馆的 DM 单，由于篇幅原因，这里只制作单页效果。要求尺寸为 210 mm × 285 mm（这里未加出血），制作时要充分利用图片说明。

本任务的最终效果如图 7-1 所示。要实现该效果，需要掌握以下技术要点：

（1）掌握编辑位图的方法。

（2）掌握调整位图颜色的方法。

（3）掌握艺术效果的添加方法。

素材　素材文件 \ 模块七 \DM 单素材

对应　效果文件 \ 模块七 \DM 单 .cdr

图 7-1　DM 单效果

制作思路分析

完成本任务主要包括编辑位图、调整位图颜色和添加艺术效果 3 步操作。具体思路及要求如下，如图 7-2 所示。

（1）新建图形文件，导入所需位图素材，并将导入的位图素材进行转换并裁剪合适样式。

（2）调整位图颜色使其达到理想效果。

（3）添加艺术效果，然后添加文本。

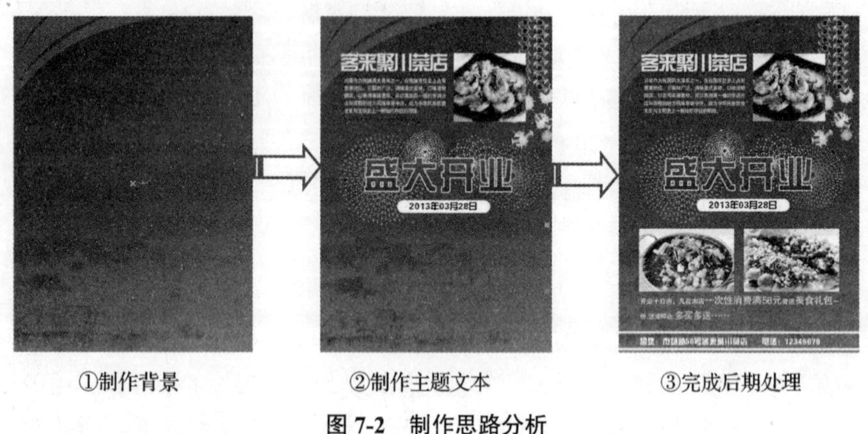

图 7-2　制作思路分析

操作一　编辑位图

新建图形文件，制作背景，然后导入位图素材，并进行相应编辑。

【详细步骤】

（1）新建一个图形文件，设置页面大小为 210 mm × 285 mm，并将其保存为“DM 单 .cdr”。

（2）双击矩形工具 绘制矩形，然后使用交互式填充工具 填充颜色为红色到暗红（C30，M100，Y100，K0）的渐变背景。

（3）使用贝塞尔工具 绘制曲线图形，填充为红色，取消轮廓线，然后选择【效果】→【图框精确裁剪】→【放置在容器中】菜单命令，单击矩形放置到其中，如图 7-3 所示。

（4）按“Ctrl+I”键或选择【文件】→【导入】菜单命令导入“山水 .jpg”素材文件。

（5）选择位图，选择【位图】→【重新取样】菜单命令，打开图 7-4 所示“重新取样”对话框，在“分辨率”栏中设置分辨率大小，在“图像大小”栏中可设置位图的图像大小，最后单击 确定 按钮即可。

小提示：复选框的作用

在“重新取样”对话框中选中“保持原始大小”复选框，表示在不改变位图大小的情况下修改位图的分辨率和印刷质量；选中“光滑处理”复选框，表示去除原始图像中的锯齿边缘；选中“保持纵横比”复选框，表示保持位图原来的比例。

图 7-3　绘制图形

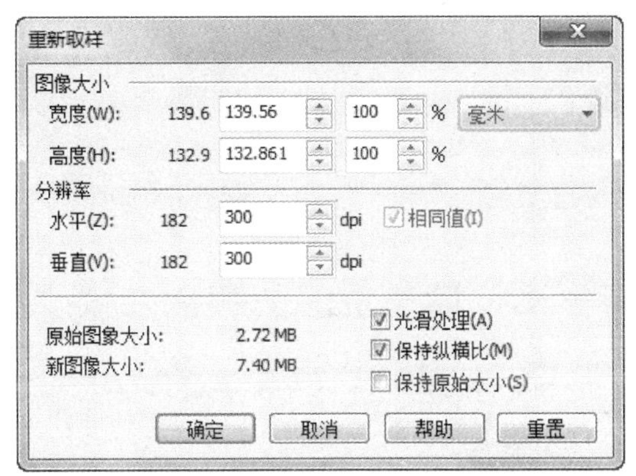

图 7-4　“重新取样”对话框

小提示：重新取样的作用

重新取样是指通过绝对数值或百分比改变位图的图形大小和分辨率，以使修改后的位图重新回到原来的状态。

（6）选择位图，对其应用渐变的透明效果，然后将其放置在矩形中，如图 7-5 所示。

（7）导入“图 1.jpg”，将其放置在合适位置。

（8）选择“图 1.jpg”素材文件，按“F10”键切换到形状工具，选择下方的两个角点按住“Ctrl”键进行拖动，裁剪掉不需要的图像部分，效果如图 7-6 所示。

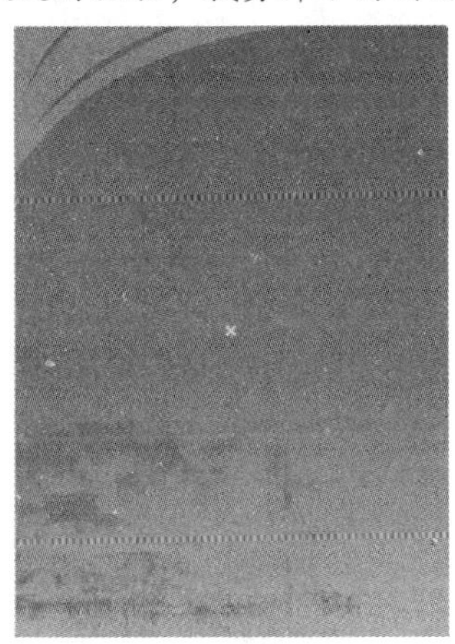

图 7-5　设置透明度

图 7-6　裁剪位图

多学一招：恢复裁剪的部分图像

使用形状工具裁剪图像后，再选择挑选工具即可完成修剪。再次按“F10”键拖动图形中的角点可显示之前裁剪的图像。

多学一招：添加或删除节点

使用形状工具裁剪图像时，同编辑路径一样，双击鼠标左键可添加或删除节点。

（9）选择挑选工具，然后将位图缩放至合适大小并放置在合适位置处。

操作二　调整位图的颜色

下面对导入的位图颜色进行调整。

【详细步骤】

（1）选择“图 1.jpg”素材文件，选择【效果】→【调整】→【调和曲线】菜单命令，打开“调和曲线”对话框。

（2）在打开的对话框中直接向上方拖动方框中的直线，然后单击 预览 按钮查看调整过后的效果，单击 确定 按钮后的效果如图 7-7 所示。

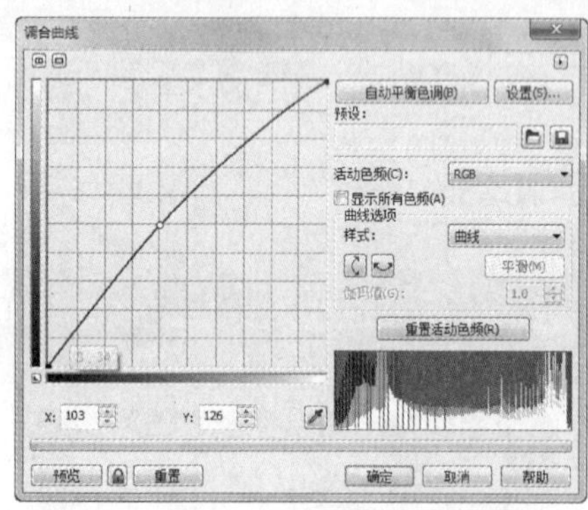

图 7-7　调整图片颜色

（3）导入“图 3.psd”素材文件，缩放大小后将其放置在合适位置，然后按“Ctrl+PgDn”键调整顺序，如图 7-8 所示。

（4）选择该图片，打开“亮度\对比度\强度”对话框，在打开的对话框中设置亮度为“3”，对比度为“5”，强度为“-3”，单击 确定 按钮后的效果如图 7-9 所示。

图 7-8　导入图形

图 7-9　设置亮度\对比度\强度

多学一招：重新设置参数

在对位图进行编辑时，在各个对话框中单击 重置 按钮可重新对参数进行设置。

操作三　添加艺术边框效果

下面为DM单输入文本，然后对导入的图片添加艺术效果。

【详细步骤】

（1）使用文本工具输入段落文本，设置字体为“方正黑体简体”，字号为14 pt，对齐方式为“全部调整”，颜色为白色，按“F10”键调整文本的行距和间距，使文本更加美观。

（2）继续在上方输入店名，设置字体为“方正综艺简体”，按“F10”键调整字距，按“+”键原位复制，设置其颜色为黄色，然后稍微移动一些位置，选择文本将其群组并放大，如图7-10所示。

（3）输入主题文本，设置字体为“方正综艺简体”，放大文本，选择文本和矩形，按“C”键将其与背景的矩形垂直居中对齐，设置颜色为红色到暗红（C30，M100，Y100，K0）的渐变。

（4）为文本设置黄色的轮廓，粗细为2 mm，在“轮廓笔”对话框中对角和线条端头等进行相应设置，效果如图7-11所示。

图7-10　输入文本

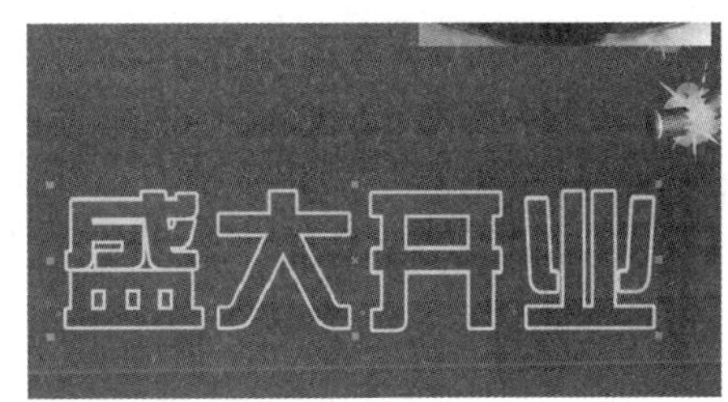

图7-11　输入主题文本

（5）导入“图2.psd”素材文件，解散群组，对图片进行相应调整，然后选择“盛大开业”文本，按“shift+PaUp”键置于最上层，如图7-12所示。

（6）在该文本下方绘制一个圆角矩形，颜色为白色，取消轮廓线，然后输入日期文本，字体为“方正综艺简体”，并将其缩放到合适大小，选择文本和矩形，按“C”和“E”键对齐，如图7-13所示。

图7-12　导入图形

图7-13　输入文本

（7）导入“图 2.jpg”和“图 3.jpg”素材图片，主要裁剪调整图片的大小。然后选择“图 2.jpg”图片，选择【位图】→【创造性】→【框架】菜单命令，打开“框架”对话框的“选择”选项卡，在左侧的下拉列表框中选择倒数第 3 个框架。

（8）单击“修改”按钮，切换到修改选项卡，在“颜色”下拉列表框中选择黄色，并设置“不透明度”为 50，在“缩放”栏中设置相应数值，如图 7-14 所示。

（9）设置完成后单击 确定 按钮，效果如图 7-15 所示。

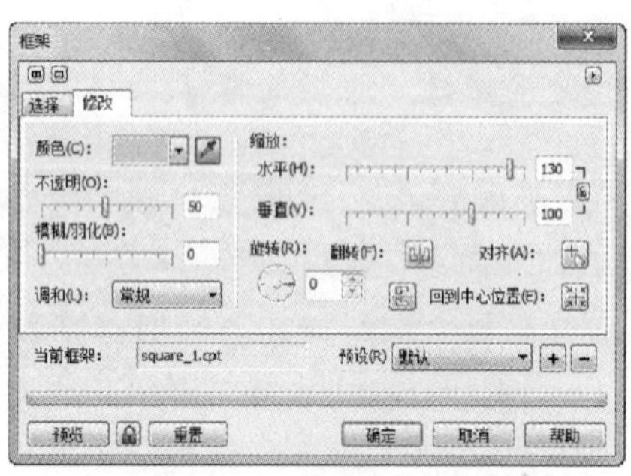

图 7-14 “框架”对话框

图 7-15 设置后的效果

（10）根据相同的方法为“图 3.jpg”素材图片添加相同的滤镜效果，如图 7-16 所示。

（11）在图片下方输入文本，设置字体为“方正黑体简体”，颜色为白色和黄色，设置字体的大小层次，重点文本将其放大显示。

（12）在下方绘制两个白色的矩形，取消轮廓线，输入地址等文本，字体为“方正综艺简体”，颜色为白色，然后将其缩放至合适大小，并与左侧的图片对齐，如图 7-17 所示。

图 7-16 设置图片滤镜效果

图 7-17 输入文本

小提示：复制文本属性

为了提高工作效率，在后期设置文本属性时，可复制之前设置的文本属性，然后进行更改。这样就不用重复的对文本格式进行设置，也保持了图形文件文本的统一性。设计人员在设计图形时，不宜用过多的字体和不同的文本属性。

本任务主要运用了位图的相关知识，包括裁剪位图、编辑位图、调整位图颜色和添加滤镜

效果等知识。下面将分别对本任务中涉及的知识进行补充讲解。

1. 位图颜色遮罩

使用位图颜色遮罩可以隐藏或更改选择的颜色，而不改变图像中的其他颜色，常用于删除某些不需要的背景颜色。其方法为选择需要进行颜色遮罩的位图，选择【位图】→【位图颜色遮罩】菜单命令，打开“位图颜色遮罩”泊坞窗，单击选中“隐藏颜色”单选项，再单击“颜色选择”按钮，在位图中单击需要隐藏的颜色即可。

2. 描摹位图

在 CorelDRAW X4 中可以利用描摹位图功能将位图转换为矢量图，通过该功能可以自动描绘位图，而且能够得到多种描绘方式的效果。

描摹位图的方法为：先选择需要描摹的位图，然后选择“位图”菜单，在打开的菜单中包括“快速描摹”、“中心线描摹”和“轮廓描摹”3 个菜单命令，选择相应命令即可用所选的方式对位图进行描摹，如图 7-18 所示为使用“快速描摹”命令后的效果。

图 7-18　快速描摹

3. 调整位图颜色

在 CorelDRAW X4 中提供了 12 种调整位图颜色的方案，除了本任务中使用的两种调整外，还包括其他多种方案。通过“调整”命令调整颜色的方法都一样，即选择需要调整颜色的位图，然后选择【效果】→【调整】菜单命令，在其子菜单中选择需要的命令，然后设置相关参数，单击 确定 按钮即可。下面分别对各个子菜单命令进行讲解。

- **高反差：**“高反差”命令是通过移动滑块来调整暗部和亮部的细节，效果如图 7-19 所示。
- **局部平衡：**“局部平衡”命令是指通过改变图像各颜色边缘的对比度来调整图像的暗部和亮部细节，效果如图 7-20 所示。
- **取样 / 目标平衡：**使用“取样 / 目标平衡”命令调整图像是通过直接从图像中提取颜色样品来调整图像，效果如图 7-21 所示。
- **颜色平衡：**调整色彩通道可以在 RGB 和 CMYK 之间转换颜色模式，颜色平衡是对每一个控制量进行设置，从而矫正图片颜色，效果如图 7-22 所示。

图 7-19　高反差效果

图 7-20　局部平衡效果

图 7-21　取样 / 目标平衡的效果

图 7-22　调整颜色平衡的效果

- **伽玛值**："伽玛值" 命令是一种校色方法，其原理是人眼因相邻区域的色值不同而产生的视觉印象，用于在不影响阴影感高光的情况下强化较低对比度区域的细节，效果如图 7-23 所示。
- **色度 / 饱和度 / 亮度**：通过对色度、饱和度和亮度的调整可以改变图片的颜色深浅，效果如图 7-24 所示。

图 7-23　伽玛值效果

图 7-24　色度 / 饱和度 / 亮度的效果

- **所选颜色**：通过增加或减少图像中的 CMYK 值来控制设置图像颜色，效果如图 7-25 所示。
- **替换颜色**：从图像中选取一种颜色，在所选区域上创建一个屏蔽，在这个屏蔽中进行颜色调整，效果如图 7-26 所示。
- **取消饱和**："取消饱和" 命令是将图片的颜色模式改变成灰度方式，选中需要调整的位图，选择【效果】→【调整】→【取消饱和】菜单命令即可，效果如图 7-27 所示。
- **通道混合器**：使用 "通道混合器" 命令可以通过改变不同颜色通道的数值来改变图像的色调，效果如图 7-28 所示。

图 7-25　所选颜色效果

图 7-26　替换颜色效果

图 7-27　取消饱和的效果

图 7-28　通道混合器效果

- **自动调整**："自动调整"命令可以对导入或转换生成的位图颜色对比度等进行自动调整。该操作非常简单，即选择需要调整的位图，然后选择【位图】→【自动调整】菜单命令，CorelDRAW X4 将自动对位图进行调整，没有设置参数的过程，效果如图 7-29 所示。
- **图像调整实验室**："图像调整实验室"命令可以手动调整位图的色调、饱和度、亮度和对比度等，而且还可以选择分别对高光、暗部和中间调等部分进行调整。其方法为：选择需要调整的位图，然后选择【位图】→【图像调整实验室】菜单命令，在打开的"图像调整实验室"对话框中设置好相关参数后，单击 确定 按钮即可，如图 7-30 所示。

图 7-29　自动调整效果

图 7-30　"图像调整实验室"对话框

小提示：“图像调整实验室”对话框

“图像调整实验室”对话框中有一排按钮，通过这些按钮可以选择原始图像和调整后效果的预览方式，并且可以将预览窗口进行放大、缩小、旋转和移动，从而方便查看效果。

任务二　制作宣传单

工作任务场景

这天，老张找到晓雪说：“晓雪，前两天你正好学习到位图的处理知识这一块，经过前面实例的制作，相信你对位图的基本操作有了大致的掌握，今天，就继续练习位图的处理操作吧。”晓雪听后，问老张：“那接下来需要我参与制作什么设计啊？”老张告诉晓雪：“不要着急，这次制作的是一张奶茶宣传单，在制作之前可先找到需要的素材图片，然后再在 CorelDRAW 中进行制作”。

行业背景知识

宣传单在印刷前期，需要进行设计和排版。宣传单印刷因其使用印刷介质的不同，需要采用不同的印刷方式：电脑宣传单纸一定要采用激光打印机印刷；普通宣传单纸一定要采用宣传单胶印机印刷；特种宣传单纸一定要采用丝网印刷机印刷。部分宣传单印刷后还要进行再加工。宣传单有部分需要进行塑封，所有的电脑宣传单一定要经过切卡机切成宣传单后才能使用，而部分宣传单为显示高贵和气派还需要添加烫金等特殊工艺。

工作任务分析

本任务要求制作一张奶茶店的宣传单，在制作时要根据产品的特征来寻找素材。制作完成后的最终效果如图 7-31 所示。要实现该效果，需要掌握以下技术要点：

（1）巩固位图的导入和编辑方法。

（2）掌握位图的基本操作。

素材 素材文件 \ 模块七 \ 宣传单素材
对应 效果文件 \ 模块七 \ 宣传单 .cdr

图 7-31　宣传单效果

制作思路分析

完成本任务主要包括制作背景、编辑图形图像和添加文本 3 步操作。具体思路及要求如下，如图 7-32 所示。

（1）新建图形文件，然后绘制矩形并填充颜色。

（2）导入位图，并进行相应编辑。

（3）添加文本，并设置相应属性。

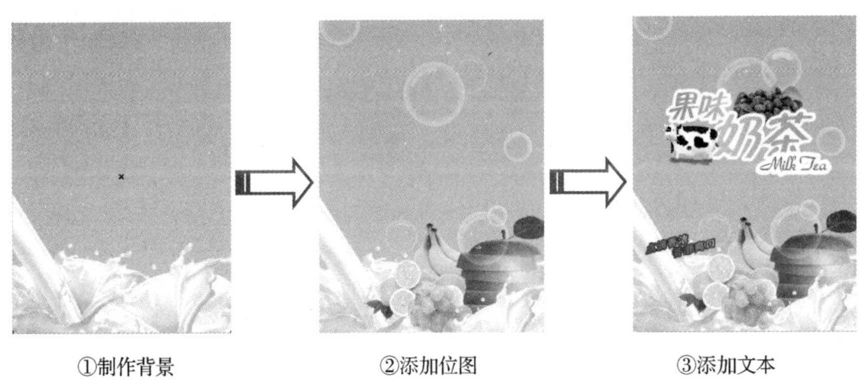

图 7-32　制作思路分析

操作一　制作宣传单背景

首先新建一个图形文件，然后导入需要的素材图片，并进行简单的编辑，为宣传单制作背景。

【详细步骤】

（1）新建图形文件，设置页面大小为 210 mm×285 mm（不包括出血线），然后将其保存为“宣传单.cdr”。双击矩形工具 绘制矩形，将其填充为绿色（C31,M2,Y95,K0）到橙色（C4，M5，Y93，K0）的渐变，取消轮廓线，如图 7-33 所示。

（2）导入“1.psd”素材文件，缩放其大小并放置在相应位置，然后复制图片，对其进行旋转，并添加渐变的透明度效果，群组这两张图片，选择【效果】→【图框精确裁剪】→【放置在容器中】菜单命令，然后单击矩形放置在其中，如图 7-34 所示。

图 7-33　填充背景

图 7-34　导入素材图片

（3）导入“2.psd”、“3.psd”、“4.psd”和“5.psd”素材文件，分别对其进行缩放、旋转和排列等编辑，然后导入“1.psd”素材文件，对其添加渐变的透明度效果，并放置在最上层，全选导入的图片，放置在矩形中，如图 7-35 所示。

（4）绘制圆形，填充为白色，取消轮廓线，然后添加射线的透明效果，如图 7-36 所示。

图 7-35　导入图片

图 7-36　绘制圆形

（5）在气泡图形上绘制一条曲线，设置轮廓颜色为白色，粗细为 4mm。

（6）为了后面缩放图形时轮廓效果随之改变，选择【排列】→【将轮廓转换为对象】菜单命令，或按“Ctrl+Shift+Q”键，即可将轮廓线转换为图形对象，然后为其添加 70% 的标准透明效果，如图 7-37 所示。

（7）群组轮廓线和圆形，然后复制并调整大小，效果如图 7-38 所示。

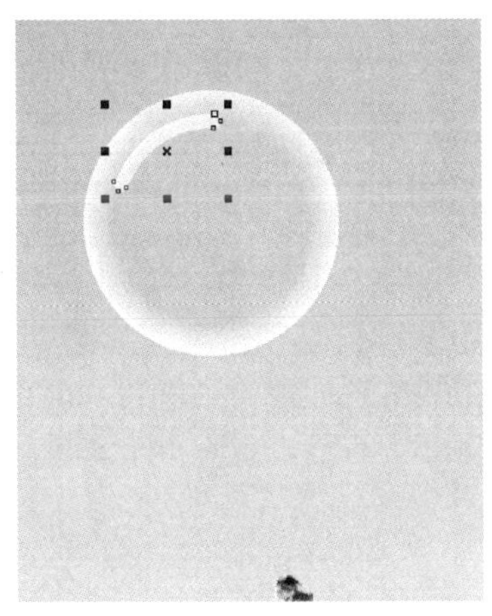

图 7-37　将轮廓转换为对象

图 7-38　复制图形

操作二　编辑图形图像

绘制完宣传单的背景后，下面对其他的位图进行编辑。

【详细步骤】

（1）导入“奶牛 .psd”素材文件，然后按“F10”间切换到形状工具，调整图片的 4 个角点，使其贴齐图片，如图 7-39 所示。

（2）使用挑选工具选择图片，然后调整其大小和位置。

（3）导入“1.jpg”素材文件，缩放图片大小，选择【位图】→【位图颜色遮罩】菜单命令，打开“位图颜色遮罩”泊坞窗，默认单击选中“隐藏颜色”单选项，单击“颜色选择”按钮，单击位图中需要隐藏的颜色，然后单击 应用 按钮则将所选的颜色隐藏。

（4）按照相同的方法继续操作，直到需要隐藏的颜色全部隐藏为止，如图 7-40 所示。

图 7-39　裁剪图片

图 7-40　隐藏图片颜色

操作三　添加文本

下面为宣传单添加文本。

【详细步骤】

（1）输入文本，设置字体为“方正毡笔黑简体”，颜色为为绿色（C31，M2，Y95，K0）到橙色（C4，M5，Y93，K0）的渐变。

（2）为文本设置白色的轮廓线，如图 7-41 所示。

（3）调整文本的大小和间距，然后再次单击文本，按住“Ctrl”键不放倾斜文本，如图 7-42 所示。

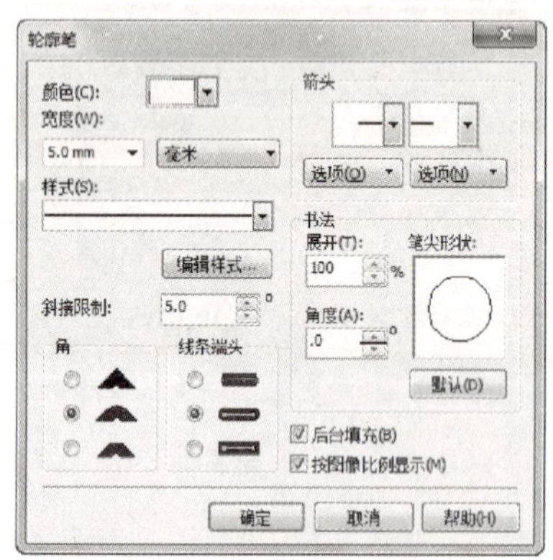

图 7-41　设置轮廓

图 7-42　倾斜文本

（4）将操作（2）中的图片移动到文本旁的相应位置，注意其大小和排列顺序，如图 7-43 所示。

（5）在文本的下方输入“Milk Tea”文本，设置字体为“ParkAveDEE”，颜色为绿色，轮廓线粗细为 8 mm，然后将其缩放至合适大小，群组文本和图片，并全部放大，如图 7-44 所示。

图 7-43　调整文本大小

图 7-44　设置英文文本

（6）输入广告语文本，设置字体为“方正大黑简体”，颜色为秋橘红到深黄的线性渐变，轮廓粗细为 2 mm，颜色为深红（C40，M100，Y93，K0）（注意在“轮廓线”对话框中的设置）。

（7）选择文本，将其旋转 15° 和倾斜 15° ，并将其移动到合适位置，如图 7-45 所示。

图 7-45 广告语文本

本任务主要练习了位图的导入和编辑等操作。下面对位图的其他基本编辑进行补充讲解。

1. 将矢量图转换为位图

在平面设计的过程中，有时为了设计需要，要对矢量图形调整颜色或应用特殊滤镜效果，这时就需要将绘制的矢量图转换为位图。其方法为：选择需要转换为位图的矢量图，选择【位图】→【转换为位图】菜单命令，在打开的如图 7-46 所示的“转换为位图”对话框中设置好分辨率以及颜色等参数，单击 确定 按钮即可。

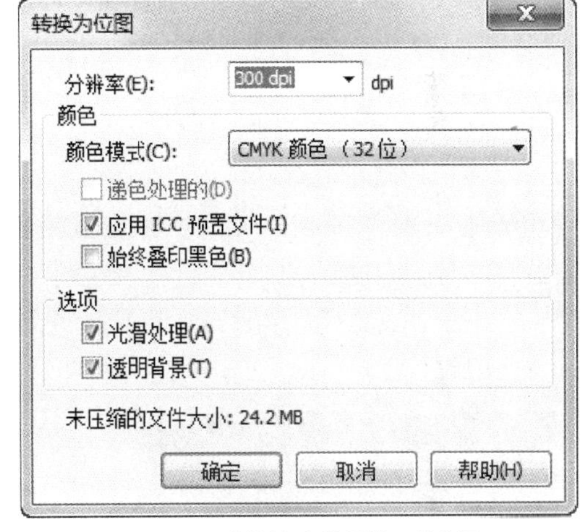

图 7-46 “转换为位图”对话框

“转换为位图”对话框中各选项的含义如下：

- **“分辨率”下拉列表框：** 用于设置转换为位图的分辨率，可以在下拉列表框中进行选 择，也可以直接输入数值。
- **“颜色模式”下拉列表框：** 可设置转换为位图的颜色模式。
- **“应用 ICC 预置文件”复选框：** 选中该复选框，将应用国际颜色委员会预置文件，使设备与颜色空间的颜色标准化。
- **“光滑处理”复选框：** 选中该复选框，将在位图中去除在低分辨率显示下参差不齐的边缘。
- **“透明背景”复选框：** 选中该复选框，将位图的背景设置为透明色。

2. 转换为位图颜色模式

在 CorelDRAW X4 中可以将位图转换为多种色彩模式，包括黑白、灰度、双色、调色板、RGB 颜色、Lab 颜色和 CMYK 颜色等。转换位图颜色的方法为：先选择需要转换为位图色彩模式的图片，然后选择【位图】→【模式】菜单命令中的子菜单，即可将其转换为需要的模式。

任务三　制作相机宣传广告

工作任务场景

晓雪听老张说，这段时间公司业务进度很紧张。这天，晓雪一大早来到公司后，正准备去问老张今天的工作任务，老张就说："晓雪，这几天我也比较忙，所以没有什么时间来具体地教你 CorelDRAW X4 的使用。你正在学习位图的操作，正好这里有一家公司准备做一份相机广告，你可以练习一下。"于是老张把需要的素材发给晓雪，让晓雪自由发挥。

行业背景知识

宣传广告就是通过做广告来向消费者说明某种产品或服务。广告种类繁多，在日常的生活中也随处可见，宣传广告是用图像的创意结合文本来吸引观众的眼球，因此在制作本任务时需要注意的是：图片要紧紧结合产品及主题，画面要简单明了。这样才能给人带来视觉上的震撼。

综上所述，宣传广告旨在宣传产品，促进消费。图 7-47 所示为楼盘的宣传广告。图 7-48 所示为手机宣传广告。

图 7-47　楼盘的宣传广告

图 7-48　手机宣传广告

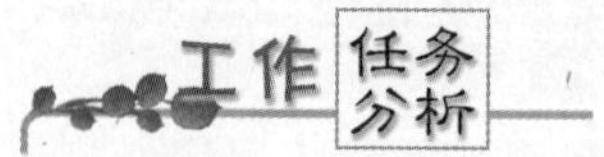

工作任务分析

本任务要求制作卡片相机的宣传广告，制作完成后的最终效果如图 7-49 所示。要实现该效

果，需要掌握以下技术要点：

（1）掌握转换位图的操作方法。

（2）掌握滤镜效果的添加方法。

素材　素材文件 \ 模块七 \ 相机广告素材

对应　效果文件 \ 模块七 \ 相机广告 .cdr

图 7-49　相机广告效果

制作思路分析

完成本任务主要包括编辑位图、添加滤镜效果和转换位图 3 步操作。具体思路及要求如下，如图 7-50 所示。

①导入图片　②添加滤镜　③添加文本

图 7-50　制作思路分析

（1）导入位图并调整大小至合适位置。

（2）为图片添加相应的滤镜。

（3）转换位图，然后添加文本。

操作一　编辑位图

下面新建一个图像文件，然后导入位图，对位图进行转换和编辑。

【详细步骤】

（1）新建一个图形文件，然后将其页面设置为横向，保存为“相机广告 .cdr”。

（2）双击矩形工具 绘制一个矩形，然后导入“背景 .jpg”素材文件，对其进行旋转编辑，然后缩放图片，按“F10”键对超出页面的部分进行裁剪，完成后效果如图 7-51 所示。

（3）导入“1.psd”素材文件，按“Ctrl+K”键打散图片，然后将其各自放置在相应的位置，根据相同的方法裁剪图片。

（4）导入“3.psd”素材文件，缩放其图片大小，并放置在相应位置，如图 7-52 所示。

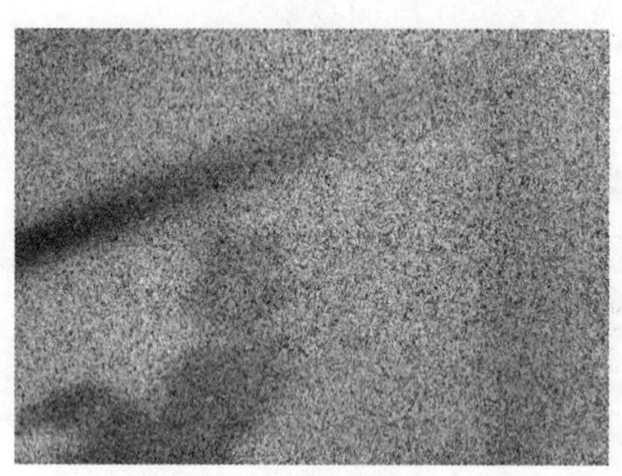

图 7-51 导入背景图片

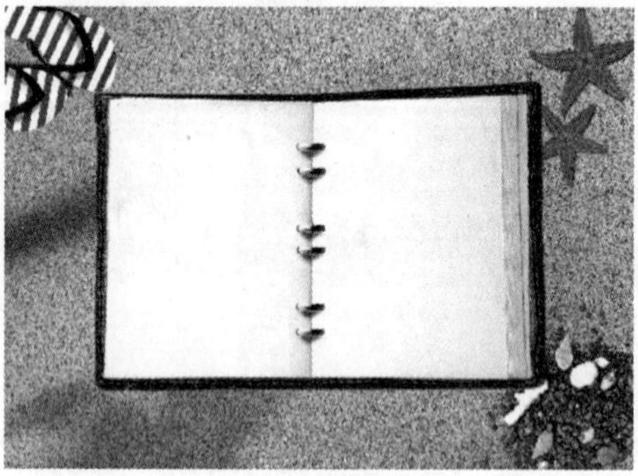

图 7-52 裁剪图片

（5）选择“3.psd”素材文件，使用交互式阴影工具 为图片添加阴影效果，在属性栏中设置“阴影的不透明度”为 30，“阴影羽化”为 10，效果如图 7-53 所示。

（6）导入“2.psd”素材文件，打散图片后对各个图片进行相应编辑，效果如图 7-54 所示。

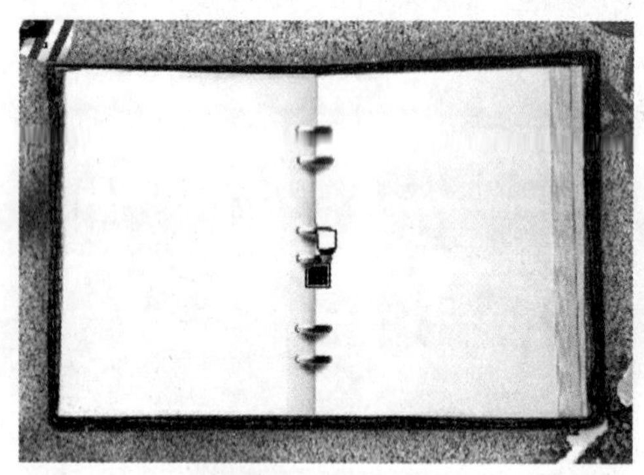

图 7-53 添加阴影

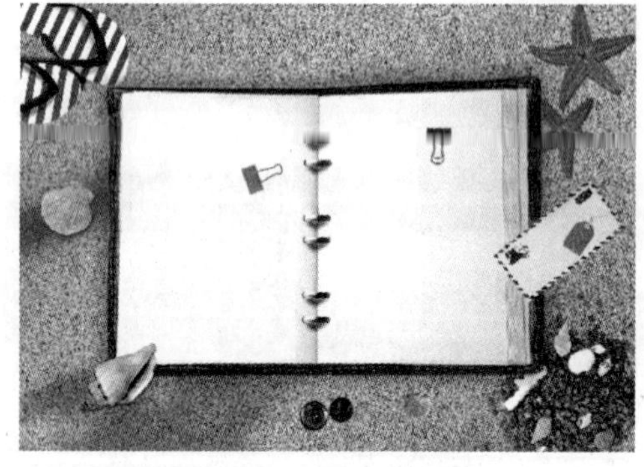

图 7-54 导入图片

（7）绘制白色的矩形，取消轮廓线，然后为其添加阴影效果，在属性栏中设置“阴影角度”为 180，“阴影的不透明度”为 10，“阴影羽化”为 10。

（8）导入“景 1.jpg”、“景 2.jpg”、“景 3.jpg”和“景 4.jpg”素材文件，将其放置在矩形上方，并移动夹子的图像，如图 7-55 所示。

（9）根据相同的方法绘制矩形，然后在其中放置图片，选择图片和相应的矩形，对其进行缩放和旋转等操作，如图 7-56 所示。

图 7-55　导入素材

图 7-56　调整图片位置

操作二　添加滤镜效果

下面为个别图片添加滤镜效果。

【详细步骤】

（1）选择图片，选择【位图】→【艺术笔触】→【木版画】菜单命令，打开“木版画”对话框，在其中进行相应设置，然后单击 预览 按钮可查看效果，确定后单击 确定 按钮即可，如图 7-57 所示。

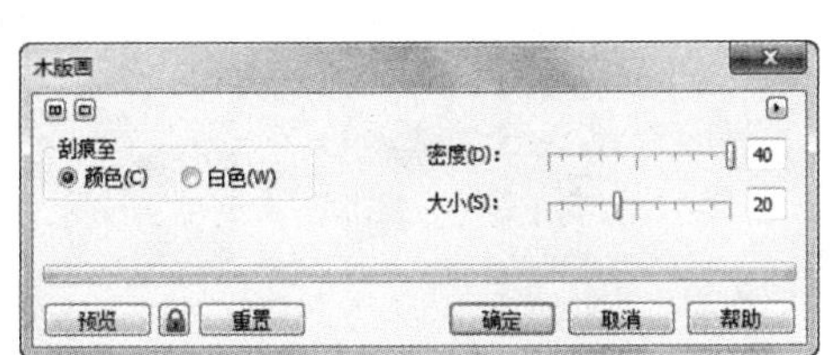

图 7-57　添加木版画滤镜效果

（2）选择图片，选择【位图】→【颜色转换】→【梦幻色调】菜单命令，打开“梦幻色调”对话框，在其中设置“层次”为 4，单击 确定 按钮后的效果如图 7-58 所示。

（3）根据相同的方法为其他照片添加相同的滤镜效果，如图 7-59 所示。

图 7-58　调整颜色

图 7-59　调整其他图片颜色

操作三　转换位图

下面导入相机图片，然后转换所有图片的颜色模式为 CMYK。

【详细步骤】

（1）导入“相机.psd”素材文件，缩放其大小后放置在相应位置，然后选择【位图】→【转换为位图】菜单命令，在打开的对话框中设置颜色模式为“CMYK 颜色（32 位）”，如图 7-60 所示。

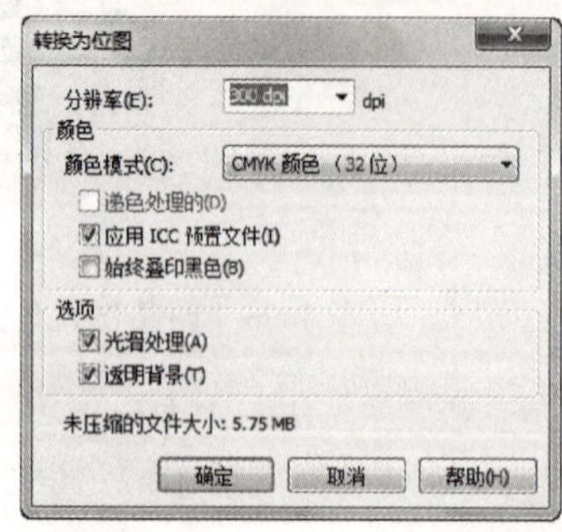

图 7-60　转换位图

（2）按照相同的方法将所有图片的颜色模式都转换为 CMYK 颜色，分辨率都为 300 dpi。

（3）添加了阴影效果的图片在转换位图时会提示转换后会删除阴影，此时，将阴影与图片打散再转换即可。转换位图的效果如图 7-61 所示。

（4）在图片中输入相应的文本信息，设置字体为“迷你简硬笔行书”，字号为 9 pt 和 12 pt，按“F10”键调整字距，然后将其放置在相应的位置上，如图 7-62 所示。

图 7-61　转换位图

图 7-62　输入文本

知识回顾拓展

本任务练习了为位图添加特殊效果的知识。在 CorelDRAW X4 中提供了 10 种共 73 个滤镜特效。学生可利用本任务的方法结合其他滤镜命令的使用特点，为图像添加各种滤镜效果，从而了解各类滤镜的区别。

下面简单介绍以下常用滤镜的效果。

- **三维旋转**：选择该命令可得到立体的旋转效果。
- **浮雕**：选择该命令可得到浮雕效果。用户可以控制其浮雕的深度和角度。
- **卷页**：选择该命令可使图片的一角或多角出现卷页效果。
- **素描**：选择该命令可将图像转换为铅笔素描。
- **高斯模糊**：选择该命令可使位图按照高斯分配产生朦胧的效果。
- **动态模糊**：选择该命令可产生图像运动的幻象。

- **曝光**：选择该命令可将位图转为底片，并能调节曝光的效果。
- **查找边缘**：选择该命令可搜索出对象边缘并将其转换为软或硬的轮廓线。
- **描绘轮廓**：选择该命令可增强位图对象的边缘。
- **框架**：选择该命令可用预设图框或其他图框位图。
- **马赛克**：选择该命令可使位图产生不规则的椭圆小片拼成的马赛克效果。
- **虚光**：选择该命令可使位图被一个相框围绕着，从而产生古典镜框的效果。
- **气候**：选择该命令可在位图中添加大气环境，如雪或雨等。
- **风**：选择该命令可使位图产生一种被风刮过的图像效果。
- **替换**：选择该命令可通过在两幅图像间赋颜色值，然后按照置换图像的值来改变现有的位图。
- **像素化**：选择该命令可将一幅位图分成方形或矩形等像素单元，从而创建出夸张的位图外观。
- **平铺**：选择该命令可产生一系列图像。

实训一　制作招白酒包装平面图

本实训要求利用矩形工具和均匀填充工具等来创建酒包装的平面图，完成后的最终效果如图 7-63 所示。

素材　素材文件 \ 模块七 \ 画 .jpg
对应　效果文件 \ 模块七 \ 白酒包装平面图 .cdr

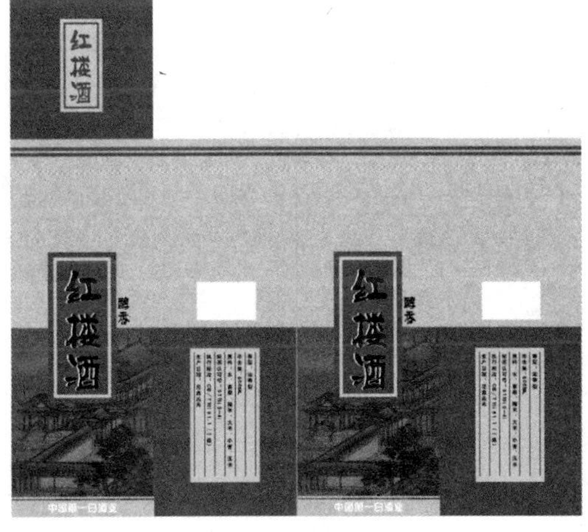

图 7-63　平面图效果

实训思路分析

白酒包装设计适当与否将直接影响它的认知率、铺货率甚至市场占有率，因此设计人员在制作时，要充分考虑到所需的材质和防伪技术等方面的因素，制作的包装设计和产品诉求要吻合，即对品牌的蕴意要进行传播，所以对白酒包装的设计要综合考虑。

了解关于白酒包装的相关专业知识后便可开始设计与制作了，根据上面的目标，本实例的操作思路如图 7-64 所示。

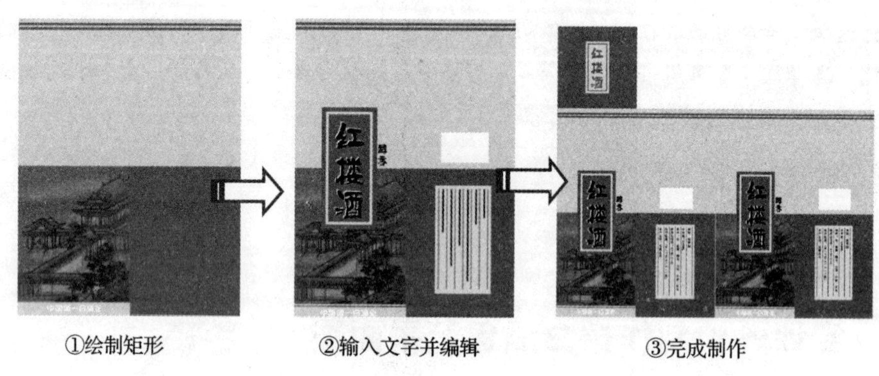

①绘制矩形　②输入文字并编辑　③完成制作

图 7-64　制作白酒包装平面图的思路

【步骤提示】

（1）新建图形文件，将其保存为“白酒包装平面图 .cdr”。绘制一个矩形，将其填充为红色，然后导入“画 .jpg”素材文件，对图片进行编辑，为其设置标准的透明效果。

（2）选择该图片，选择【效果】→【图框精确裁剪】→【放置在矩形中】菜单命令，单击矩形，将其放置在红色的矩形中。

（3）导入“花纹背景 .jpg”素材图片，同样为其应用透明效果，然后在红色的矩形上方绘制一个金黄的矩形，取消轮廓线，将图片放置在其中。

（4）在中间绘制矩形，并设置相应的填充色和轮廓色，然后输入文本，并设置文本属性，复制文本，填充相应的颜色。

（5）继续绘制一个红色的矩形，然后复制之前绘制的金黄矩形到合适位置，在下方绘制矩形并输入文本，复制绘制的两个矩形，完成盒子的制作。

（6）继续绘制矩形，填充为红色，然后复制标题文本，更改其颜色和轮廓，居中对齐矩形，作为盒子的顶盖。

实训二　制作招贴海报

实训目标要求

本实训要求利用矩形工具、贝塞尔工具、形状工具、均匀填充工具、交互式填充工具和文本工具等制作如图 7-65 所示的招贴海报。

素材　素材文件 \ 模块七 \ 中国结 .jpg、电话 .jpg、水杯 .jpg、打印机 .jpg
对应　效果文件 \ 模块七 \ 招贴海报 .cdr

图 7-65　书籍装帧立体展示效果

实训思路分析

本实训已提供了需要的图片素材，下面在制作时只需对招贴的板式进行相应设计，并输入文本。在制作时设计人员要注意文本的着重性，将需要重点表达的文本放置在醒目位置。

结合上面的目标和分析，本实训的操作思路如图 7-66 所示。

【步骤提示】

（1）新建一个图形文件，将其保存为“招贴海报 .cdr”。

（2）绘制一个矩形，使用交互式填充工具填充颜色，然后使用贝塞尔工具和形状工具绘制轮廓，再使用交互式填充工具为其填充颜色。

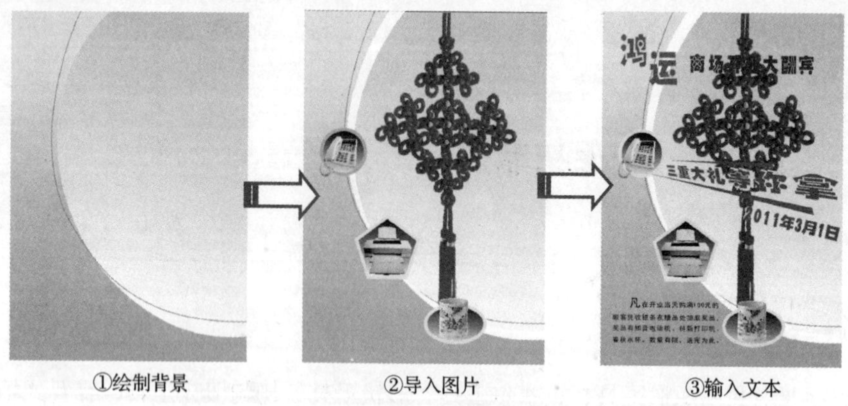

①绘制背景　②导入图片　③输入文本

图 7-66　制作招贴效果的思路

（3）导入素材图片和产品。使用椭圆工具和多边形工具创建 3 个渐变背景，再将产品放入背景中。

（4）使用文本工具在背景中输入招贴内容。

课后实践

（1）本练习要求运用“颜色平衡”命令和“天气”命令为导入的位图添加下雨效果，然后在图中添加文本，并设置文本格式，最终效果如图 7-67 所示。

素材　素材文件 \ 模块七 \ 荷花 .jpg

对应　效果文件 \ 模块七 \ 下雨效果 .cdr

图 7-67　下雨效果

（2）本练习要求利用位图的导入、编辑和为位图添加滤镜特殊效果，以及添加艺术字的操作来制作影楼婚纱广告，完成后的效果如图 7-68 所示。通过练习掌握位图的导入、编辑和特殊效果的运用。

素材　素材文件 \ 模块七 \ 婚纱 1.jpg、婚纱 2.jpg、婚纱 3.jpg
对应　效果文件 \ 模块七 \ 影楼婚纱广告 .cdr

图 7-68　影楼婚纱广告

（3）运用导入位图和设置位图卷页效果等操作制作卷页效果，完成后的最终效果如图 7-69 所示。

素材　素材文件 \ 模块七 \ 荷 .jpg
对应　效果文件 \ 模块七 \ 卷页效果 .cdr

图 7-69　卷页效果

模块八　添加特殊效果

模块简介

CorelDRAW X4 提供了各种交互式工具，可以为图形添加各种特殊效果，包括调和效果、轮廓图效果、变形效果、封套效果、阴影效果、立体化效果、透明效果和透视效果等，从而制作出更加精美的矢量图形。在前面已经对透明效果、调和效果和阴影效果进行了讲解，本模块将用 3 个任务实例来介绍其他效果的使用方法，以及添加图框精确裁剪等知识。本模块将具体介绍 CorelDRAW X4 中关于特殊效果的使用与操作。

学习目标

本模块的知识学习目标如下：

- 掌握图框精确裁剪的操作方法。
- 熟练掌握交互式轮廓图工具的使用方法。
- 掌握交互式封套工具的使用方法。
- 熟练掌握交互式变形工具的使用方法。
- 熟悉交互式立体化工具的使用方法。
- 了解透视效果的添加方法。

本模块的技能学习目标如下：

- 能正确添加图框精确裁剪图形。
- 能根据需要制作各种图形的特殊效果。

任务一　制作游乐场海报

这天上班，晓雪来时看到老张已经到了。晓雪路过老张的办公桌前，看到老张正在给某个公司制作折页的 DM 单。晓雪看到老张制作的图形效果很漂亮，像一个立体图形，于是晓雪就问老张："这个效果要怎么制作啊，感觉很不错。"老张看到晓雪指的是他正在做的一个图形效果，就笑着告诉她："这个啊，是利用交互式工具制作的，你还没有制作过这些效果吧。"晓雪立即答道："是啊，你快教教我吧！"

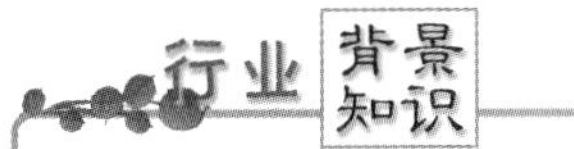

相对于简单的宣传单页而言，海报所承载的信息量更大，因而受到人们的追捧，其在日常生活中起着举足轻重的作用。早期的海报主要采用的是手工，而随着印刷行业的发展，海报已经进入计算机设计印刷时代。需要注意的是海报的构图技巧，除了在色彩运用中对比技巧需要借鉴掌握，还需考虑对比关系，如构图技巧的粗细对比。构图技巧的远近对比和构图技巧的疏密对比等。图 8-1 所示为某国外电影的海报。图 8-2 所示为乐队演出海报。

图 8-1　电影海报

图 8-2　演出海报

工作任务分析

本任务的目标是为游乐场制作活动海报，完成后的最终效果如图 8-3 所示。要实现该效果，需要掌握以下技术要点：

（1）掌握图框精确裁剪的应用。

（2）掌握交互式立体化工具的使用。

素材　素材文件 \ 模块八 \ 图片 .psd

对应　效果文件 \ 模块八 \ 海报 .cdr

图 8-3　海报效果

制作思路分析

完成本任务主要包括图框精确裁剪、添加透视效果、添加立体化效果和添加文本 4 步操作。具体思路及要求如下，如图 8-4 所示。

（1）新建图形文件，然后绘制图形，将其放置在矩形中作为海报背景。

（2）绘制图形并填充颜色，然后为其添加透视和立体化效果。

（3）输入文本，为文本设置相应的属性。

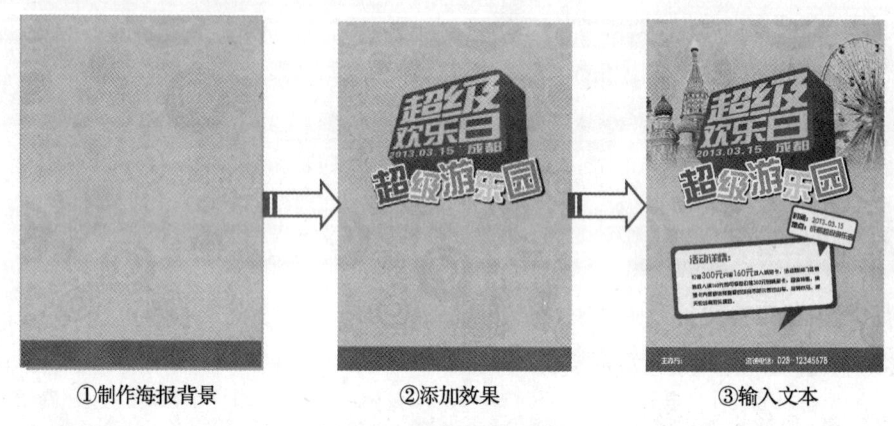

①制作海报背景　②添加效果　③输入文本

图 8-4　制作思路分析

操作一　图框精确裁剪

新建图形文件，然后绘制图形，使用图框精确裁剪操作制作海报的背景。

【详细步骤】

（1）新建图形文件，将其保存为“海报 .cdr”。

（2）双击矩形工具绘制矩形，将其填充为黄色（C5，M5，Y90，K0），取消轮廓线。

（3）使用椭圆形工具绘制图形，然后使用修剪操作绘制图 8-5 所示的图形，将其填充为浅绿色（C25，M1，Y70，K0）。

（4）群组绘制的图形，然后用鼠标右键拖动图形到容器的矩形对象中释放鼠标，将弹出快捷菜单，在快捷菜单中选择“图框精确裁剪内部”命令，即可创建精确裁剪效果，如图 8-6 所示。

小提示：通过菜单命令创建图框精确裁剪

在前面章节中已经对通过菜单命令创建图框精确裁剪进行了相关介绍，并设置不居中图框精确裁剪内容。但 CorelDRAW X4 默认的是居中显示图框精确裁剪内容（该设置在“选项”对话框中的“工作区”选项的“编辑”选项中）。

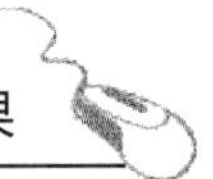

图 8-5　绘制图形

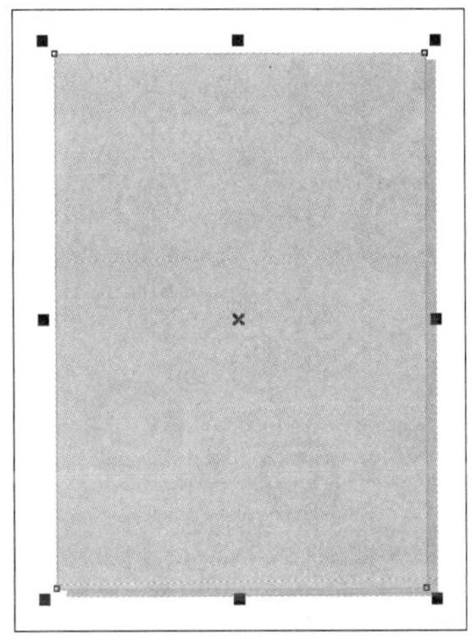

图 8-6　精确剪裁效果

（5）此时，图框精确裁剪内容并没有居中显示在矩形中，选择已经放置了内容的容器。选择【效果】→【图框精确剪裁】→【编辑内容】菜单命令进入容器内部，移动图形到合适位置，如图 8-7 所示。

（6）操作完成后，选择【效果】→【图框精确剪裁】→【结束编辑】菜单命令退出编辑状态。

（7）在黄色矩形的下方绘制一个红色（C3，M98，Y20，K0）的矩形，用于放置信息文本，如图 8-8 所示。

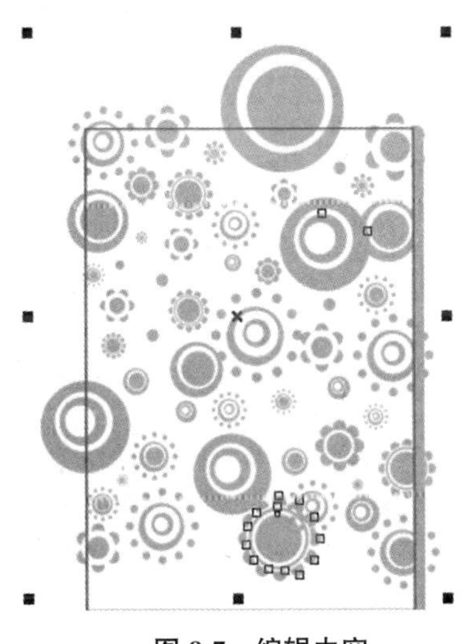

图 8-7　编辑内容

图 8-8　绘制矩形

多学一招：通过快捷键进入容器

按“Ctrl”键单击容器可进入容器中编辑内容，再次按“Ctrl”键单击容器可退出编辑。

多学一招：通过鼠标右键编辑内容

在放置了内容的容器中单击鼠标右键，在弹出的快捷菜单中可以选择“编辑内容”和“提取内容”命令进行相关操作。完成编辑后，可单击鼠标右键选择命令完成，也可在状态栏左侧单击 完成编辑对象 按钮退出编辑状态。

操作二 添加透视效果

下面利用添加透视效果来变换图形。

【详细步骤】

（1）绘制圆角矩形，将其填充为紫红色（C42，M95，Y6，K0）到红色（C3，M98，Y20，K0）的渐变，取消轮廓线。

（2）选择【效果】→【添加透视】菜单命令，此时顶部图形中出现一个透视框和控制点，如图 8-9 所示。

（3）移动鼠标指针至左上角的控制点处，按住鼠标左键不放分别向右和向下拖动进行变形，再用相同方法拖动其他角的控制点，调整透视框后的效果如图 8-10 所示。

图 8-9 添加透视点

图 8-10 拖动控制点

多学一招：清除透视效果

选择已经创建透视效果的图形对象，然后选择【效果】→【清除透视点】菜单命令即可将添加的透视效果清除，恢复为原来的状态。

多学一招：复制透视效果

在创建了透视效果后，也可以对透视效果进行复制。先选择需要创建透视效果的图形，然后选择【效果】→【复制效果】→【建立透视点自】菜单命令，当鼠标变为➡时单击已经创建透视效果的图形即可。

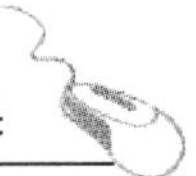

操作三　添加立体化效果

下面对图形添加立体化效果。

【详细步骤】

（1）首先复制应用了透视效果的图形到别处，然后选择最初的图形，将颜色更改为红色（C3，M98，Y20，K0）到紫红色（C42 M95 Y6 K0）的渐变，如图 8-11 所示。

（2）选择该图形，然后选择工具箱中的交互式立体化工具，此时光标变为形状，将光标移至图形中心，按住鼠标左键不放并向右下方拖动，在合适位置处松开鼠标，效果如图 8-12 所示。

图 8-11　更改图形颜色

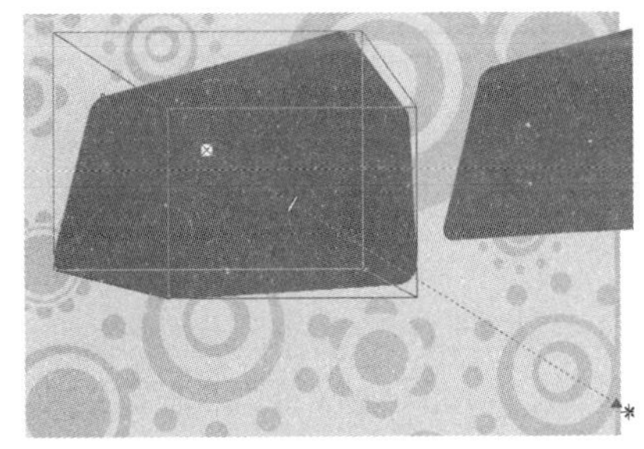

图 8-12　立体化图形

（3）在属性栏中的“立体化类型”下拉列表框中选择一种立体化类型，如图 8-13 所示。

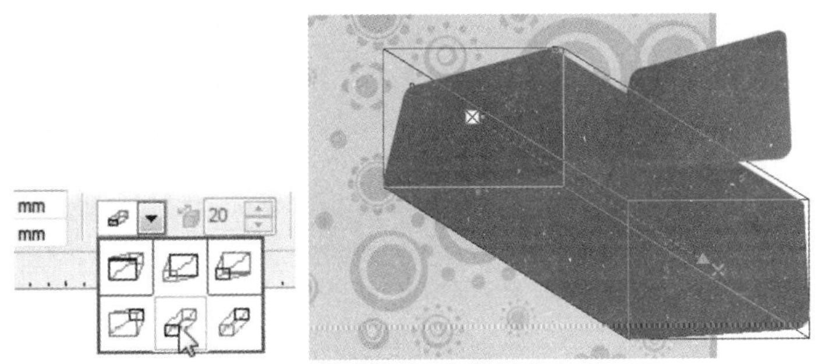

图 8-13　设置立体化类型

（4）下面对图形做一些适当调整，将光标移至立体化图形的 ✕ 处，按住鼠标左键不放向左上方拖动，拖动后的效果如图 8-14 所示。

（5）选择之前复制的图形，将其放置在立体化图形上方，然后选择立体化图形，调整图形的填充颜色，如图 8-15 所示。

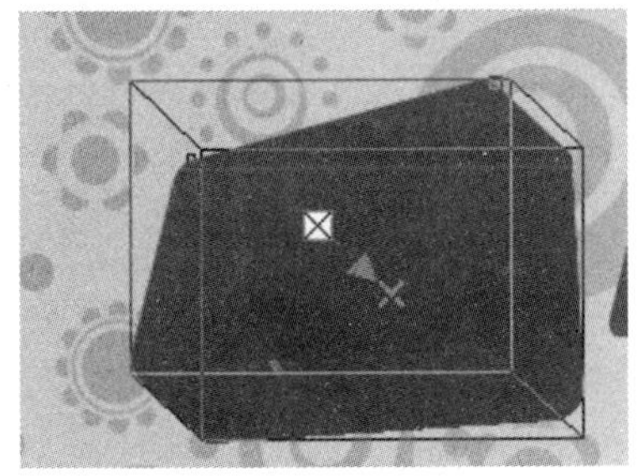

图 8-14　调整立体化效果

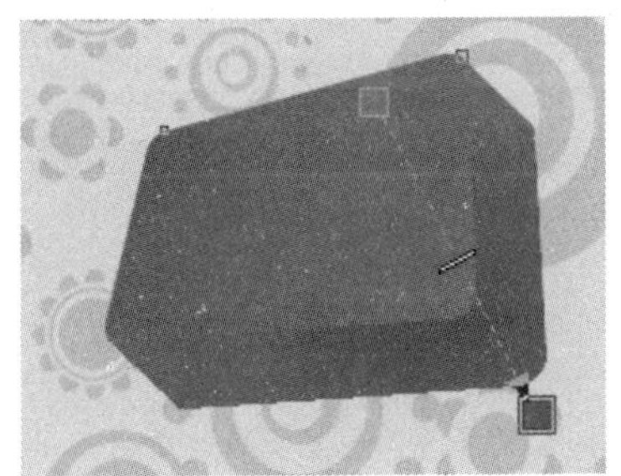

图 8-15　调整颜色显示

操作四　添加文本

下面对海报添加文本，完成海报的制作。

【详细步骤】

（1）使用文本工具 字 输入文本，设置其字体为“方正综艺”，颜色为黄色，然后群组文本，为其添加透视效果，并缩放至合适大小，将其放置在立体化图形中，如图 8-16 所示。

（2）群组文本和立体化图形，将其垂直居中对齐矩形，然后整体放大。

（3）继续输入文本，设置字体为“方正综艺”，打散文本，分别对文本进行旋转、缩放等操作，然后设置文本的颜色分别为红、绿、青、黄、橙，群组文本，设置轮廓线粗细为 3 mm 的白色轮廓线。

（4）按“+”键复制文本，将下方文本的颜色设置为蓝色，取消轮廓线，并比上方文本更大一些，将其作为显示，如图 8-17 所示。

图 8-16　为文本添加透视效果

图 8-17　设置文本效果

（5）使用矩形工具 和贝塞尔工具 绘制图 8-18 所示的图形，里面图形的颜色为白色，外面图形的颜色为紫红。

（6）使用文本工具 字 输入相关文本信息，设置字体为“汉真广标”，按“F10”键调整字距，颜色为紫红和黑色，然后缩放至合适大小并旋转。

（7）输入活动详情等段落文本，属性与美术字相同，要注意调整段落文本的对齐方式，如图 8-19 所示。

图 8-18　绘制图形

图 8-19　输入文本

（8）导入“图片.psd”素材文件，为其应用透明效果，然后使用图框精确裁剪操作将其放置在矩形中。

本任务主要运用了图框精确裁剪和特殊效果的相关知识，包括透视效果和立体化效果，下面便对这两种效果的知识进行补充讲解。

1. 透视效果

透视效果是一种将二维空间的形体转换成具有立体感的三维空间画面的绘图效果，常用于包装设计，效果图制作等。透视可分为单点透视和两点透视，两者的区别如下：

- **单点透视：**只改变对象的一条边的长度，使对象看起来好像是沿着视图的一个方向后退，适合表现严肃庄重的空间效果，如图 8-20 所示。
- **两点透视：**可以改变对象的两条边的长度，从而使对象喜爱那个看起来好像沿着视图的两个方向后退，适合表现活泼自由的效果，如图 8-21 所示。

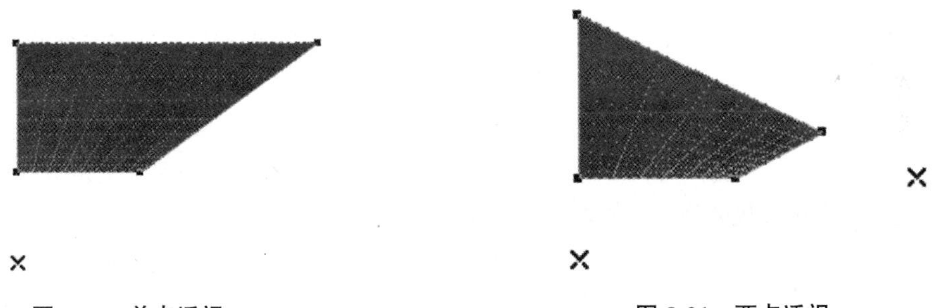

图 8-20　单点透视　　　　图 8-21　两点透视

多学一招：透视效果的特殊快捷键

创建透视效果时，按住“Ctrl”键不放，向水平或垂直方向拖动其中的某个节点，可创建单点透视效果；按住“Ctrl+Shift”键的同时拖动节点，可创建对称单点透视效果。

2. 立体化效果

立体化是一个动态的三维形式，可以随时使用三维直角坐标系来调整立体化对象的属性。为图形对象创建立体化效果后，可以根据需要在其属性栏中设置立体化的类型、深度、灭点、旋转、斜角、颜色以及照明等。图 8-22 所示为立体化的属性栏。

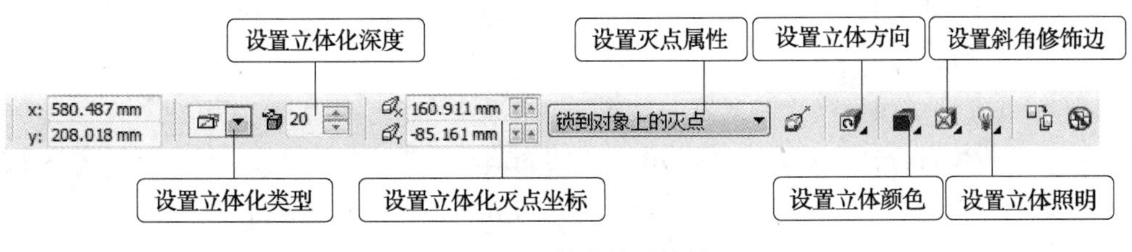

图 8-22　立体化的属性栏

小提示：灭点

图形立体化的灭点是指图形立体化效果的透视消失点，创建的立体化图形中都有立体化灭点图标✕。在属性栏“灭点坐标”数值框的 X 轴和 Y 轴数值框中输入数值，可精确控制图形的灭点坐标。

任务二　食品包装袋设计

工作任务场景

晓雪经过这两天对图形特殊效果的学习后，发现应用这些效果可以使图形更加突出和醒目。晓雪想起之前浏览公司的图库时，有很多设计都是添加了效果，可是她现在还把握不好这些知识的应用。这时，老张走过来准备看看晓雪还有哪些不懂的地方，看到她正在图库里面浏览图片，老张笑着对晓雪说：“晓雪，你现在看的这些图片就是应用了效果的，是不是看上去更具有设计感啊？”晓雪正愁怎么做这些效果，听到老张这么一说，就赶紧让老张教教她如何做这些效果。

行业背景知识

食品包装袋是指直接与食品接触，用于盛装和保护食品的薄膜容器。设计人员在制作时需要注意食品包装袋上应标明的信息，包括食品的名称、食品的配料、营养成分、执行标准、保质期、储存方法和食用方法，以及生产厂家的信息等。同时还需要注意，食品包装袋按其应用的范围可分为：普通食品包装袋、真空食品包装袋、充气食品包装袋、水煮食品包装袋、蒸煮食品包装袋和功能性食品包装袋，食品的种类决定包装袋的材质。

首先需要了解食品包装袋的生产流程，即计划→设计→印刷→复合→熟化→分切→制袋→品检→成品，这也是为什么食品包装袋背面的生产日期处在设计时要留空白或注明位置，食品的生产日期并不是食品包装袋的设计日期。除此之外，在包装袋上还必须有 QS 标志。

小提示：QS 标志

QS 标志是食品质量安全市场准入标志，即食品生产许可证标志，QS 标志属于质量标志。企业在其生产的食品中使用 QS 标志，表明企业承诺其产品经检验合格，符合食品质量安全的基本要求。实施食品质量安全市场准制度的食品，出厂前必须在其包装或者标识中加印（贴）QS 标志，没有 QS 标志的食品不得出厂销售。

图 8-23 所示为乐事薯片的包装袋。图 8-24 所示为真空食品包装袋。

图 8-23　乐事薯片包装袋

图 8-24　真空食品包装袋

工作任务分析

本任务要求制作食品的包装袋，这里在制作时为了方便查看只制作平面效果。在正式设计时只需要在 CorelDRAW X4 中制作出平面效果，其真实效果一般在 Photoshop 中完成。制作完成后的最终效果展示如图 8-25 所示。要实现该效果，需要掌握以下技术要点：

（1）掌握封套效果的操作方法。

（2）掌握轮廓图效果的操作方法。

素材　素材文件 \ 模块八 \ 薯条 .psd、番茄 .psd
对应　效果文件 \ 模块八 \ 包装袋 .cdr

图 8-25　食品包装袋效果

完成本任务主要包括制作背景、添加轮廓效果和添加封套效果 3 步操作。具体思路及要求

如下，如图 8-26 所示。

（1）使用矩形工具和多边形工具绘制图形，然后导入素材图片。

（2）使用交互式轮廓图工具制作特殊字体效果。

（3）使用交互式封套效果制作包装袋的效果。

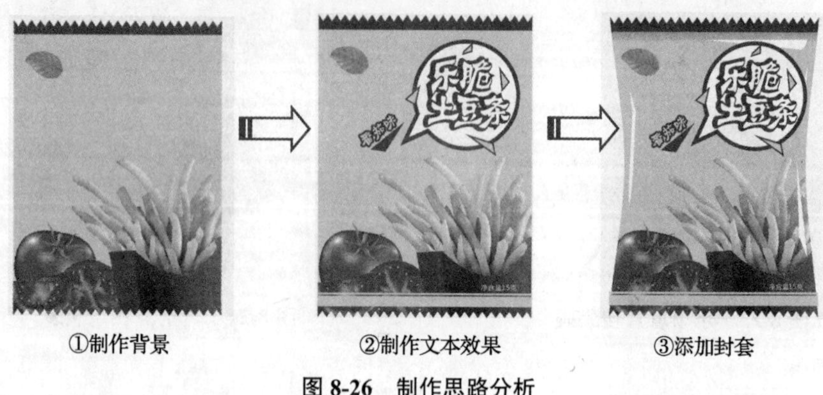

图 8-26　制作思路分析

操作一　制作包装袋背景

新建图形文件，然后绘制包装袋的背景效果。

【详细步骤】

（1）新建一个图形文件，将其保存为“包装袋 .cdr”。

（2）绘制一个大小为 80 mm × 110 mm 的矩形，将其填充为黄色，取消轮廓线。

（3）在工具箱中选择多边形工具 ，在其属性栏中设置边数为 3，绘制三角形，然后复制图形并群组，镜像图形，使用该图形去修剪矩形，如图 8-27 所示。

（4）选择三角形图形，镜像图形，然后选择矩形按“B”键将其低端对齐（注意图形两端的对齐），修剪矩形的下方，删除三角形后的效果如图 8-28 所示。

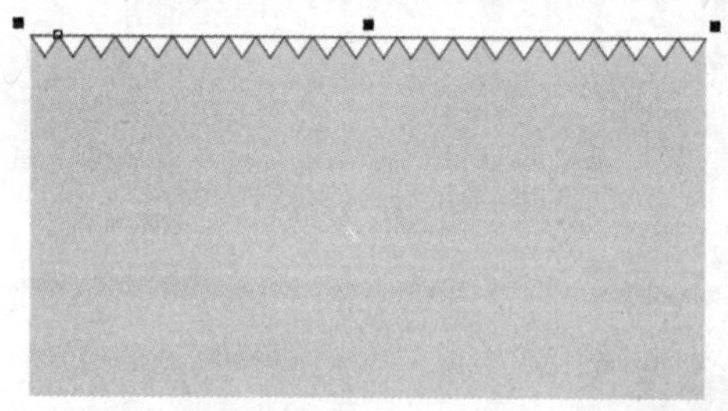

图 8-27　复制图形

图 8-28　调整后的矩形

（5）绘制两个红色的矩形，取消轮廓线，分别将其对齐矩形的顶端和底端，然后将其放置在矩形中，如图 8-29 所示。

（6）导入“薯条 .psd”素材文件，缩放并旋转图片，然后将其放置在矩形中。

（7）导入“番茄 .psd”素材文件，打散图片，然后分别对齐进行缩放和旋转操作，同样将其放置在矩形中，如图 8-30 所示。

图 8-29　绘制矩形

图 8-30　导入图片

操作二　添加轮廓图效果

下面输入文本，并对文本添加效果。

【详细步骤】

（1）使用椭圆形工具 和贝塞尔工具 绘制如图 8-31 所示的图形，填充为白色，轮廓线为粗细 1.5 mm 的红色。

（2）使用文本工具 输入文本，设置字体为“汉仪雁翎体简”，按“Ctrl+Q”键转曲，然后按“F10”键调整节点，如图 8-32 所示。

（3）选择工具箱中的交互式轮廓图工具 ，单击属性栏中的“向外”按钮 ，将文本的轮廓方向设置为向外。在“轮廓图步长”数值框中输入“1”，在“轮廓图偏移”数值框中输入“2”，此时所选择的矩形图形将被轮廓化，如图 8-33 所示。

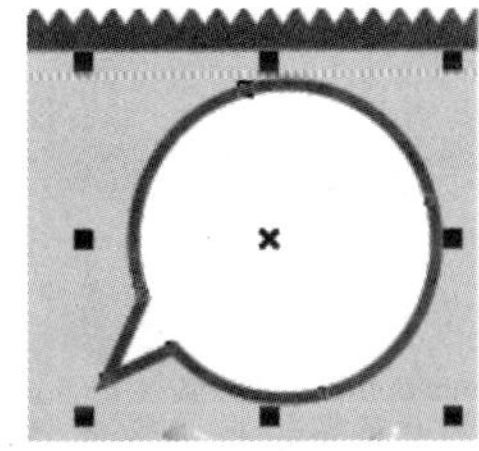
图 8-31　绘制图形

图 8-32　输入文本

图 8-33　添加轮廓图效果

多学一招：通过鼠标拖动创建轮廓图

选择交互式轮廓图工具 后，使用鼠标在所选图形中拖动也可创建轮廓图效果，创建后再在属性栏中进行设置。

（4）选择【排列】→【打散轮廓图群组】菜单命令，将轮廓图效果与原始图形进行拆分，然后分别设置其颜色为白色和红色，并将其错位显示。

（5）使用相同的方法为其他文本添加相同的轮廓图效果，如图 8-34 所示。

（6）群组文本，整体缩放后将其移动到需要的位置，然后绘制图形，并添加轮廓图效果，打散后分别填充为不同的颜色，如图 8-35 所示。

图 8-34　轮廓图效果

图 8-35　绘制图形

小提示：群组文本后添加效果

若觉得单个对文本添加效果太麻烦，可先群组文本，再添加效果。

小提示：转曲文本后的注意问题

在转曲文本后，文本中的一些封闭区间会封闭，如字母 a，在转曲后字母圆形中间的部分会填满，可使用中间部分的图形去修剪整个字母，也可直接按“Ctrl+L”键结合图形。

（7）继续输入文本，设置字体为“汉仪雁翎体简”，颜色为黄色，轮廓线为粗细 1.5 mm 的红色，将其缩放旋转并放置到相应位置，如图 8-36 所示。

（8）输入“净含量”文本，设置字体为“微软雅黑”，大小为 pt，颜色为白色，然后在下方绘制黄色的矩形，并放置在矩形中，如图 8-37 所示。

图 8-36　输入味道文本

图 8-37　绘制矩形

操作三　添加封套效果

完成包装袋的设计后，下面为其制作效果图。

【详细步骤】

（1）选择包装袋下方的矩形图形，然后选择工具箱中的交互式封套工具，此时图形将出现边缘线和控制点，如图 8-38 所示。单击选中左侧边缘线中间的控制点，按住鼠标不放拖动，此时图形将出现弧形的封套效果，如图 8-39 所示。

（2）用相同的方法拖动右侧的中间节点，创建图 8-40 所示的封套效果。

图 8-38　进入封套状态

图 8-39　拖动节点

图 8-40　完成封套

（3）在上方绘制一个矩形，将其与包装袋的矩形相交得到一个新的矩形，将新的矩形填充为黑色，并应用线性的透明效果，如图 8-41 所示。

（4）使用贝塞尔工具绘制图形，将其填充为白色，取消轮廓线，如图 8-42 所示。

图 8-41　添加阴影

图 8-42　制作立体效果

本任务主要运用了交互式轮廓图工具和交互式封套工具来制作特殊效果，下面分别对这两种工具进行补充介绍。

1．轮廓图效果

为绘制的图形添加轮廓图效果后，可以使图形呈现从内到外的放射层次效果。其放射中心是图形的中心，主要用于制作艺术文本。轮廓图效果包括中心、向内和向外轮廓化 3 种方式。图 8-43 所示为交互式轮廓图工具的属性栏。

图 8-43　交互式轮廓图工具的属性栏

除了前面介绍的轮廓图属性设置外，还包括以下几项设置：

- 单击 预设... 按钮，在弹出的下拉列表框中用户可以选择所需的预设轮廓图方式。
- 在“轮廓色” 下拉列表框中可以设置轮廓图的轮廓颜色，在“填充色” 下拉列表框中设置的是内部填充颜色。
- 单击 按钮中的一个，可以分别选择线形轮廓图颜色方式、顺时针的颜色方式和逆时针的颜色方式。
- 在轮廓图工具属性栏中或“轮廓图”泊坞窗中单击“对象和颜色加速”按钮 ，在弹出的面板中可以调整轮廓图的范围。
- 对于创建的图形轮廓图效果，可以单击属性栏中的“添加预设”按钮 ，打开“另存为”对话框，将其保存为文件，以便日后调用。

2. 封套效果

交互式封套工具是一种可以将图形整体进行平滑变形的工具，它可以对 CorelDRAW X4 创建的图形、符号、位图和文本等创建变形效果，其属性栏如图 8-44 所示，各主要选项的作用介绍如下：

图 8-44　交互式封套工具属性栏

- 单击“预设”下拉列表框右侧的 按钮，在弹出的下拉列表框中用户可以选择所需的预设封套样式。
- “添加预设”按钮 用于将当前编辑的对象添加为预设封套，“删除预设”按钮 用于删除当前选择的预设封套。
- 单击属性栏中的 按钮，可以改变控制点的属性，从而创建不受限制的任意形式封套效果。
- 单击属性栏中的“封套的直线模式”按钮 ，再用鼠标移动所需的节点即可为图形创建变形封套的边缘线为直线。
- 单击属性栏中的“封套的单弧模式”按钮 ，将鼠标光标移到需要移动的节点中按住鼠标左键拖动即可将图形的一边创建为弧形效果，使对象呈现为凹面结构或凸面结构的外观。
- 单击属性栏中的“封套的双弧模式”按钮 ，用鼠标移动需要调节的节点，可以将图形创建为一边或多边带 S 形的封套，同时可添加一个弧形封套。
- 使用交互式封套工具选择需要复制封套效果的对象，单击属性栏中的“复制封套属性”按钮 ，然后在创建了封套效果的对象中单击，即可将封套效果复制到所选对象中。

任务三　制作铃声网页广告

晓雪最近在练习制作图形效果。这天中午休息时间，收到朋友发过来的一首音乐。听完后晓雪进入到所在的音乐网站，看到网页的顶端有一张铃声下载的网页广告。晓雪看广告做得非常漂亮，就使用 QQ 截图将它保存了，准备练习制作一张网页广告。可在制作的过程中，怎么也做不好广告中的背景效果，于是请教老张。老张看了后告诉晓雪："这个广告的背景可以用交互式变形工具来制作，你试试看。"经过老张的提点后，晓雪再去制作，果然制作出了与之相同的效果。

行业背景知识

网页广告目的是为推销商品或者提供服务，作为广告媒体包括报刊、广播、电视和互联网，所含信息为网络广告所发布的具体内容。

网页广告的形式分为多种，包括横幅广告、按钮广告、大屏幕广告和弹出窗口广告等，其中横幅广告是互联网广告中最基本的广告形式，放置在广告商的页面中，尺寸一般为 480×60 像素、233×30 像素。网页广告一般是 GIF 格式的图像文件，可以使用静态图形，也可用 SWF 多帧图像拼接为动画图像。在制作网页广告时，要根据不同的内容选择不同的广告形式。图 8-45 所示为网站中的横幅网页广告。

图 8-45　横幅网页广告

本任务要求制作的网页广告没有特殊规定，制作完成后的最终效果如图 8-46 所示。要实现

该效果，需要掌握以下技术要点：

（1）掌握交互式变形工具的操作方法。

（2）巩固透视工具的使用。

（3）巩固轮廓图效果的设置方法。

素材 素材文件 \ 模块八 \ 网页广告 .ai

对应 效果文件 \ 模块八 \ 网页广告 .cdr

图 8-46 网页广告效果

制作思路分析

完成本任务主要包括添加变形效果和添加轮廓图效果文本两步操作。具体思路及要求如下，如图 8-47 所示。

（1）利用绘制工具绘制图形，并填充为不同的颜色。

（2）再制图形，使之围成一个圆，并为其添加变形效果，并放置在矩形中。

（3）输入文本，转曲后为其添加透视和轮廓图效果，然后导入素材，。

（4）绘制圆形图形，并将其放置在矩形容器中。

①制作背景

②添加文本

③完成制作

图 8-47 制作思路分析

操作一 添加变形效果

下面先新建一个图像文件，然后使用交互式变形工具制作背景。

【详细步骤】

（1）新建一个图形文件，将其保存为“网页广告 .cdr”。

（2）在绘图区中绘制一个大小为 180 mm × 110 mm 的矩形。

（3）使用相关绘图工具绘制如图 8-48 所示的图形，填充颜色分别为红色（C40，M100，

Y98，K0）、红色（C8，M13，Y40，K0）和淡黄（C3，M4，Y12，K0），取消轮廓线。

（4）群组图形后再次单击图形，进入旋转状态，将中点移至顶点，然后按“Ctrl”键旋转图形，再按“Ctrl+D”键再制图形，得到如图 8-49 所示的效果。

（5）群组图形，选择工具箱中的交互式变形工具 ，选中需要变形的图形。在属性栏中单击“扭曲变形”按钮 ，在“附加角度”数值框中输入“50”，单击“中心变形”按钮 ，效果如图 8-50 所示。

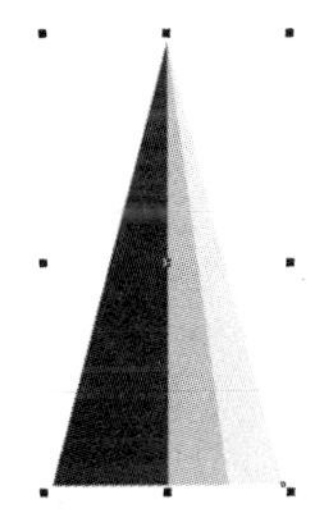

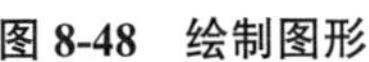

图 8-48　绘制图形

图 8-49　再制图形

图 8-50　变形图形

（6）放大图形，然后将其放置在矩形中，注意调整图形位置，取消矩形的轮廓线，如图 8-51 所示。

（7）进行到矩形容器中，对变形后的图形应用射线的透明效果，完成编辑后的效果如图 8-52 所示。

图 8-51　放置图形到矩形中

图 8-52　设置透明效果

操作二　添加轮廓图效果文本

下面输入文本，并为文本设置相应效果。

【详细步骤】

（1）输入美术字，设置字体为“方正综艺”，然后按“Ctrl+Q”键转曲文本，按“F10”键对文本进行调整，如图 8-53 所示。

（2）将前面两个文本群组，然后为其应用透视效果，按照相同的方法为后面的文本应用同样的透视效果，如图 8-54 所示。

（3）选择所有文本，使用工具箱中的交互式轮廓图工具为其应用轮廓图效果，完成后打散轮廓图，然后为其填充不同的颜色。

（4）将文本图形稍微错位显示，然后导入“网页广告.ai”素材文件，将其放置在相应位置，效果如图 8-55 所示。

图 8-53　输入文本

图 8-54　添加透视效果

（5）绘制圆形图形，然后为其填充不同的颜色，并将其放置在矩形容器中。

（6）打开“插入字符”泊坞窗，插入音乐符号，颜色为黑色，如图 8-56 所示。

图 8-55　导入素材图形

图 8-56　绘制圆形

知识回顾拓展

本任务主要练习了交互式变形工具的使用，使用交互式变形工具可以对图形对象的外形进行扭曲变形，包括推拉变形、拉链变形和扭曲变形 3 种方式，每种变形方式创建的变形效果是不同的，其操作方法都相同。

- **推拉变形**：通过推拉对象的节点而产生的变形效果，其中包括了“推”和“拉”两个方面，“推”指将变形图形的节点推离扭曲变形的中心；“拉”指将变形图形的节点拉近扭曲变形的中心。图 8-57 所示为“推”和“拉”的效果。
- **拉链变形**：拉链变形能够在对象的内侧和外侧产生节点，创建出齿轮状的外形轮廓。拉链变形包括随机变形、平滑变形和局部变形 3 种方式，可以同时为对象应用这 3 种拉链变形效果。在完成拉链变形后，在属性栏中可以设置“拉链失真振幅”和“拉链失真频率”的相关参数。效果如图 8-58 所示。

图 8-57　原图形和推拉变形效果

图 8-58　拉链变形效果

● **扭曲变形**：扭曲变形是指图形对象围绕一点旋转形成的螺旋形效果。

小提示：添加新的变形效果

在对图形对象执行了变形操作后，单击属性栏中的“添加新的变形”按钮 ，可以在原来变形的基础中再添加新的变形效果。

实训一　制作立体效果字

本实训要求制作立体效果的文本，通过操作掌握交互式立体化工具的使用。本实训的参考效果如图 8-59 所示。

素材对应　效果文件 \ 模块八 \ 立体字 .cdr

图 8-59　立体字效果

本实训的效果主要通过立体化效果来实现，在制作的过程中为了使效果更为突出，可事先对文本进行相应编辑。因为是为文本设置立体化效果，所以在设置文本字体时，尽量设置为较粗的字体。立体化文本的用途广泛，在设计中是较为常用的一种特殊效果。

了解关于卡片设计的相关专业知识后便可开始设计与制作了，根据上面的目标，本实训的操作思路如图 8-60 所示。

①输入文本

②设置颜色和轮廓

③添加立体化效果

图 8-60 制作立体字的思路

【步骤提示】

（1）新建一个图形文件，将其保存为“立体字 .cdr”。

（2）输入文本，设置文本的相应属性，然后打散文本，分别为文本设置不同的颜色和轮廓。

（3）为各个文本添加立体化效果，然后在属性栏中分别对立体化图形的颜色和灯光进行设。

实训二 制作水晶按钮

本实训要求使用矩形工具、交互式调和工具和交互式阴影工具制作一组水晶按钮，最终效果如图 8-61 所示。

素材对应 效果文件 \ 模块八 \ 水晶按钮 .cdr

图 8-61 按钮效果

按钮广告即图标广告，是网络广告最早和最常见的形式。通常是一个连接着公司的主页或站点的公司标志，并注明“CLICK HERE”字样，希望网络浏览者主动来点击。本实训的操作思路如图 8-62 所示。

图 8-62 按钮效果的思路

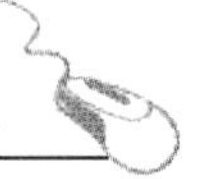

【步骤提示】

（1）新建一个图形文件，使用矩形工具绘制一个大矩形，再在大矩形下方绘制一个小矩形，将两个矩形进行圆角化，然后填充两种不同的颜色。

（2）使用交互式调和工具从较小的矩形中拖动到较大的矩形中进行调和，完成后在上方绘制一个白色矩形条，作为高亮区域，使用交互式透明工具创建透明效果。

（3）输入按钮名称，使用交互式阴影工具为其添加阴影效果，用相同的方法还可制作其他颜色的按钮。

课后实践

（1）本练习将利用交互式变形工具、交互式透明工具和前面的形状工具等绘制如图 8-63 所示的风景画效果。

素材对应　效果文件 \ 模块八 \ 风景插画 .cdr

（2）本练习要求运用前面所学的知识来制作图 8-64 所示的消费券效果。

素材对应　效果文件 \ 模块八 \ 消费券 .cdr

图 8-63　风景插画效果

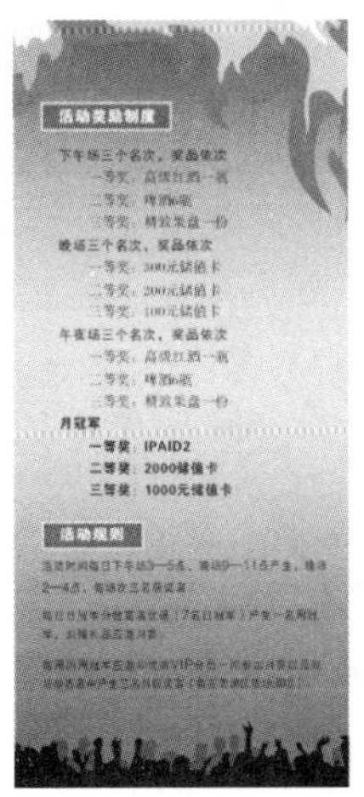

图 8-64　消费券效果

模块九　打印与输出图形

模块简介

在 CorelDRAW X4 中设计完作品后，可以将作品通过打印机进行打印输出，以便于更直观地查看整个作品的效果。CorelDRAW X4 为用户提供了强大的打印输出功能，可以对打印参数和打印版面等进行设置。本模块将用两个任务来详细讲解打印与输出图形的相关知识，同时还介绍了图形的印刷知识，让大家了解印刷的基本流程及相关准备工作。

学习目标

本模块的知识学习目标如下：

- 掌握设置打印机属性的方法。
- 熟悉设置打印范围、打印份数、打印版面和分色打印的方法。
- 熟练掌握打印预览和打印图形的方法。
- 了解印刷的相关基础知识。
- 熟悉 CorelDRAW X4 图形印前的准备工作。
- 了解彩色印刷输出。
- 掌握图形文件格式的交换与输出。

本模块的技能学习目标如下：

- 能按要求输出图形文件。
- 能完成打印前的准备工作。

任务一　图形的打印输出

晓雪到公司上班有一段时间了，通过这段时间对 CorelDRAW X4 的学习，已经能够独立完成图形文件的制作。今天晓雪到公司后，被老张叫到办公桌前，老张对她说："晓雪，经过前段

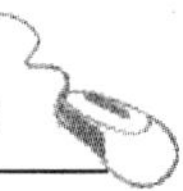

时间的学习，相信你已经能够熟练应用 CorelDRAW X4 来完成公司交给你的设计任务了。下面这几天主要是学习 CorelDRAW X4 中的图形输出知识。你虽然能够熟练应用 CorelDRAW X4 绘制图形，但是对图形的输出也要认真掌握。”于是老张开始对晓雪讲解输出图形的相关操作。

工作任务分析

本任务的目标是掌握 CorelDRAW X4 打印输出图形的方法。具体目标要求如下：

（1）掌握设置打印机属性的方法。

（2）掌握设置打印范围、打印份数、打印版面和分色打印的方法。

（3）熟练掌握打印预览并打印图形的方法。

小提示：检查文件尺寸

在打印前需要确定打印文件的尺寸，然后在设置打印机属性时对纸张属性和输出尺寸进行设置。

操作一　设置打印机属性

在电脑中安装好打印机及其驱动程序后，便可使用打印机打印图形。而在使用打印机打印图形之前，往往还需要对使用的打印机属性进行设置，包括设置打印机的纸张大小、打印分辨率和打印颜色的深浅等，具体操作如下。

（1）在 CorelDRAW X4 中打开需要打印的图形文件，选择【文件】→【打印设置】菜单命令，打开图 9-1 所示的“打印设置”对话框。

（2）在“名称”下拉列表框中选择需要使用的打印机名称，然后单击 属性(P) 按钮，打开图 9-2 所示的打印机属性对话框。对于不同的打印机设备，该对话框中其属性设置的选项可能有所不同，但基本选项是相同的。

（3）单击“纸张 / 质量”选项卡，在“尺寸”下拉列表框中可以选择预设的打印纸尺寸，包括 A4、16K 等选项。

（4）在“打印质量”下拉列表框中选择打印质量，在该选项卡中根据需要可对纸张来源和类型等进行选择，一般保持默认设置便可。

（5）单击“效果”选项卡，可以设置打印缩放比例等。

（6）设置完成后单击 确定 按钮，返回“打印设置”对话框后再单击 确定 按钮。

小提示：添加打印机

在 Windows 7 操作系统中，选择【开始】→【设置和打印机】菜单命令，在打开的窗口中单击 添加打印机 按钮，打开“添加打印机”对话框，根据提示便可进行打印机的安装。

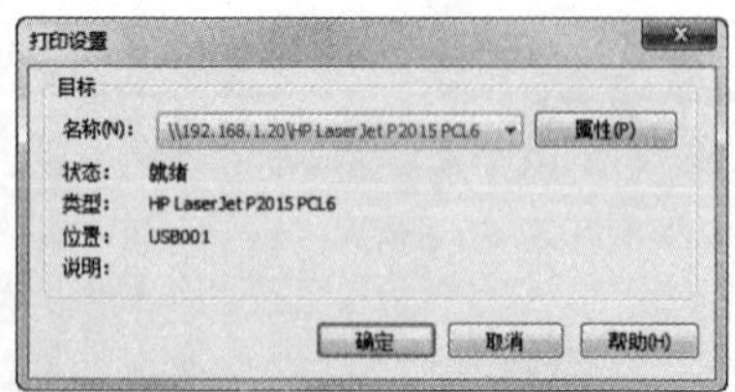

图 9-1 “打印设置”对话框

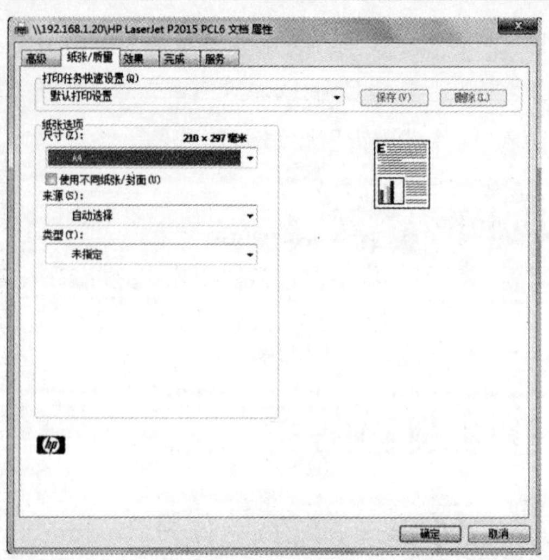

图 9-2 设置打印机的“属性”对话框

操作二 设置打印范围和打印份数

在 CorelDRAW X4 中制作完成图形作品后，若需要将其打印出来，其方法为：先将要打印的图形放置到页面框中，选择要打印的图形，选择【文件】→【打印】菜单命令或单击标准工具栏中的“打印”按钮，或按“Ctrl+P”键打开图 9-3 所示的“打印”对话框，单击“常规”选项卡，在“名称”下拉列表框中选择所需的打印机，在“打印范围”栏中设置打印范围，在“副本”栏中设置打印的份数。

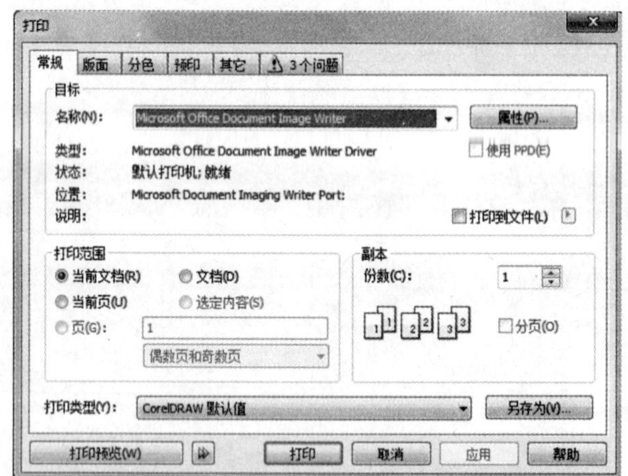

图 9-3 “打印”对话框中的“常规”选项卡

小提示：提示错误信息

如果当前打印机的设置与打印作品不相符或存在其他打印方面的设置问题，将在“打印”对话框中的最后一个选项卡中显示，以便于用户查看和解决。

其中“打印范围”栏中的各参数含义如下：

- **“当前文档”单选项**：该单选项为默认选项，表示打印当前页面的页面框中的图形文件。
- **“文档”单选项**：选中该单选项，将列出绘图窗口中所有打开的文件，用户可从中选择需要打印的图形文件。
- **“当前页”单选项**：表示只打印当前页面。
- **“选定内容”单选项**：当在绘图页面中选择部分图形后该单选项才能成为可选状态，表示只打印选取区域内的图形。
- **“页”单选项**：该单选项只有在创建两个以上的页面时才能被激活。激活后可在其文本框中输入要打印页面的范围，也可在下方的下拉列表框中选择打印单数页或双数页。

小提示：打印范围的相关连接符号

在输入打印页码范围时，可以用“-”符号连接，以定义一个连续的页码范围。如输入“1-4”，表示将从第 1 页打印到第 4 页。也可以在输入的数字之间用“，”符号连接，表示将定义单个的页面，如输入“1，3”，表示打印第 1 页和第 3 页。

操作三　设置打印版面

在打印多页面文档时需要设置最终打印出来的版面，以满足装订的需要，方法是：在“打印”对话框中单击“版面”选项卡，打开图 9-4 所示对话框。

图 9-4　“版面”选项卡

在“图像位置和大小”栏中，可以设置打印图形的大小以及在页面中的位置，各选项的含义如下：

- **“与文档相同”单选项**：选中该单选项，表示打印出的图像与在绘图页面中绘制的结果相同。

- **“调整到页面大小”单选项：**选中该单选项，打印出的图像将被放大或缩小至整个绘图页面。
- **“将图像重定位到”单选项：**选中该单选项，在其右侧的下拉列表框中选择一个选项来设置图像的位置，或在“位置”、“粗细”、“缩放因子”和“平铺层数”等8个数值框中输入数值来精确设置图像的位置和大小。
- **“打印平铺页面”复选框：**当图像的尺寸较大，在当前设置的纸张大小中放置不下时可以选中该复选框，表示将一幅图形平铺到几张打印纸中，打印完后再将这些打印纸拼接粘贴使用。在“平铺重叠”数值框中可按页面宽度的百分比输入数值来设置平铺重叠部分，即用于粘贴的部分，以保证粘贴后图形的完整性。另外，选中“平铺标记”复选框可避免混淆。
- **“出血限制”复选框：**选中该复选框，可以启用并设置出血限制。一般情况下将出血限制设为3.175 ~ 5.35 mm就足够了，如果在打印多页面时出现单张纸中有多个出血，将会造成错误。

操作四　设置分色打印

分色打印可将彩色图形的颜色分解成基本组成颜色，具有同一基本颜色的内容将打印到同一张纸，因此不同颜色的图形将打印在不同的纸张中。在“打印”对话框中的“分色”选项卡中可设置分色打印，其具体操作如下。

（1）打开“打印”对话框，单击“分色”选项卡，选中“打印分色”复选框，将激活该对话框下方的分色片列表框，列表框中的4种分色片的复选框都处于被选中状态，表示每一个分色片都将分别打印，如图9-5所示。

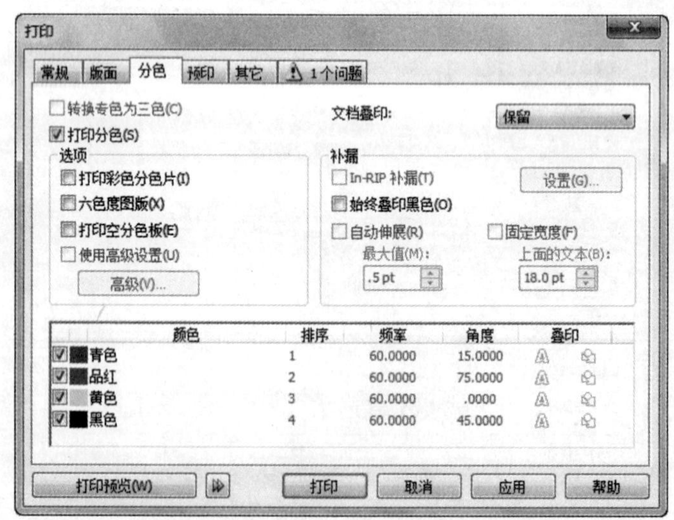

图9-5　“分色”选项卡

（2）在分色片列表框中取消某个分色片复选框的选中状态，则表示在打印分色片时，将不打印被禁用的分色片。

（3）选中“六色度图版”复选框，则在对话框下方的分色片列表框中将显示6色模式下的

每种颜色的分色片。

（4）设置分色后单击“打印”按钮即可进行分色打印。

小提示：分色的概念

分色是一个印刷专业名词，指将原稿上的各种颜色分解为黄、品红、青和黑 4 种颜色。在电脑印刷设计或平面设计类软件中，分色工作就是将扫描图像或其他来源图像的色彩模式转换为 CMYK 模式。

操作五　设置打印预览

预印是指允许在页面中显示关于作品打印方式的信息和打印机标记，包括“纸片 / 胶片设置”、“文件信息”和“裁剪 / 折叠标记”等，并可以指定打印机标记在页面中的位置。在“打印”对话框中的“预印”选项卡中可设置打印预印，其具体操作如下。

（1）打开“打印”对话框，单击“预印”选项卡，如图 9-6 所示。在“纸片 / 胶片设置”栏中选中“反显”复选框，可以打印当前图像的负片（胶片）图形；选中“镜像”复选框，可以打印当前图像的镜像图形。

图 9-6　“预印”选项卡

（2）在“文件信息”栏中选中“打印文件信息”复选框，可以输入打印文件名等信息，打印时将在打印纸绘图页面以外的位置打印出这些文字信息；选中“打印页码”复选框，可以在打印纸下面打印出页码；选中“在页面内的位置”复选框，表示当绘图页面尺寸与打印纸尺寸相同时，文件信息将打印在页面内。

（3）在“裁剪 / 折叠标记”栏中可设置是否将“裁剪 / 折叠标记”随图形一起打印在纸张上。

（4）在“注册标记”栏中选中“打印套准标记”复选框，可以在打印时为打印纸添加套准标记，在下方的“样式”下拉列表框中可以选择套准标记样式。

（5）在“调校栏”栏中选中“颜色调校栏”和“尺度比例”复选框，可以在打印的图形旁边打印一个色块列，并显示6种基本色（红、绿、蓝、青、品红和黄）的各浓度级的色块，从而验证图片的打印质量。

（6）单击 打印预览(W) 按钮，即可预览设置后的打印效果。

操作六　打印预览并打印图形

设置打印相关参数后或正式打印图形前，可以先进行打印预览，以检查打印设置是否有误。方法是：在“打印”对话框中单击“打印预览”按钮或选择【文件】→【打印预览】菜单命令，打开图9-7所示的打印预览窗口。

图 9-7　打印预览窗口

在打印预览窗口中可以对打印效果和显示效果等进行设置，下面具体讲解。

1．控制打印预览视图

在图9-7所示的打印预览窗口中可以控制打印预览视图的显示大小，其方法有以下两种。

- 单击预览窗口工具栏中的“到页面”下拉列表框右侧的 ▾ 按钮，将弹出如图9-8所示的“缩放”下拉列表，可以根据需要选择显示比例。
- 单击左侧工具箱中的“缩放”按钮 🔍，在图形中单击任意放大视图显示，按住“Shift”键不放单击可以缩小视图显示，其使用方法与绘图窗口中的缩放工具一样。图9-9所示为放大视图的效果。

2. 设置打印图形的位置和大小

在打印预览窗口的属性栏中显示了有关图形位置和大小的选项参数，通过这些选项参数可以设置打印作业的位置和大小。主要包括如下几个方面。

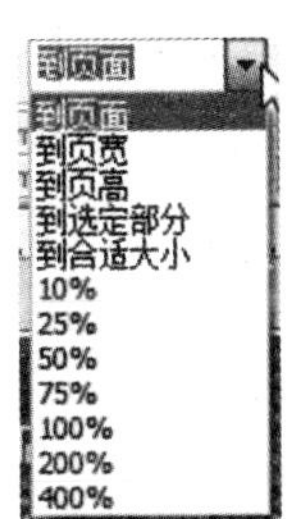

图 9-8　“缩放”下拉列表

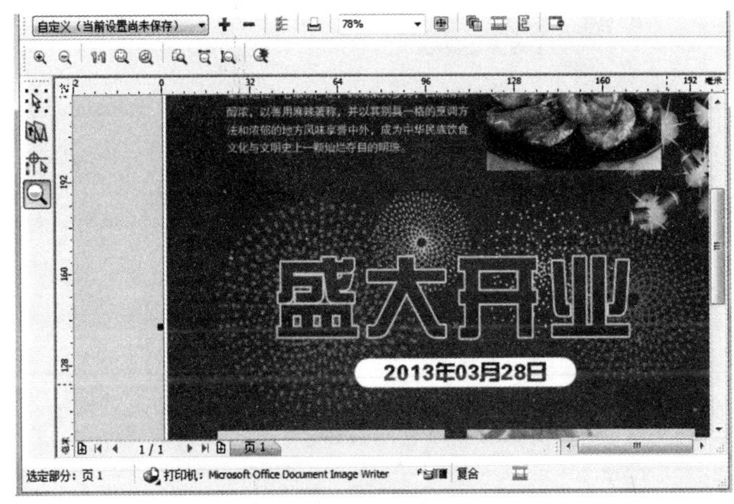

图 9-9　用缩放工具放大视图

- 单击属性栏左边的 自定义 按钮，将弹出图 9-10 所示的下拉列表，在其中可以选择所需图形的放置位置，如选择“页面中心”选项，将图形放置到纸张中心进行打印。
- 在属性栏中的水平尺寸和垂直尺寸数值框中输入数值可以精确设置图形的大小。

单击属性栏右边的 毫米 按钮可以设置测量的单位。

3. 设置版面布局

在打印预览窗口单击工具箱中的版面布局工具，此时其打印预览窗口如图 9-11 所示。将鼠标光标放置于图中所示的黑箭头中，当鼠标指针变成形状时，单击鼠标可实现图形的垂直镜像打印。

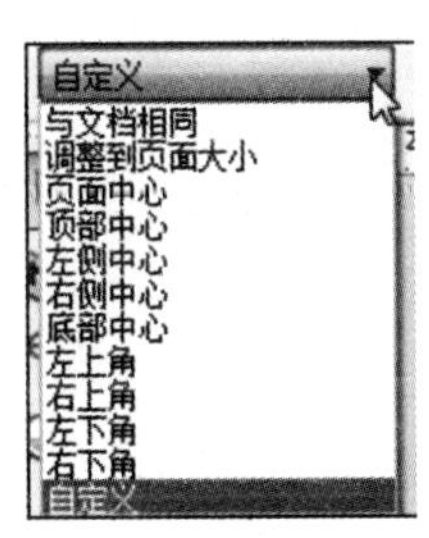

图 9-10　选择图形打印位置下拉列表

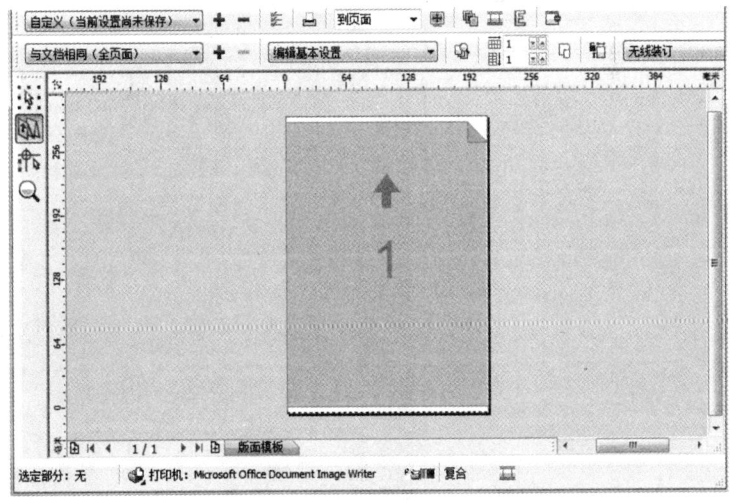

图 9-11　打印预览窗口中的版面布局

单击属性栏最左边的 与文档相同（全页面） 按钮，将弹出如图 9-12 所示的下拉列表，在其中可选择一个选项来设置图形的预设版面。图 9-13 所示为选择“活页”选项后的版面效果。

图 9-12 “当前的版面布局”下拉列表

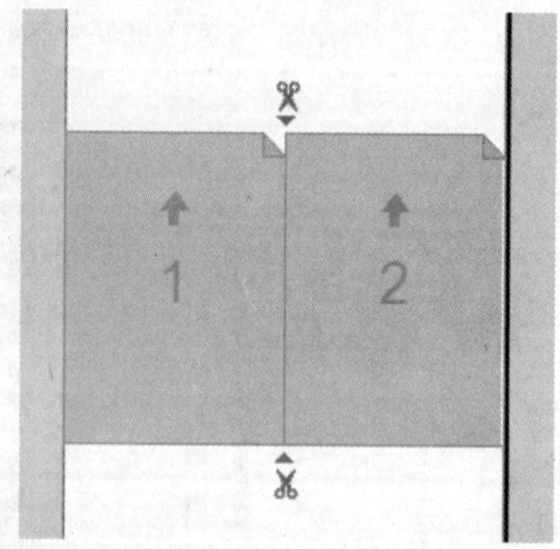

图 9-13 “活页”版面效果

小提示：关闭打印预览

在“打印预览”窗口中选择【文件】→【关闭打印预览】菜单命令，或单击 X 按钮，都可以关闭打印预览窗口。

4. 设置打印标记

单击打印预览窗口工具箱中的标记放置工具，在图形的周围将出现一个红色的虚线框，表示打印作业的边界。将鼠标指针放置在该虚线框的水平或垂直边线上，待指针光标变成 ≑ 或 ⫲ 形状时单击鼠标，并在垂直或水平方向中拖动鼠标，可调整打印作业的边界位置和大小，其预览效果如图 9-14 所示。

图 9-14 调整打印的边界尺寸

另外，在属性栏中单击相应的按钮可以为打印图形添加打印标记或设置镜像打印等，各按钮的作用如下。

- 单击 按钮，可以添加文件信息。
- 单击 按钮，可以添加页码。
- 单击 按钮，可以添加切口线和折页线。
- 单击 按钮，可以添加套准标记。
- 单击 按钮，可以添加色彩校正列。
- 单击 按钮，可以添加密度计刻表。
- 单击工具栏中的“反色”按钮 ，可以将文档打印为负片。
- 单击 按钮，可将文档设置为打印分色片。
- 单击 按钮或按“Ctrl+U”键，可将预览的图形全屏显示。
- 单击 按钮，可将图形水平镜像打印。

5. 开始打印图形

打印预览结束后按“Enter”键或单击打印预览窗口属性栏中的“打印”按钮 ，或按“Ctrl+P”键，即可将打印任务发送到打印设备中进行打印。单击打印预览窗口工具栏中的“关闭”按钮 或选择【文件】→【关闭打印预览】菜单命令，可以退出打印预览模式。

本任务介绍了在 CorelDRAW X4 中设置打印机属性和打印参数的方法，读者应着重掌握打印预览和打印图形的方法，对于普通打印都只需保持默认参数进行打印便可。另外，在“打印”对话框中单击“其他”选项卡，可以在打印时只打印位图、矢量图或只打印文本，也可以将彩色作为黑色打印，以节省油墨，如图 9-15 所示。

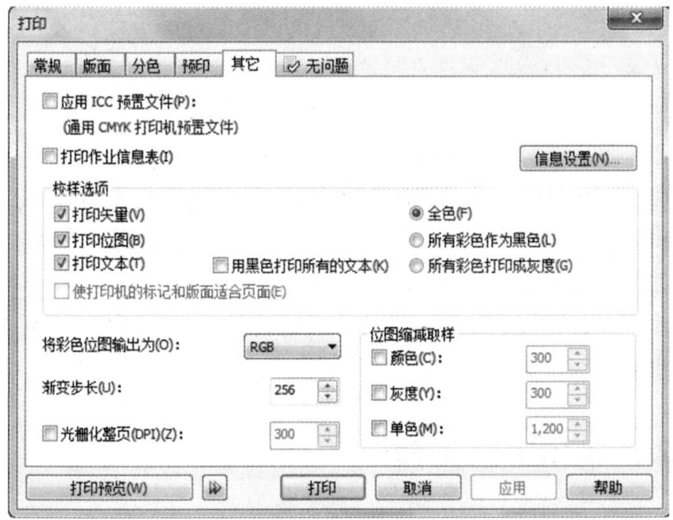

图 9-15　“其他”选项卡

任务二　图形的印刷输出及格式转换

工作任务场景

通过前面老张的讲解，晓雪对图形的打印设置有了一定的了解。但晓雪觉得，在CorelDRAW X4中打印图形文件并没有经常用到，自己经常用的大多是输出图形文件。于是晓雪向老张提出疑问，老张听后对她说：“设计人员在向客户提供图形效果时，都是直接输出文件，等到客户确认后才会交由印刷厂印刷。”于是晓雪听后就让老张教教她怎么输出文件和印前准备等知识。

工作任务分析

本任务的目标是熟悉CorelDRAW X4图形的印前处理方法及了解相关印刷知识，具体目标要求如下。

（1）了解印前设计的工作流程。

（2）熟悉CorelDRAW X4图形印前的准备工作。

（3）掌握图形文件格式的交换与输出。

操作一　了解印前设计的工作流程

了解印前设计的工作流程才能制作出符合要求的图形作品。印前设计的工作流程主要包括以下几个环节。

- 明确设计及印刷要求，根据客户提出的要求进行图形设计，包括输入文字、图像、图形创意和拼版等。
- 输出黑白或彩色校稿，让客户提出修改意见。
- 按校稿修改后再次输出校稿，让客户修改并提出修改意见直到定稿。
- 客户签字后输出菲林。
- 送交印刷机构进行印前打样。
- 送交印刷打样稿，如无问题，让客户签字，再送到印刷厂进行制版和印刷。若有问题，需重新修改并输出菲林。

操作二　印前输出准备工作

在印刷输出前，需要做一些检查和准备工作，以避免不必要的错误发生，主要包括文字转

曲、转换色彩模式、查看文档信息和设置出血等，下面分别进行讲解。

1. 文字转曲

将 CorelDRAW X4 作品复制到其他计算机中，如果没有相应的字体，则会用其他的字体代替，从而影响作品本身效果，为了避免输出公司的计算机中缺少相关的字体造成显示不正确，在将作品交付印刷公司前，需要先在自己的计算机中将文字转曲，以保证印刷的效果。文字转曲的具体操作如下。

（1）打开设计的作品，选择【排列】→【取消全部群组】菜单命令将所有对象全部解散群组。

（2）选择【编辑】→【全选】→【文本】菜单命令或选中所有要转曲的文字。

（3）选择【排列】→【转换为曲线】菜单命令或按“Ctrl+Q”键即可将文字转曲，转曲后的文本不能再对其文字内容进行修改，因此在转曲前可先将设计文件进行备份，便于以后使用和修改。

2. 转换为 CMYK 色彩模式

印刷输出时使用的颜色模式为 CMYK 色彩模式，因此在将作品进行印刷前，可先将作品转换为 CMYK 色彩模式，包括对位图和对矢量图进行色彩模式转换。其具体操作如下。

（1）打开图形文件，选择【编辑】→【查找和替换】→【查找对象】菜单命令，打开图 9-16 所示的“查找向导”对话框。

（2）默认状态选中“开始新的搜索”单选项，单击 下一步(N) > 按钮。

（3）在打开的对话框的列表框中选中“其他”栏中的“位图”复选框，再单击 下一步(N) > 按钮，如图 9-17 所示。

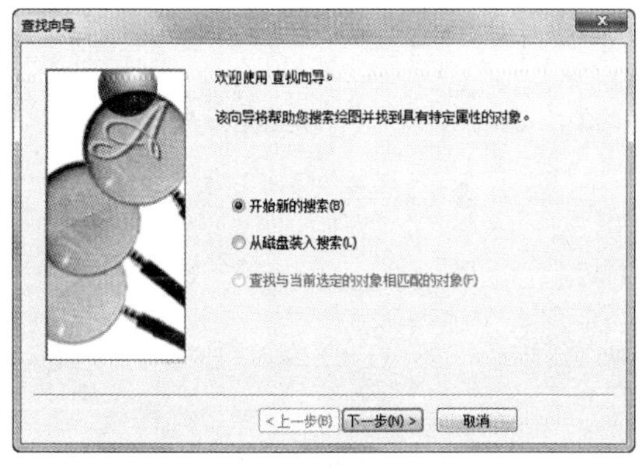

图 9-16　“查找向导”对话框

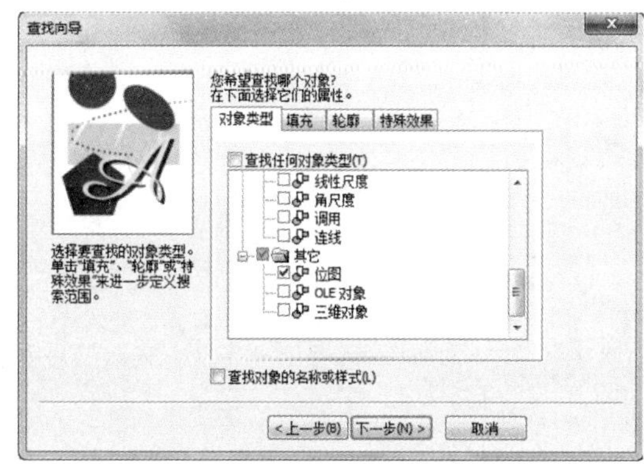

图 9-17　选择查找位图

（4）此时打开图 9-18 所示的对话框，单击 指定属性(S) 位图... 按钮。

（5）在打开的“指定的位图”对话框中选中“位图类型”复选框，在其下拉列表框中选择“RGB 色（24- 位）”选项，再单击 确定 按钮，如图 9-19 所示。

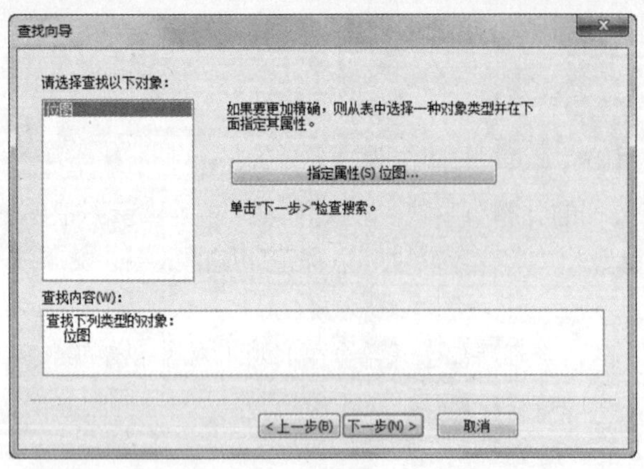

图 9-18 “查找向导”对话框

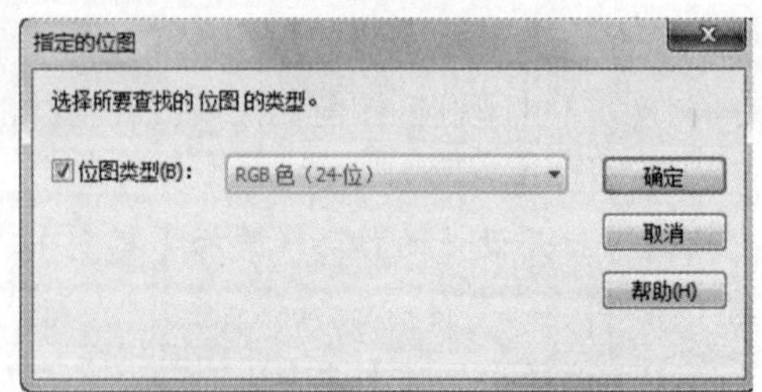

图 9-19 选择查找位图的类型

（6）此时返回到“查找向导”对话框，单击 下一步(N) > 按钮，在打开的对话框中将显示指定的查找对象和类型，单击 完成 按钮完成查找向导的设置，如图 9-20 所示。

（7）此时将查找到第一个符合要求的对象并自动将其选中，如图 9-21 所示，选择【位图】→【模式】→【CMYK 颜色（32 位）】菜单命令，将查找到的对象进行色彩模式的转换，然后在“查找”对话框中单击 查找下一个(N) 按钮查找第二个符合要求的对象。

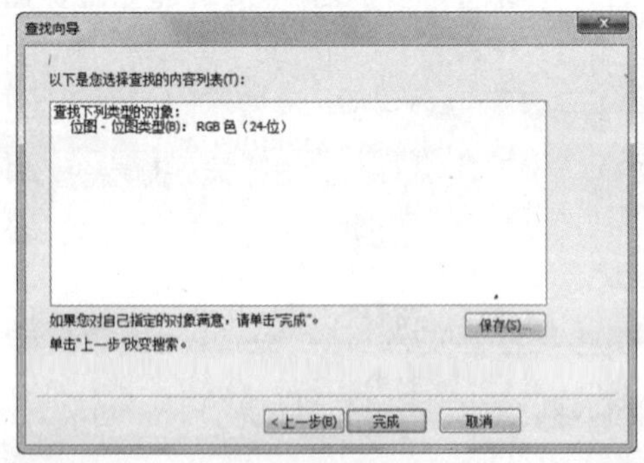

图 9-20 确认查找操作

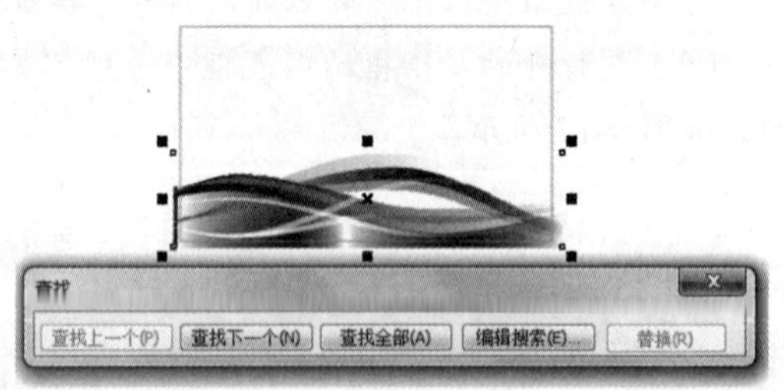

图 9-21 查找到的位图

小提示：“查找向导”对话框的查找对象

通过“查找向导”对话框，可以对对象类型、填充、轮廓以及特殊效果等进行查找。

（8）用相同的方法将其颜色模式转换为 CMYK 色彩模式，完成所有位图的色彩模式转换后，将打开提示对话框，单击 确定 按钮关闭该对话框。

（9）下面将对矢量图进行色彩模式的转换。选择【编辑】→【查找和替换】→【替换对象】菜单命令，打开“替换向导”对话框，选中“替换颜色模型或调色板”单选项，如图 9-22 所示，单击 下一步(N) > 按钮。

（10）在打开的对话框中选中“查找任何颜色模型或调色板”单选项，然后在“用来替换的颜色模型”下拉列表框中选择“CMYK”选项，如图 9-23 所示，单击 完成 按钮。

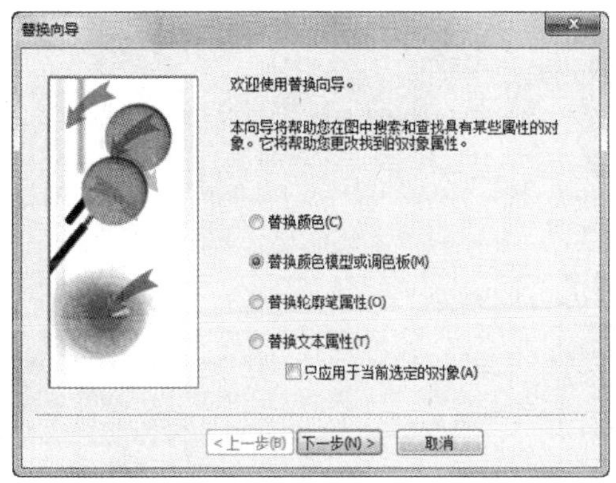

图 9-22　“替换向导”对话框

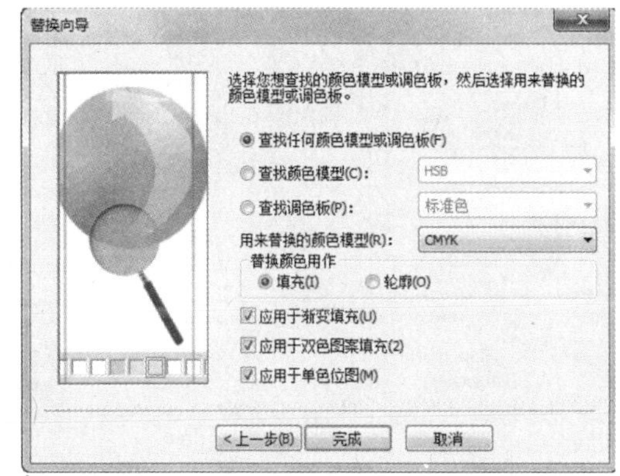

图 9-23　选择替换后的颜色模型

（11）在打开的图 9-24 所示的“查找并替换”对话框中单击 全部替换(L) 按钮执行全部替换操作。

（12）全部替换完后，打开图 9-25 所示的提示对话框，单击 确定 按钮关闭该对话框。

图 9-24　“查找并替换”对话框

图 9-25　替换完成

3. 查看文档信息

在将文字转曲和转换色彩模式后，可以通过查看文档信息来检查是否有遗漏未转曲的文字，其具体操作如下。

（1）选择【文件】→【文档属性】菜单命令，打开“文档属性”对话框。

（2）在对话框中将显示当前文件的相关信息，通过这些信息不仅可以了解是否所有的文字已经转曲以及是否还有其他色彩模式的位图或矢量图，还可以查看文档中所应用的样式和效果等。图 9-26 所示为文本转曲前和转曲后的“文档属性”对话框的对比效果。

（3）单击 确定 按钮将关闭对话框。

多学一招：通过右键打开对话框

在绘图区中单击鼠标右键，在弹出的快捷菜单中选择“文档属性”命令，也可打开“文档属性”对话框。

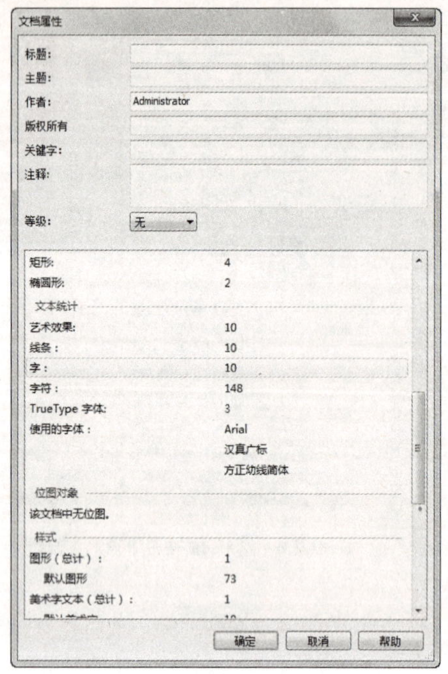

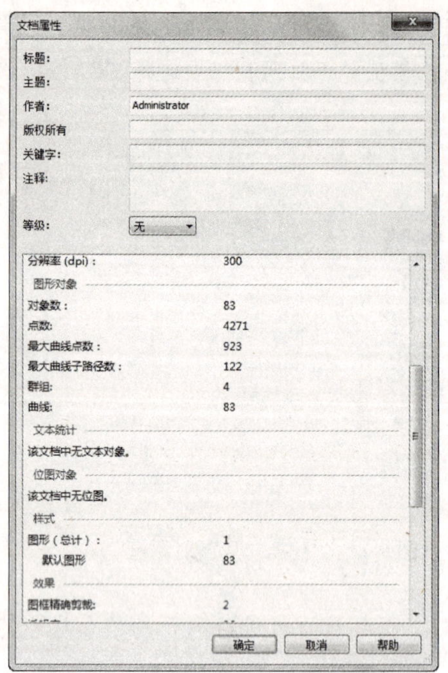

图 9-26　转曲前和转曲后的对比

4. 彩色印刷输出

彩色印刷输出对图像质量的要求比较高，因为印刷厂一般采用胶印印刷，即将图像分解成大小不一和不连续的网点，通过这些网点传递油墨，从而达到重现图像的目的。在 CorelDRAW X4 中可以打开“配备‘彩色输出中心’向导”对话框，在该对话框中完成将文件发送到彩色输出中心的准备过程。其具体操作如下。

（1）选择【文件】→【为彩色输出中心做准备】菜单命令，打开“配备‘彩色输出中心’向导”对话框，默认选中“收集与文档关联的所有文件”单选项，单击 下一步 按钮，如图 9-27 所示。

（2）开始收集作品中用到的所有字体，然后在打开的对话框中提示是否生成 PDF 文件，选中“生成 PDF 文件”复选框进行确认，单击 下一步 按钮，如图 9-28 所示。

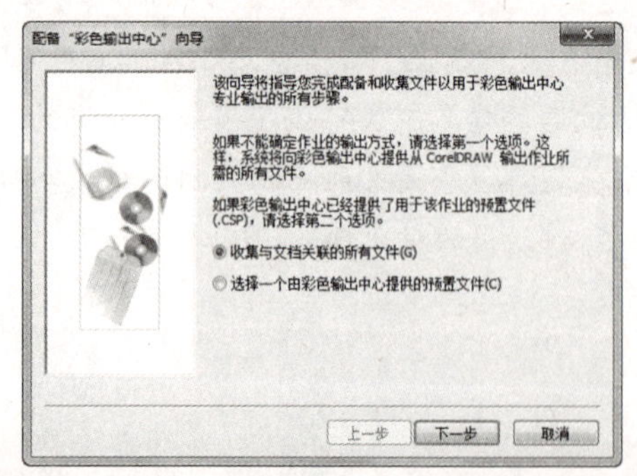

图 9-27　“配备‘彩色输出中心’向导”对话框

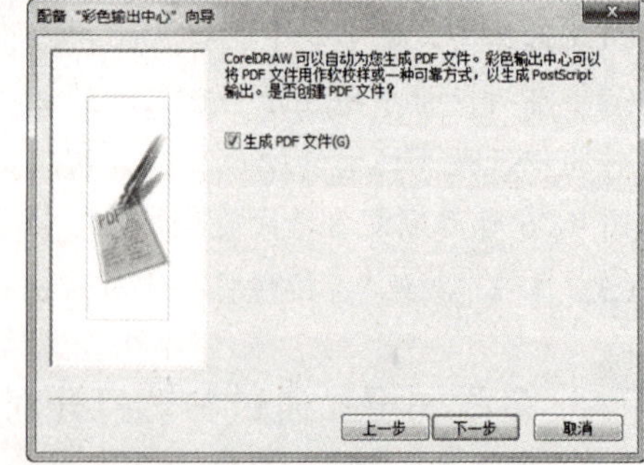

图 9-28　选择生成 PDF 文件

（3）在打开的对话框中选择“彩色输出中心”文件要保存的位置，这里保持默认值，单击 下一步 按钮，如图 9-29 所示，此时 CorelDRAW X4 开始输出文件。

（4）输出完成后，在打开的对话框中将显示输出文件的相关信息，单击 完成 按钮完成输出，如图 9-30 所示。

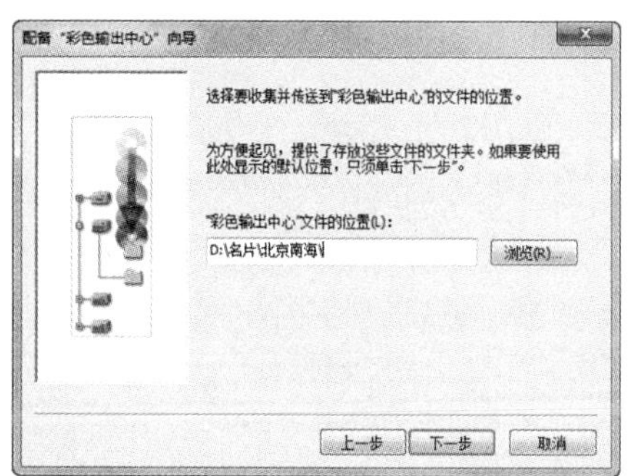

图 9-29　选择彩色输出文件保存位置

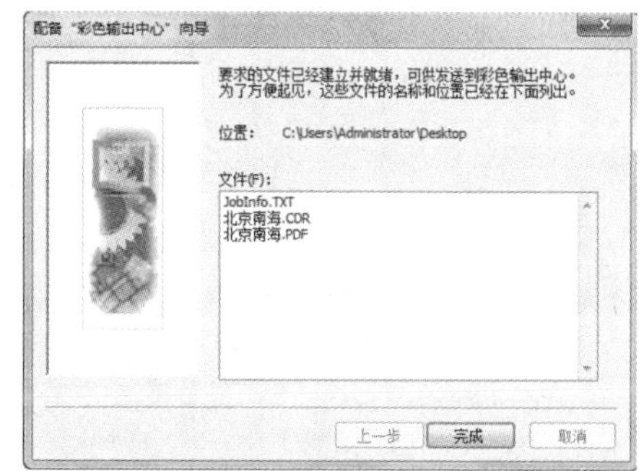

图 9-30　完成输出

小提示：如何获得较高的印刷质量和效果

获得较高的印刷质量和效果，不仅要看图形在屏幕上的颜色，还要看原稿输出在纸张中的颜色效果（CMYK 值）。要获得清晰的图像效果，要注意使用高分辨率的图像，图像分辨率越高，点的表现越细致，印刷质量也就越高。

操作三　导出文件与格式交换

为了增强 CorelDRAW X4 和其他软件的兼容性，在 CorelDRAW X4 中可以将制作好的图形导出为其他程序支持的文件格式，如 GIF、TIFF、JPG 和 BMP 等，以便使用其他软件浏览和编辑等。导入文件的方法在模块一进行了讲解，即选择【文件】→【导出】菜单命令，或单击标准工具栏中的"导出"按钮，还可按"Ctrl+E"键打开"导出"对话框，选择要导出的文件类型便可。

小提示：导出可用的动画文件

在 CorelDRAW X4 中还可以将图像导出为 Macromedia Flash 软件支持的动画文件，即 SWF 格式。方法是：打开"导出"对话框，在对话框中的"保存类型"下拉列表框中选择"SWF-Macromedia Flash"选项，然后单击 导出 按钮，再在打开的"Flash 导出"对话框中设置好参数，单击 确定 按钮。

操作四　输出为网页格式文件

使用 CorelDRAW X4 中提供的"发布到 Web"功能可以将图形文件输出为网页支持的格式，如 PNG 和 GIF 格式等，其具体操作如下。

（1）选择【文件】→【发布到 Web】→【Web 图像优化程序】菜单命令，打开图 9-31 所示的"网络图像优化器"窗口。

（2）在右侧“原始的”下拉列表框中选择要输出的网页格式，如“Gif”，将在其下面的区域显示经过优化后的图像信息。

（3）查看右上方预览窗中图像的效果，单击 确定 按钮，将打开“将网络图像保存至硬盘”对话框，如图 9-32 所示。

图 9-31 “网络图像优化器”窗口

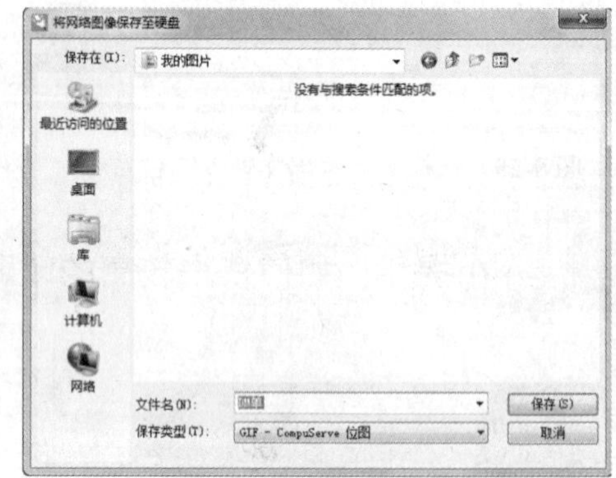

图 9-32 “将网络图像保存至硬盘”对话框

（4）选择要保存的位置，并在“文件名”下拉列表框中输入要保存图像的名称，单击 保存(S) 按钮保存图像即可输出为网页格式文件。

本任务主要介绍了图形印前设计的工作流程、印前输出准备工作和文件格式的转换与输出。图形的印刷输出还需要考虑纸张的开本大小，以及熟悉各种印刷效果的区别，因为这些与印刷成本都有直接的关系。下面将分别介绍常用的纸张类型以及印刷方式。

1. 印刷用纸

纸张是图形作品的载体，同一件作品，使用不同的纸张进行输出所得到的效果是不同的。印刷用纸有很多，根据纸张的性能和特点可以将印刷用纸大致分为以下几类。

- **新闻纸**：新闻纸的纸质松软、吸墨能力强，具有一定的机械强度，其缺点是抗水性差，且时间一长易变黄，不适于长期保存，主要用于报纸。
- **铜版纸**：铜版纸也称为胶版印刷纸，分为单面铜版纸和双面铜版纸。单面铜版纸的一面平整光滑、色纯度较高，能得到较好的印刷效果，另一面平整却不光滑、纯度较低。因此，双面铜版纸适用于两面都需印刷的对象，如商业宣传单和画册等。
- **凸版印刷纸**：凸版印刷纸适用于凸版印刷，纸张的性能与新闻纸相似，其抗水性、色彩表现程度等都比新闻纸略好一些。
- **凹版印刷纸**：凹版印刷纸的纸张表面洁白且具有一定的硬度，具有良好的抗水性和耐用性，主要用于印刷邮票和精美画册等印刷要求较高的印刷品。

- **白板纸**：白板纸质地均匀，在表面涂有一层涂料，纸张洁白且纯度高，可均匀吸墨，有良好的抗水性和耐用性，主要用于商品的包装盒印刷等。

2. 分色和打样

分色是一个印刷专业名词，指将原稿中的各种颜色分解为黄、品红、青和黑4种颜色。在电脑印刷设计或平面设计类软件中，分色工作就是将扫描图像或其他来源图像的色彩模式转换为CMYK色彩模式。后面将讲解怎样设置分色打印，这里简单介绍一下概念。

打样是模拟印刷，在制版与印刷间起着承上启下的作用，主要用于检验制版阶调与色调能否取得良好的合成再现，并将复制再现的误差及应达到的数据标准提供给制版，作为修正或再次制版的依据；同时为印刷的墨色、墨层密度及网点扩大数据提供参考样张，并作为编辑校对的签字样张。

小提示：转换图片颜色模式

扫描图像和用数码相机拍摄的图像为RGB模式，从网上下载的图片也大多是RGB模式，所以要印刷时必须对这些图片进行分色。

3. 印刷方式与效果

除了要了解纸张类型外，还需要熟悉以下几种印刷效果的区别。

- **单色印刷**：使用一种颜色进行印刷，一般是用黑色，成本较低，用于印刷较简单的宣传单和单色教材等。
- **双色印刷**：使用两种颜色进行印刷，成本较单色印刷高，通常用CMYK模式中的任意两种颜色进行印刷。
- **套色**：是指在单色印刷的基础上再印上CMYK中的任意一种颜色，如报纸广告中的套红就是在单色印刷的基础上套印洋红色。
- **四色印刷**：四色印刷效果最好，但成本也较高，常用于印刷DM单等。
- **专色印刷**：由于打印机等其他输出设备使用的CMYK墨水不能很好地表现出金色或银色的效果，所以专门用一种特定的油墨来印刷该颜色，通常指金色或银色。

实训一　设置并打印宣传单

本实训要求打开前面模块六中制作的“宣传单.cdr”，先设置打印纸张大小为A3，方向为

横向，然后进行打印预览，并设置版面布局和打印位置等，最后将其打印出来。通过本实训掌握打印设置、打印预览和打印图形的操作。

实训思路分析

在打印宣传单之前，先设置其打印的纸张大小，然后再在“打印预览”窗口中进行设置，本实训的制作思路如图 9-33 所示，具体分析及思路如下。

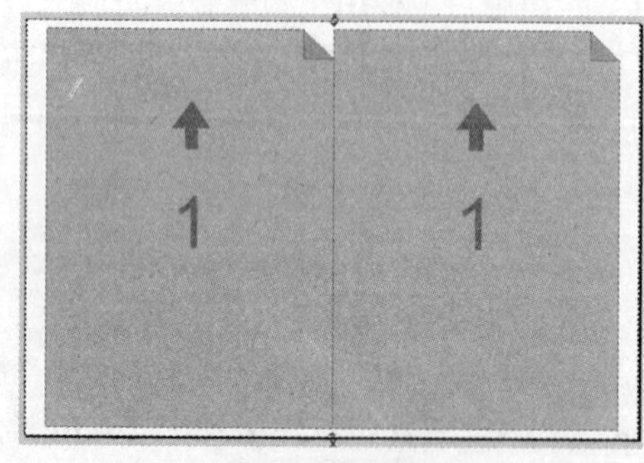

①设置版面布局

②设置打印标记

图 9-33　设置并打印积分片的操作思路

【步骤提示】

（1）选择【文件】→【打印设置】菜单命令，选择需要使用的打印机名称，然后单击“属性”按钮，设置打印纸张大小和方向。

（2）打开“打印预览”窗口，单击工具箱中的版面布局工具，在属性栏中设置版面行列数。

（3）单击打印预览窗口工具箱中的标记放置工具，设置打印套准标记和色彩校正列等。

（4）单击打印预览窗口属性栏中的“打印”按钮，开始打印设置后的图形。

实训二　输出宣传单

实训目标要求

本实训要求将模块六中的“宣传单 .cdr”输出为 JPG 格式，模式设置为 RGB 色彩，分辨率设置为 120 dip。

实训思路分析

输出宣传单，需要先将文件中的位图全部转换为 CMYK 模式，然后转曲文本。结合上面的目标和分析，本实训的操作思路如图 9-34 所示。

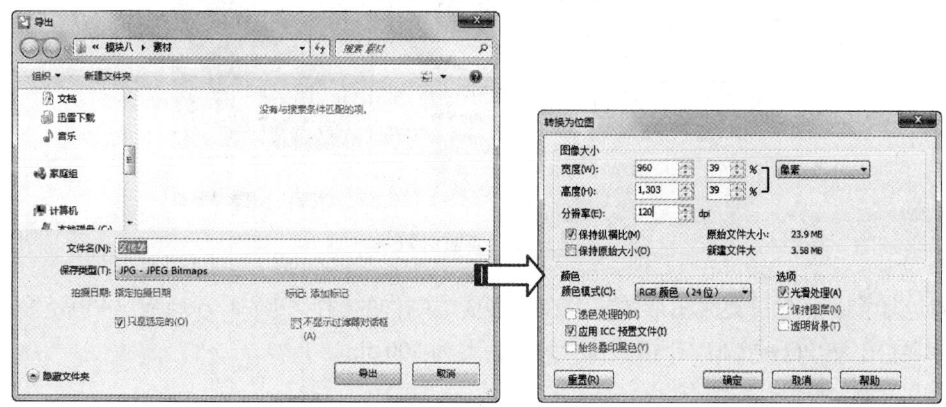

①打开“导出”对话框　　　　②打开“转换为位图”对话框

图 9-34　输出宣传单的思路

【步骤提示】

（1）查找位图，分别将其转换为 300 dip 的 CMYK 模式。

（2）全选文本，按“Ctrl+Q”键将其转曲，然后在“文档属性”对话框中进行查看。

（3）全选图形，选择【文件】→【导出】菜单命令，打开“导出”对话框，在其中选择需要的文件格式，单击 导出 按钮。

（4）打开“转换为位图”对话框，在其中的“分辨率”数值框中输入 120，在“颜色模式”下拉列表框中选择 RGB 颜色选择，然后依次单击 确定 按钮即可。

课后实践

（1）打开前面模块七中制作的“白酒包装平面图 .cdr”图形文件，设置其打印纸张的大小，然后进行打印预览和布局设置，使图形位于页面中心，最后进行打印输出。

（2）将模块五中的“入场券 .cdr”进行印刷输出，先结合前面所讲知识将其文字转曲，转换图像为 CMYK 颜色模式，然后利用“配备‘彩色输出中心’向导”对话框将文件发送到彩色输出中心，最后通过该文件进行批量的彩色印刷输出。

（3）综合运用本书前面所学知识，制作出图 9-35 所示的体验券效果，然后进行打印预览。

素材 素材文件 \ 模块九 \ 美容 .jpg
对应 效果文件 \ 模块九 \ 体验券 .cdr

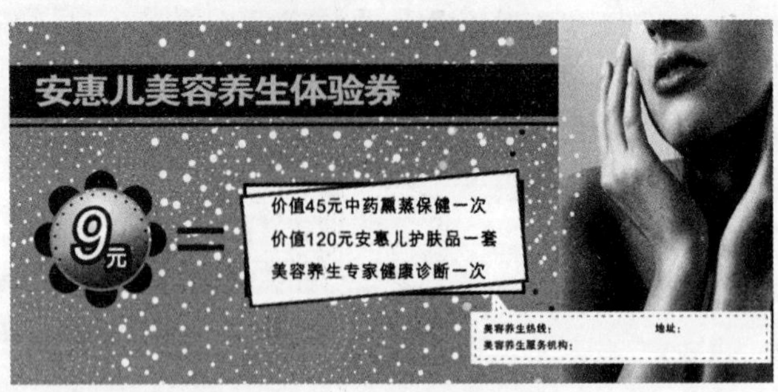

图 9-35　体验券效果

（4）为了便于查看文件图形效果，在练习 3 中制作的图形文件下方绘制一个黑色的矩形，然后将其导出为 JPG 的 CMYK 模式，分辨率设置为 300 dip。

模块十　综合应用

模块简介

通过前面章节的学习，读者已经掌握了在 CorelDRAW X4 中绘制图形的相关方法，并学习和了解了一些实际工作中常见的广告作品的设计。为了更加牢固地掌握 CorelDRAW X4 的相关知识，本模块将以画册设计和企业 VI 系统设计两个任务实例来综合应用 CorelDRAW X4 制作图形，真正达到学以致用的目的。

学习目标

本模块的知识学习目标如下：

- 掌握画册的相关设计知识。
- 掌握画册的立体效果制作。
- 了解 VI 设计的相关知识。
- 掌握企业 VI 的标志设计。
- 掌握 VI 的其他系统设计。

本模块的技能学习目标如下：

- 能独立完成画册的设计。
- 能独立完成 VI 基础系统的设计。

任务一　画册设计

工作任务场景

今天晓雪来到公司打开电脑时，老张告诉她："晓雪，你已经对 CorelDRAW X4 有了进一步熟悉，在以后的设计工作中，若还有不懂的问题可以来问我，大家合作愉快。"晓雪听后回答说："谢谢你这几个月对我的帮助，以后可能还会继续麻烦您。"老张听后对晓雪说："现在你先制作一本客户要求的 12 页的小画册，尺寸可以自由设定，风格是古典中国风的，一会我把资料发给你，你试着做一下吧。”晓雪听后很高兴，终于可以出品自己的作品了。

行业背景知识

画册是一个展示平台，企业或者个人都可以成为画册的拥有者。在画册制作设计的过程中，要根据不同的内容或不同的主题特征，进行优势整合和统筹规划，使画册在整体和谐中求创新。一本好的画册一定要有准确的市场定位和高水准的创意设计，从各角度展示画册整体的风采。

企业画册的策划制作过程实质上是企业理念的提炼和实质展现的过程，并不是简单的图片文字的叠加。一本优秀的企业画册应该给人艺术的感染、实力的展现和精神的呈现，而不是枯燥的文字和呆板的图片。画册的版式设计原则对设计师提出的要求是每一件设计都应当有趣和有个性。这不仅是一种艺术的需要，也是提高视读效率和趣味的需要，同时也是设计者表达个性和体现个体生命价值的需要。版式设计最根本的原则可以概括为直观动人、简明易读、主次分明和概念清楚 4 个方面。图 10-1 所示为不同风格的画册版式效果。

图 10-1　画册版式效果

工作任务分析

本任务的目标是设计一本中国风的画册，页数为 12 页（包括封面和封底），尺寸为 210 mm × 210 mm，加上出血区域则为 216 mm × 216 mm。

本任务的最终效果展示如图 10-2 所示。要实现该效果，需要掌握以下技术要点：

（1）掌握画册的设计方法。

（2）了解画册的相关知识。

素材 素材文件 \ 模块一 \ 图像基本操作 \ 花朵 .jpg
对应 效果文件 \ 模块一 \ 梦幻背景 .psd

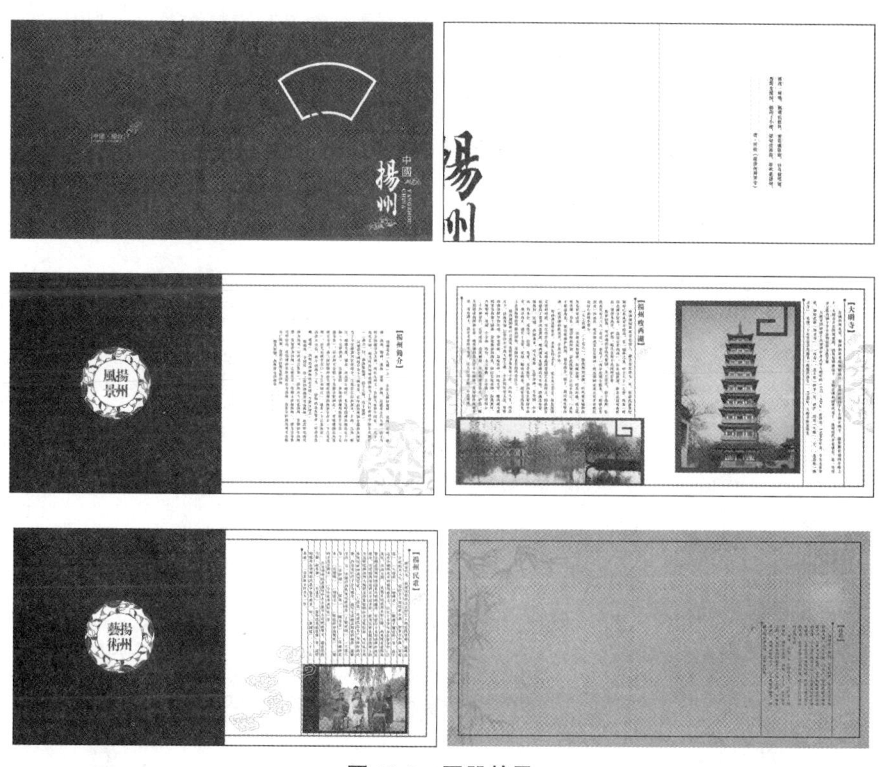

图 10-2 画册效果

制作思路分析

完成本任务主要包括画册的封面和封底设计，以及画册其他页面设计两步操作。具体思路及要求如下，如图 10-3 所示。

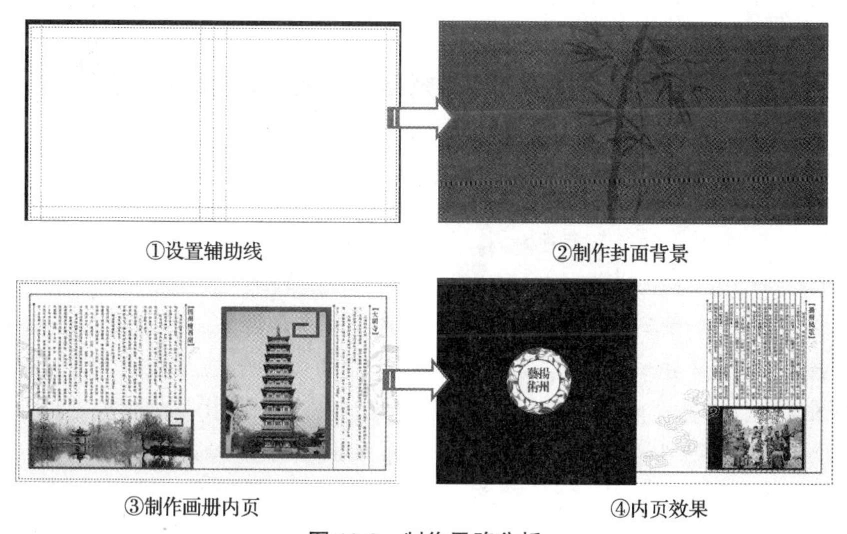

图 10-3 制作思路分析

（1）新建图形文件，设置页面大小和辅助线，然后建立页面。

（2）使用绘图工具和素材图形制作画册的封面和封底效果。

（3）在页面中输入文本，并设置文本属性，然后导入相关的素材图片。

（4）在各个页面中添加相应的装饰图形。

操作一　画册的封面和封底设计

下面新建图形文件，设置画册的页面尺寸，然后设置其封面和封底效果。

【详细步骤】

（1）新建一个图形文件，设置页面为 420 mm×210 mm（这里的尺寸是两个页面的大小，也可以设置为 210 mm×210 mm，只是在后面建立页面时要多一些），然后双击矩形工具 绘制矩形，将矩形的大小设置为 426 mm×216 mm，选择【视图】→【显示】→【出血】菜单命令，显示出血区域。

（2）加上出血区域的 3 mm，拖动辅助线设置上下左右的页边距为 15 mm，注意将中心线标示出来，以及设置贴齐辅助线。

（3）在页面控制栏中单击 按钮在后面建立 5 个页面，并且对每个页面绘制页面 1 的矩形，然后将每个页面中的矩形都填充为白色，取消轮廓线。

（4）绘制一个黑色的矩形位于矩形下方，便于图形效果的查看，如图 10-4 所示。

图 10-4　页面效果

（5）回到页面 1 中，将矩形填充为墨绿色（C90，M60，Y60，K20），导入“竹子 .cdr”素材文件，将其颜色填充为比矩形颜色稍深，调整图形后后将其精确裁剪，放置在矩形中，如图 10-5 所示。

（6）使用任意绘图工具绘制图形，填充为白色，取消轮廓线，然后使用轮廓图效果得到图 10-6 所示的效果，进入矩形容器中，复制竹叶图形，退出编辑后粘贴图形，并缩放和旋转图形。

（7）输入文本，设置字体为书法类字体，颜色为白色，按“F10”键调整文本间距，继续输入其他文本，并设置字体为“微软繁黑体”，颜色都为白色，然后输入英文文本。

（8）导入“云纹 .cdr”素材文件，取消填充，设置轮廓线为 0.2 mm，颜色为白色。排列后的效果如图 10-7 所示，完成封面的制作。

图 10-5　导入素材

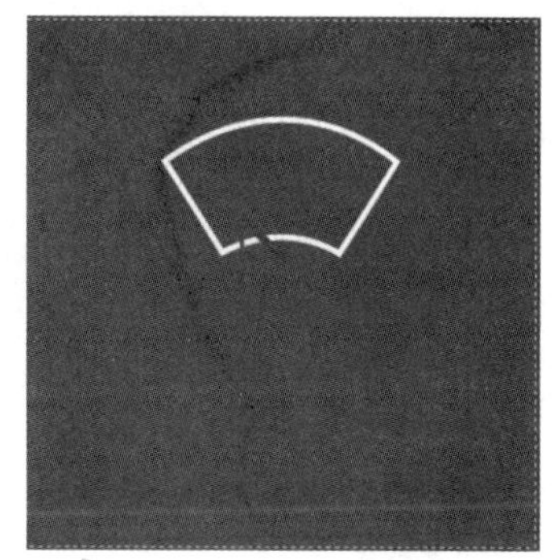

图 10-6　绘制图形

小提示：字体的设置技巧

在为图形设置匹配的中文和英文字体时，要符合图形要求，避免应用不易识别的字体，个性设计除外。

（9）使用矩形工具和文本工具制作封底，字体为“微软繁黑体”，颜色为白色，并导入“云 .ai”素材文件，将图形填充为白色，取消轮廓线，如图 10-8 所示，

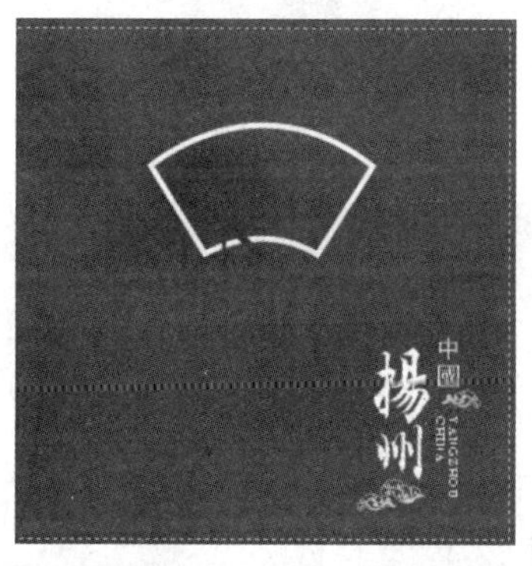

图 10-7　封面效果

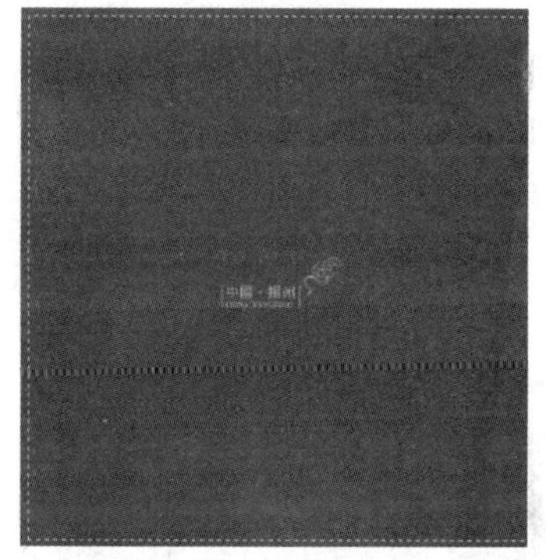

图 10-8　封底效果

操作二　画册其他页面设计

下面继续制作画册的其他页面。

【详细步骤】

（1）按“PageDown”键进入下一个页面，将原本的矩形调整为两个页面大小的两个矩形。

（2）复制封面中“扬州”文本，将其填充为黑色，然后移至左侧页面的相应位置，将其放置在矩形中，如图 10-9 所示。

（3）在右侧矩形中输入段落文本，设置字体为“方正大标宋”，按“F10”键调整行距，颜色为墨绿色（C90，M60，Y60，K20）。

（4）绘制竖线，设置轮廓色为 10% 的黑色，复制轮廓线，对齐后的效果如图 10-10 所示。

图 10-9　将文放置在容器中

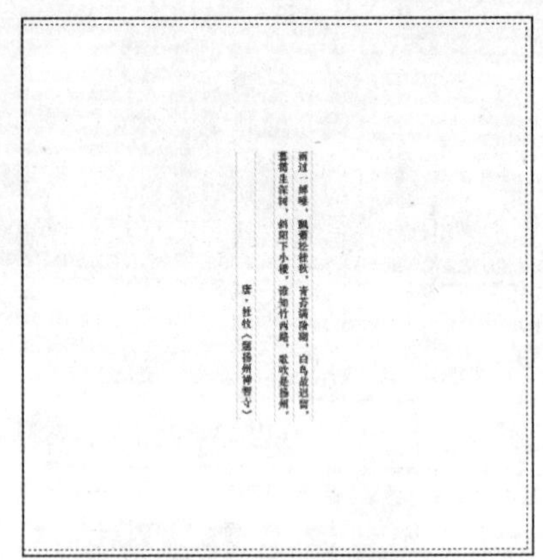

图 10-10　绘制竖直线

（5）按“PageDown”键进入下一个页面，同样将原本的矩形调整为两个页面大小的两个矩形，并将左侧的矩形填充为深墨绿色（C90，M60，Y60，K80）。

（6）绘制白色的圆形，设置里面的圆形轮廓色为 0.5 mm 的深墨绿色（C90，M60，Y60，K80），然后导入“花纹 .ai”素材文件，将其颜色设置为墨绿色（C90，M60，Y60，K20），并放置在白色的圆形中，如图 10-11 所示。

（7）在圆形中输入文本，设置字体为“方正大标宋繁体”，颜色为墨绿色（C90，M60，Y60，K20），按“F10”键调整文本间距，群组图形和文本，将其放置在水平垂直的居中位置，如图 10-12 所示。

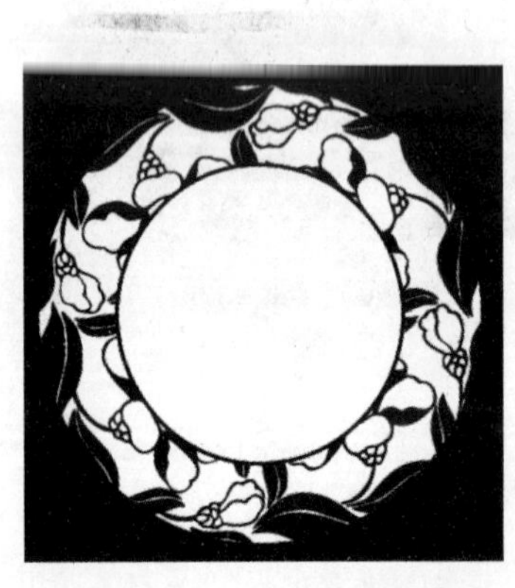

图 10-11　导入素材文件

图 10-12　输入文本

（8）将右侧矩形填充为灰色（C2，M2，Y2，K0），然后输入段落文本，设置字体为“方正大标宋”，大小为 10 pt，按“F10”键调整文本，设置首行缩进为 9 mm，将文本对齐矩形，效果如图 10-13 所示。

（9）输入标题文本，设置字体为“方正大标宋繁体”，然后绘制图形，完成后绘制宽度为 1 mm 的矩形作为边框，颜色都为墨绿色（C90，M60，Y60，K20），如图 10-14 所示。

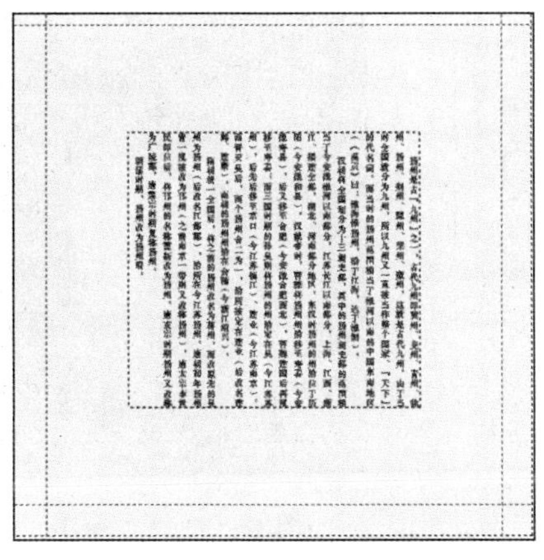

图 10-13　设置文本属性

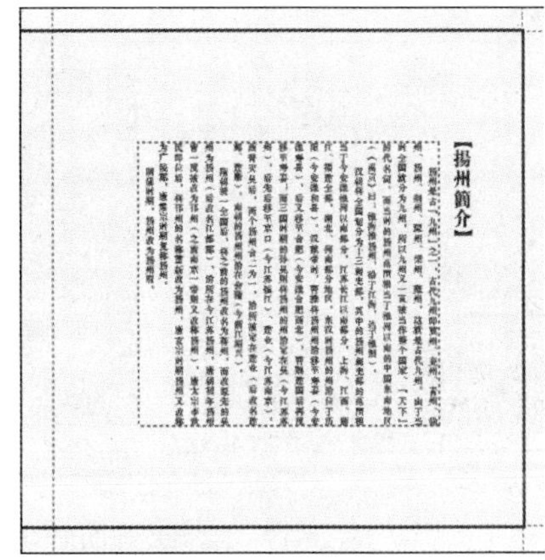

图 10-14　绘制矩形

（10）复制之前的花纹图案，将其填充为 20% 的黑色，设置透明效果为 50% 的标准效果，然后放大图形，将其放置在矩形中。

（11）复制页面 2 中的竖直线，将其移动到文本的两边，然后使用交互式调和工具设置调和效果，步长为 19，效果如图 10-15 所示。

（12）进入到页面 4，设置页面颜色为灰色（C2，M2，Y2，K0），根据之前的方法输入其他段落文本，其属性与之前输入的段落文本相同，然后绘制图形，设置相同的属性，如图 10-16 所示。

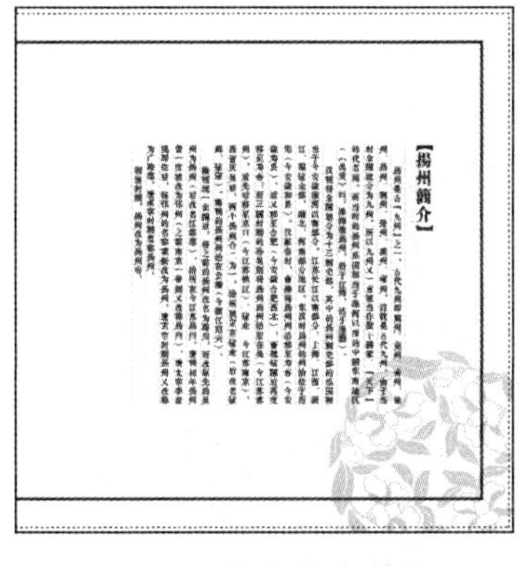

图 10-15　添加调和效果

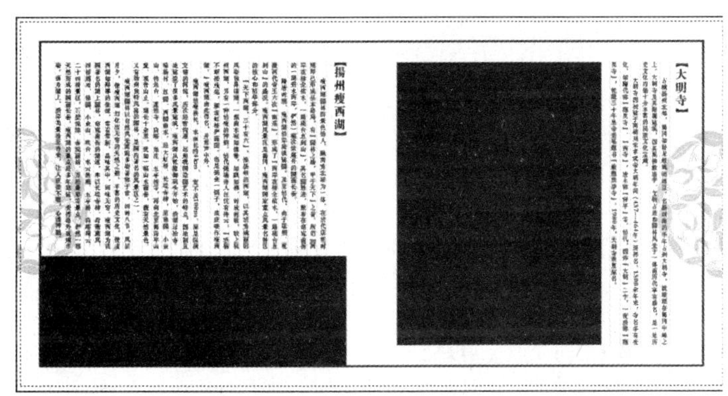

图 10-16　页面 4 的效果

（13）导入“瘦西湖 .jpg”和“大明寺 .jpg”素材文件，对图片进行相应编辑，将其裁剪为合适大小放置在矩形色块中，然后使用矩形工具在图片中绘制矩形，填充为墨绿色（C90，M60，Y60，K20）。

（14）继续使用椭圆形工具和矩形工具绘制图形，并填充为与矩形相同的颜色，将其放置在合适位置，然后复制封底中的云形图形，将其填充为 20% 黑色并放置在相应位置，如图 10-17 所示。

（15）复制页面 3 的左侧页面，将文本更改为“艺术扬州”，如图 10-18 所示。

（16）按照之前的方法制作页面 5 右侧的页面效果，然后导入“艺术 .jpg”素材文件，调整图片的位置和大小等，在制作的过程中可调整一些图形的颜色位置。

图 10-17　绘制装饰图形

图 10-18　更改文本

（17）导入“花纹 2.ai”素材文件，将其填充为灰色，并放置在相应位置，如图 10-19 所示。

（18）进入页面 6，将矩形填充为橘红（C16，M31，Y48，K0），复制页面 4 中的矩形边框，将其填充为黑色，然后输入与之前文本属性相同的文本。颜色分别为橘红（C25，M39，Y56，K0）和红色（C40，M95，Y90，K20）。

（19）导入“竹子 2.ai”素材文件，将其填充为橘红（C25，M39，Y56，K0），调整大小后将其放置在矩形容器中，如图 10-20 所示。

图 10-19　导入素材

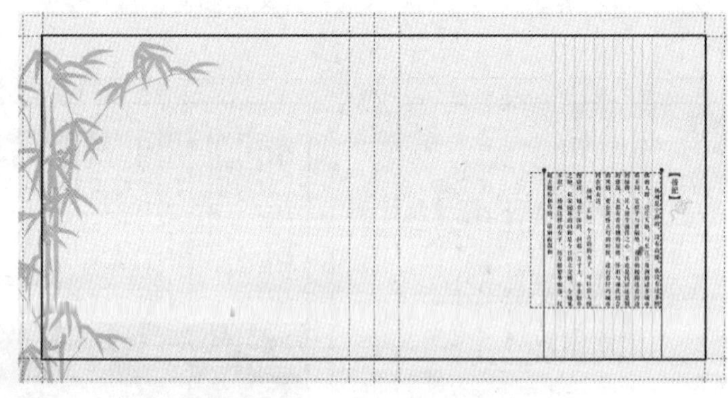

图 10-20　页面 6 的效果

本任务综合运用了 CorelDRAW X4 的相关知识制作画册，画册的页面只能是 4 的倍数。下面对设计画册的相关问题进行补充详解。

1. 画册设计的四大元素

设计画册时需要注意以下几点。

- **概念元素**：概念元素是指不实际存在的和看不见的，但人们的意识又能感觉到的东西。概念元素包括点、线、面。
- **视觉元素**：概念元素不在实际的设计中加以体现，概念元素通常是通过视觉元素来体现，

视觉元素包括图形的大小、形状和色彩等。

- **关系元素：**视觉元素在画面中如何组织和排列，是靠关系元素来决定的。关系元素包括方向、位置、空间、重心和对称等。
- **实用元素：**实用元素指设计所表达的含义、内容、设计目的和功能。

2. 画册设计中的文本运用

在画册设计的过程中，文本是必不可少的一项元素，针对文本需要注意以下几个方面。

- **文本的可读性：**设计中的文本应避免繁杂零乱，应使人易认、易懂，切忌为了设计而设计。
- **文本的位置应符合整体要求：**文本在画面中的安排要考虑到全局的因素，不能有视觉上的冲突。否则在画面中主次不分，很容易引起视觉顺序的混乱。
- **在视觉上应给人以美感：**在视觉传达的过程中，文本作为画面的形象要素之一，具有传达感情的功能，因而必须具有视觉上的美感，能够给人以美的感受。
- **在设计中要富有创造性：**根据作品主题的要求，突出文本设计的个性色彩，创造与众不同的独具特色的字体，给人以别开生面的视觉感受，有利于设计意图的表现。
- **更复杂的应用：**文本不仅要让字体和画面配合好，甚至颜色和部分笔画都要加工，这样才能体现更完整的效果，而这些细节的设计需要的是耐心和功力。

任务二　企业 VI 系统设计

工作任务场景

晓雪这两天在协助老张制作一套 VI，老张让她负责企业 LOGO 的设计，以及其他相关基础项目的设计。在设计之前，老张告诉晓雪："VI 在设计之前需要一个准备阶段，在这期间收集各种需要的资料，再按照客户的要求进行设计。"晓雪听后有些着急，因为她并不了解 VI，老张看到晓雪很苦恼，对她说："在设计之前，我会给你讲解 VI 的基本知识，然后再看一些设计资料，这样你就会慢慢了解 VI 了"。

行业背景知识

VI（视觉识别）是英文 Visual Identity 的缩写，是企业 CIS（Corporate Identity System）识别系统中，传播企业形象最具体和最直接的一部分。

VI 视觉识别系统由企业的标志字、标志色和标志图形构成。主要的设计包括标志设计、辅助图形设计以及办公事物用品设计等。图 10-21 所示为联通标志的标准制图。在实践中运用于企业的销售、宣传和社会活动中，以其独特的企业形象区别于其他企业。

一些企业能在世界各国享有盛名，除了拥有优质的品质和服务以外，同时也拥有其独特的和易识别的企业形象。消费者对一个企业的了解程度除了亲身体验其优质的服务和产品质量以外，更多的是通过电视、报纸、杂志和广播 4 大媒介传达的。

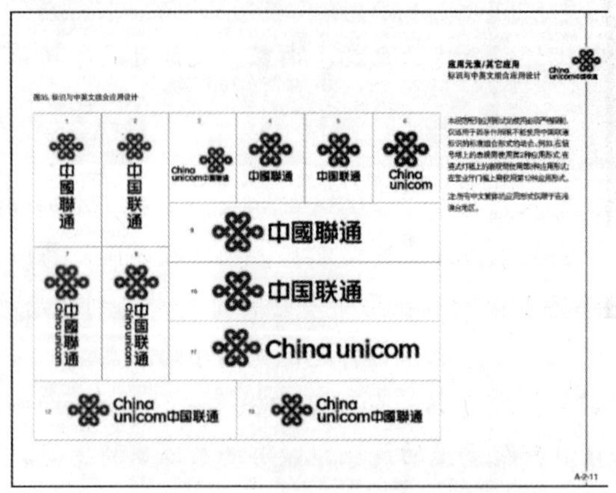

图 10-21　联通标志的标准制图

小提示：VI 手册

制作 VI 与制作画册一样，每一个页面的版面是相同的。最后交给客户的包括：手册、印刷品、精装和原始文件的光盘（包括所用字体）。

工作任务分析

本任务要求制作一套 VI，这里只制作了一部分，一套完整的 VI 还包括其他项目，并且在制作完成时将文件制作成册。制作完成后的最终效果展示如图 10-22 所示。要实现该效果，需要掌握以下技术要点：

（1）了解 VI 的相关知识。

（2）掌握 LOGO 的设计知识。

素材对应　效果文件 \ 第 10 章 \VI.cdr

图 10-22　VI 效果

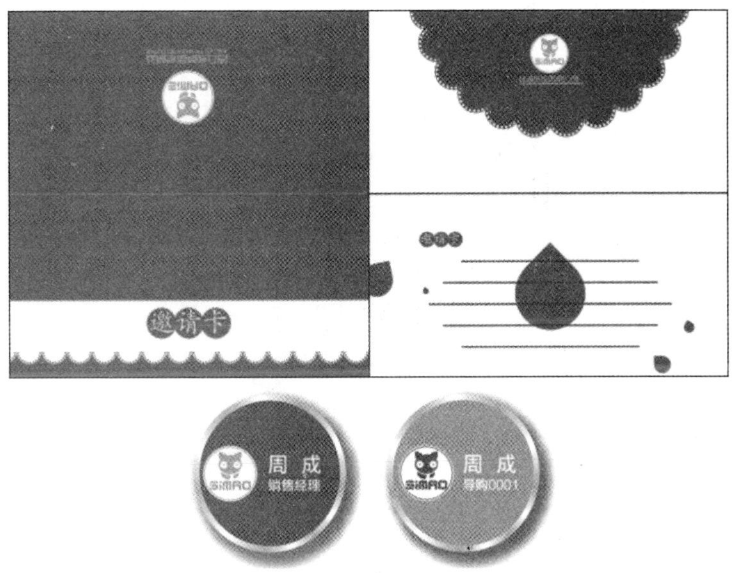

图 10-22　VI 效果（续）

制作思路分析

完成本任务主要包括 LOGO 设计、名片设计、邀请卡设计和胸牌设计 4 步操作。具体思路及要求如下，如图 10-23 所示。

（1）使用各种绘图工具制作 LOGO，并指定标准颜色和字体。

（2）制作名片、邀请卡和信封等项目。

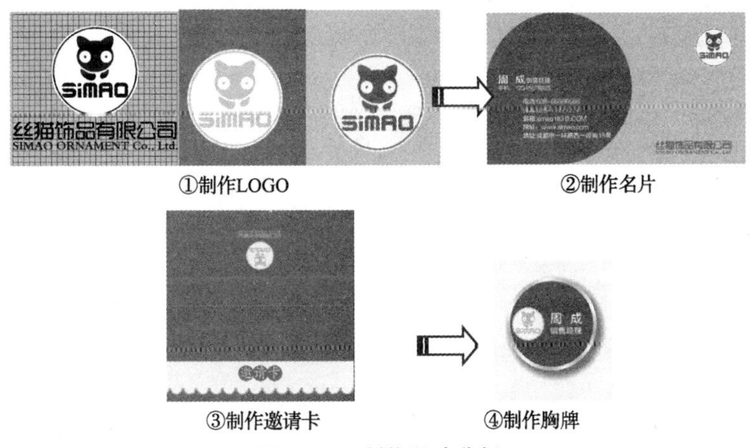

图 10-23　制作思路分析

操作一　LOGO 设计

下面新建图形文件，然后设计 LOGO。

【详细步骤】

（1）新建一个图形文件，将其保存为“VI.cdr”，这里由于篇幅原因不用制作 VI 的手册版式，因此不用设置页面大小。

（2）使用矩形工具绘制一个正方形，然后继续绘制图 10-24 所示的矩形。

（3）绘制直径为正方形 1/2 边长的圆形，然后将其放置在矩形中，注意对齐矩形，如图 10-25 所示。使用绘制的圆形去修剪矩形，打散矩形，删除不需要的图形，效果如图 10-26 所示。

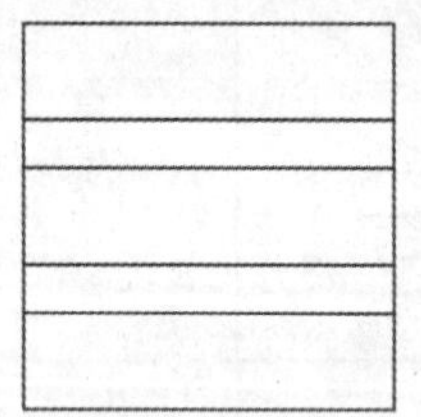

图 10-24　绘制矩形

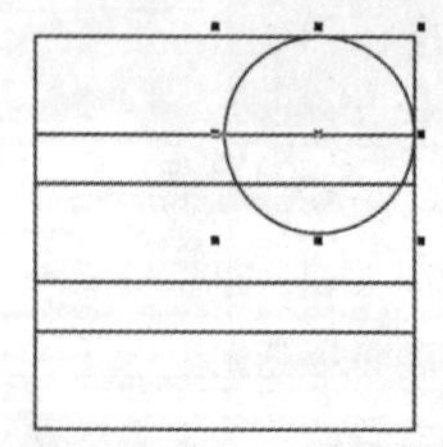

图 10-25　绘制圆形

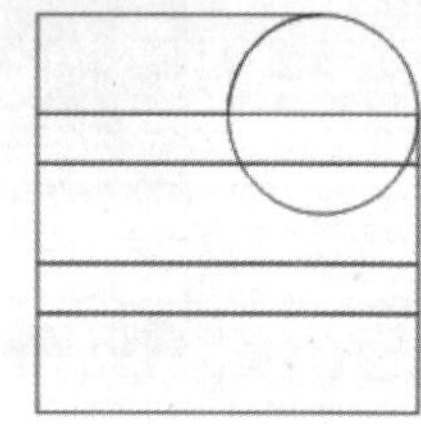

图 10-26　修剪图形

（4）使用相同的方法修剪矩形左侧的角，然后再将两个圆形修剪为半圆，将这几个图形焊接，效果如图 10-27 所示。

（5）复制焊接后的图形到相应位置，并删除之前的矩形，如图 10-28 所示。

（6）继续在图形中绘制矩形，焊接图形后的效果如图 10-29 所示。

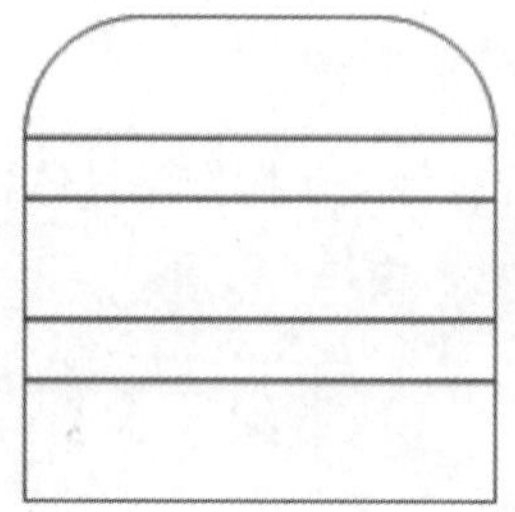

图 10-27　修剪图形

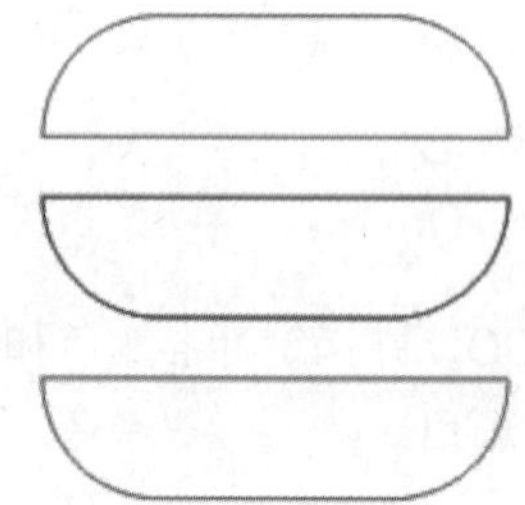

图 10-28　删除矩形

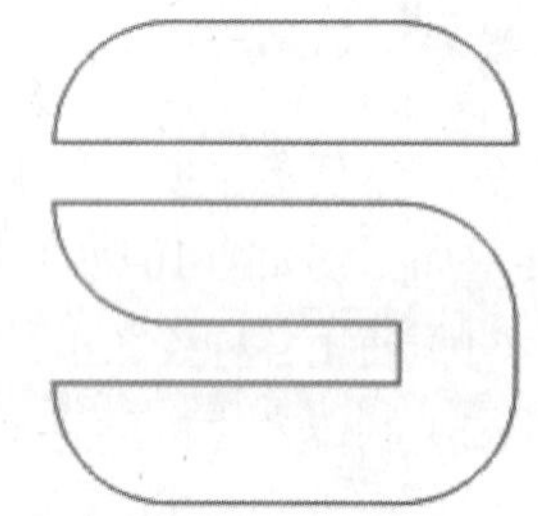

图 10-29　焊接图形

（7）使用相同的方法制作其他字母图形，平均分布后的效果如图 10-30 所示。

（8）使用椭圆形工具和贝塞尔工具绘制图 10-31 所示的图形，将字母图形填充为黑色，取消轮廓线。

（9）在图形下方绘制圆形，填充为相应的颜色，如图 10-31 所示。

图 10-30　绘制其他字母图形

图 10-31　绘制图形

（10）使用表格工具 在图形下方按住“Ctrl”键绘制一个 30×30 的表格，并对齐图形，如图 10-32 所示。

（11）输入公司的中文和英文名称，设置中文字体为“时尚中黑简体”，英文字体为“方正标宋简体”，按“F10”键调整文本间距，如图 10-33 所示。

（12）为图形填充标准色，颜色分别为红色（C10，M80，Y0，K0）、蓝色（C30，M0，Y10，K0），如图 10-34 所示。

图 10-32　标准制图

图 10-33　标志与中英文组合

图 10-34　标志的标准色

小提示：标志设计的内容

设计标志时，内容包括 LOGO 及其创意说明、标志墨稿、标志反白效果图、标志的标准化制图、方格坐标制图和预留空间及最小比例限定，以及特定效果色展示（标准色）。

操作二　名片设计

下面新建页面设计名片。

【详细步骤】

（1）打开文件后新建页面，绘制两个大小为 90 mm × 50 mm 的矩形。

（2）将矩形填充为蓝色（C30，M0，Y10，K0），取消轮廓线，然后复制页面 1 中的标注图形，将其打散后复制字母"i"中的图形，将其放置在矩形中，如图 10-35 所示。

（3）将标志图形和公司名称文本放置在矩形的相应位置。颜色为红色（C10 M80 Y0 K0），将图形和文本右对齐，如图 10-36 所示。

图 10-35　复制图形

图 10-36　调整标志的位置

（4）在矩形中输入文本，设置字体为"方正韵动中黑简"，对齐方式为左对齐，按"F10"键调整字符间距，颜色为白色，如图 10-37 所示。

（5）复制标志图形到名片的背面，然后在下面绘制一个白色的矩形，取消轮廓线。

（6）使用椭圆形工具绘制圆形，然后复制图形，填充为白色，取消轮廓线，在其中输入网址文本，如图 10-38 所示。

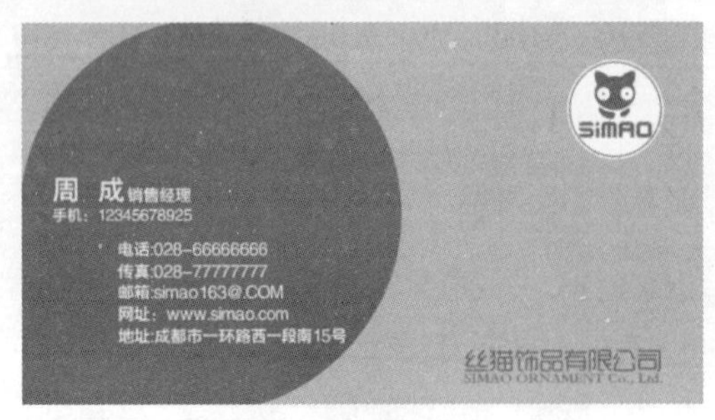

图 10-37　输入文本

图 10-38　制作名片的背面

操作三　邀请卡设计

下面新建页面设计邀请卡。

【详细步骤】

（1）绘制两个红色的矩形，取消轮廓线，复制名片背面的图形，将其放置在下面的一个矩形中，如图 10-39 所示。

（2）复制标志图形和文本，将其填充为蓝色，然后垂直镜像翻转图形，将其放置在上方的矩形中作为邀请卡的背面，如图 10-40 所示。

图 10-39　复制图形

图 10-40　复制标志图形

（3）绘制两个同样大小的矩形，将其填充为白色，然后在上面的图形中绘制圆形，填充为红色，并复制邀请卡封面的圆形图形，填充为红色，旋转复制并添加标志后的效果如图 10-41 所示。

（4）在下面矩形中绘制黑色的直线，复制名片正面的图形，将其旋转放置在相应位置，注意直线要在图形的上方。

（5）复制图形，调整其大小和旋转角度，注意将超出矩形的图形放置在矩形中，效果如图 10-42 所示。

（6）分别为卡片输入相应文本，设置字体为“方正楷体”，颜色为白色，调整其大小后，在下面绘制圆形，效果如图 10-43 所示。

图 10-41　旋转图形

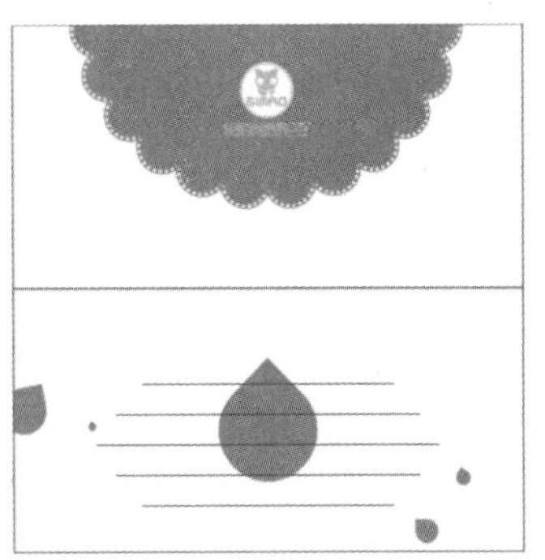

图 10-42　复制图形

小提示：卡片的页面排列

本任务为了便于查看，将卡片翻开后的页面也是按翻开后的效果进行设计。在实际设计中，封面对应的页面应是翻开后的页面，要特别注意页面的排列。

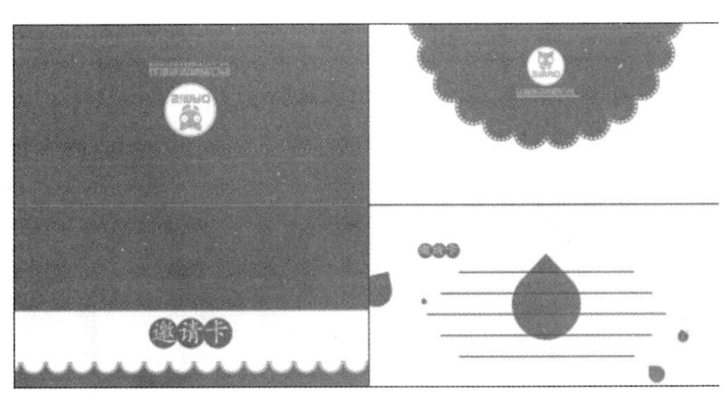

图 10-43　添加文本

操作四　胸牌设计

下面新建页面设计胸牌。

【详细步骤】

（1）使用椭圆形工具绘制圆形，按“+”键原位复制图形，为下方图形添加阴影效果，然后将上方的圆形跳出为灰色和白色的圆锥渐变，缩放复制圆形，并填充为红色，如图 10-44 所示。

（2）复制标志图形和文本，然后调整其颜色，如图 10-45 所示。

（3）复制整个图形，分别调整图形的颜色，然后更改文本内容，效果如图 10-46 所示。

图 10-44　绘制图形

图 10-45　复制标志和文本

图 10-46　更改文本内容

知识回顾拓展

本任务综合应用了 CorelDRAW X4 的相关知识制作 VI，除了本任务中设计的一些项目外，还有其他项目设计。这里由于篇幅原因，就不再设计其他的项目。

下面对 VI 设计中的一些知识进行补充讲解。

1．颜色的应用

人们对颜色的识别比较敏感，不同的颜色给人不同的感觉和情绪。所以在 VI 设计中运用颜色搭配时，要先对颜色的内涵有所了解。

颜色在视觉上有冷暖、轻重、明暗和清浊之分，通过对颜色的感觉，影响人们的心情、情绪、思维、感情及行为等，所以合理地运用颜色是非常重要的。

绿色——青春、活力、成长、和平；白色——明亮、纯洁、神圣、高雅；黑色——严谨、刚毅、凝重、坚定；蓝色——科技、理智、冷静、开阔；黄色——富贵、光明、兴奋、希望；紫色——高贵、神秘、浪漫、典雅；红色——热情、兴奋、辉煌、宏观；橙色——华丽、温馨、欢乐。

2．相关注意事项

在设计 VI 时，需要注意以下问题。

- 一套完整的 VI 系统包括的范围比较广，主要系统大致可分为：基本识别系统、办公用品系统、广告宣传系统、环境空间系统、运输系统及企业服饰系统。
- 当企业标志与其他单色一起运用时，标志一般采用白色反底效果，标准图与标准字体的用色必须一致；与其他复杂背景一起运用时，标志通常采用白色加黑色投影来突出标志。

实训一　制作 KTV 的活动 DM 单

本实训要求制作一张 KTV 的活动 DM 单效果，在制作的过程中要注意图形的排列顺序，本实训的参考效果如图 10-47 所示。

素材　素材文件 \ 模块十 \1.psd、2.ai
对应　效果文件 \ 模块十 \KTV DM 单 .cdr

图 10-47　DM 单效果

实训思路分析

在制作 DM 单时，设计与创意要新颖别致，内容设计要让人眼前一亮，确保有吸引力。标题文本一定要醒目，好的标题是成功的一半，不仅能给人耳目一新的感觉，还会产生较强的诱惑力，引发读者的好奇心，吸引他们不由自主地看下去，使 DM 单的广告效果最大化。在选择纸张时，一般画面的选铜版纸；文字信息类的选新闻纸。

了解关于卡片设计的相关专业知识后便开始设计与制作，根据上面的目标，本实训的操作思路如图 10-48 所示。

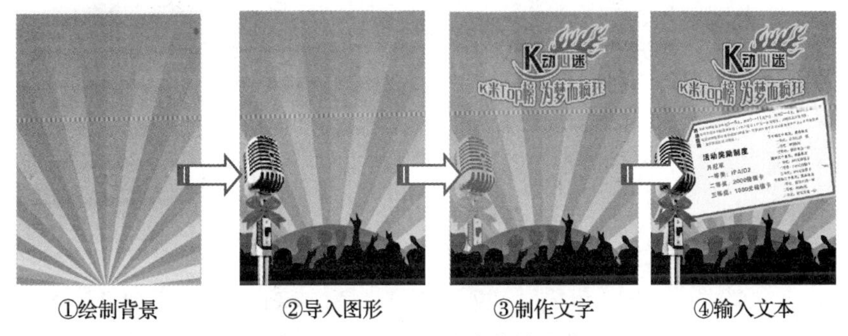

图 10-48　制作积分卡片的思路

【步骤提示】

（1）新建一个图形文件，然后绘制矩形，将其保存为“KTV DM 单 .cdr”。

（2）绘制三角图形，填充为黄色、橘色和红色，然后旋转图形，将所有图形群组并放置到矩形容器中。

（3）继续绘制一个同页面大小的矩形，填充颜色为橘色到白色的渐变，然后对其应用透明效果，得到 DM 单的背景效果。

（4）导入“1.psd”素材文件，将其放置在需要的位置并放置在容器中，然后绘制一个半圆，填充颜色为红色到黄色的渐变，取消轮廓线，放置在容器中。

（5）导入“2.ai”素材文件，调整其大小后同样将其放置在容器中。

（6）绘制图形并输入文本，然后为图形和文本设置填充颜色和轮廓线属性等。

（7）绘制图形并设计轮廓图效果，打散图形后为其设置不同的颜色。

（8）输入相关文本，设置其相应的字符属性。

实训二　制作橱窗效果

本实训要求根据已提供的素材图片制作商店的橱窗效果，在制作的过程中注意颜色要有深浅变化，本实训的参考效果如图 10-49 所示。

素材　素材文件 \ 模块十 \ 图 1.psd、图 2.psd、图 3.psd、图 4.psd、橱窗 .jpg
对应　效果文件 \ 模块十 \ 橱窗效果 .cdr

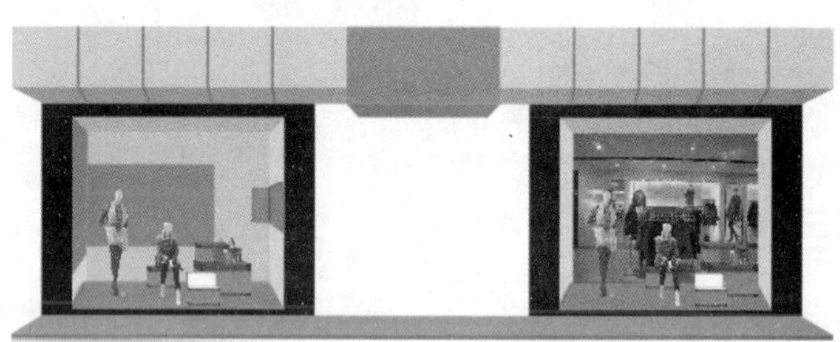

图 10-49　橱窗效果

橱窗是用来摆放有价值的大型商品，外形类似窗户。一个店铺的陈列设计，重点在于橱窗设计，而橱窗设计的重点在于怎样做出有创意的橱窗。商店橱窗是门面总体装饰的组成部分，它是以本店所经营销售的商品为主，巧用布景和道具，以背景画面装饰为衬托，配以合适的灯光、色彩和文字说明，是进行商品介绍和商品宣传的综合性广告艺术形式。

结合上面的目标和分析，本实训的操作思路如图 10-50 所示。

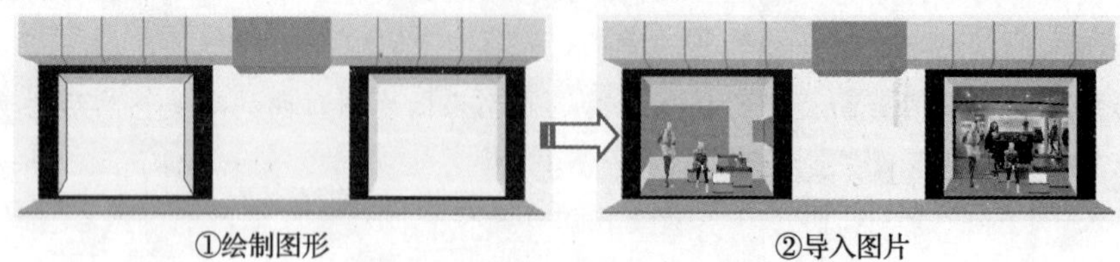

图 10-50　制作橱窗效果的思路

【步骤提示】

（1）新建图形文件，将其保存为“橱窗 .cdr”。

（2）使用矩形工具绘制矩形，并填充相应的颜色，要注意矩形的倾斜等操作，若是倾斜不能达到需要的效果，则要将图形转曲，再按“F10”键调整。

（3）在颜色的填充中要注意深浅的变化，然后为需要阴影的位置添加阴影效果。

（4）导入“图 1.psd”、“图 2.psd”、“图 3.psd”和“图 4.psd”素材文件，将其放置在合适的位置。

（5）导入“橱窗 .jpg”素材文件，将其放置在需要的位置，注意排列顺序。然后复制图片到需要的位置。

课后实践

（1）根据提供的“图片 1”、“图片 2”和“图片 3”素材文件，制作图 10-51 所示的学校 DM 单效果。

素材　素材文件 \ 模块十 \ 图片 1.jpg、图片 2.jpg、图片 3.jpg
对应　效果文件 \ 模块十 \ 学校 DM 单 .cdr

（2）本练习要求制作一份餐馆的菜单宣传单，其效果如图 10-52 所示，注意在制作时文本的对齐。

素材
对应　效果文件 \ 模块十 \ 餐馆菜单 .cdr

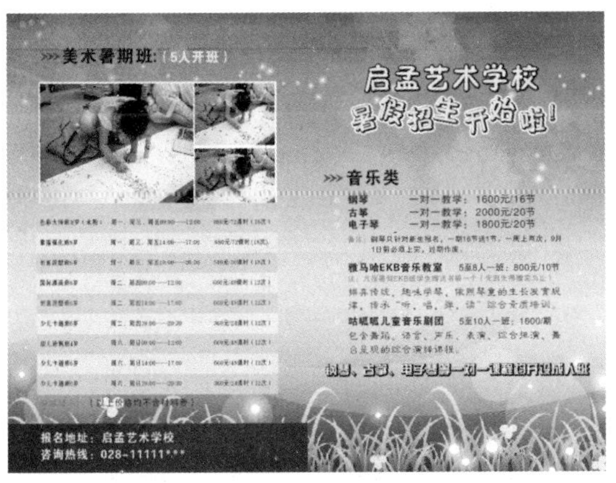

图 10-51　DM 单效果

图 10-52　餐馆菜单效果